21世纪社会学系列教材

# 社会调查中的问卷设计

## (第三版)

风笑天　著

中国人民大学出版社
·北京·

# 第三版序

2013年4月，中国人民大学出版社人文分社社长潘宇博士以及年轻的编辑小宋到南京大学访问时，到我的办公室小坐。交谈中无意间聊到了20多年前我的这本关于问卷设计方法的著作第一次出版的情况。两位编辑以他们特有的职业敏锐性，马上追问该书目前的情况。当得知该书第二版出版至今已经过去了12年时，他们马上热情邀请我再次进行修订，并在他们出版社出版该书的第三版。我被他们可贵的职业精神所感动，所以，尽管手头上事情很多，但还是坚定地答应他们，在最短的时间内着手进行修订，并交由他们出版社出版。暑假中冒着多年来少有的高温酷暑，我重新通读了书稿，完成了修订。这样，就有了读者面前的这本第三版。

在这一版的修订中，除了对通读过程中发现的一些小的疏漏和错误之处进行了修订外，还在以下几个方面作了较大的修改和补充：

首先是对全书的章节结构安排进行了比较大的调整。一方面，将原来的第六章“测量与操作化”提前到第二章。之所以这样处理，主要是考虑到这一章的内容是整个问卷设计工作的基础和前提。研究者如果不了解社会测量的基本原理，不掌握概念操作化的本质和程序，就很难顺利开展问卷设计的工作，也很难达到研究的目标。将更具原理性的这一章内容放到介绍具体问卷设计工作的章节之前，在内在逻辑上更为合适，同时也不至于打断对问卷设计具体操作程序的介绍。另一方面，除了由于这一调整所必然带来的原第二、三、四、五章顺序后移以外，还将原来的第四章“问卷设计的原则和标准”，挪到原来的第五章“问卷设计的步骤”之后，成为新的第六章。这样处理也更加便于读者按实际操作的顺序学习。

其次是对第二版中存在的一些过时之处进行了删节，对一些错误之处进行了修正，对一些不完善之处和遗漏之处进行了补充。同时根据调查研究方法发展的实际，增加了一些新的知识点。比如增加有关网络调查方法的介绍，对有关测量的信度和效度及其相互间关系的知识的修订，对量表的相关补充和介绍，以及对设计问卷初稿的具体方法的修改，等等。这些修订和补充，使得这一版在具体方法的介绍上显得更加严谨，也更加完善。

最后是调换和补充了附录中的部分问卷。介绍问卷设计的知识，还需要列举问卷实例来作为读者学习和实践的重要材料。这一版修订中，笔者也十分重视书后问卷实例的选择，并作了相应的处理。这一方面体现在用时间上更新近的调查问卷替换原来版本中相对久远的问卷；另一方面，在原有针对不同对象、测量不同内容、用于不同调查方式的调查问卷的基础上，又补充了面对新的调查对象、涉及新的调查内容的调查问卷，以便于读者更好地学习和使用。

当然，由于笔者的学识水平有限，修订也比较匆忙，书中一定还存在许多错误和疏漏之处，热忱欢迎广大读者批评指正。

风笑天

2013 年 9 月 10 日于南京

# 第二版序

《透视社会的艺术——社会调查中的问卷设计》一书是我的第一部著作。12 年前该书由天津人民出版社出版时，我还是北京大学社会学系一名即将毕业的博士研究生。在学术著作出版最困难的低潮时期，给一个不知名的普通研究生出书，这种情况在当时并不多见。所以，我特别感谢天津人民出版社以及责任编辑余秀女士对我的信任与支持。回首十几年来自己所走过的学术道路，我再次深深地感到：在某种意义上，这本小小的著作的出版已成为我个人学术生涯中第一个重要的里程碑。

本书初版出版以来，受到了社会学界同行以及广大读者的欢迎与厚爱。曾有学者对 1979 年至 1992 年间我国出版的社会学教材的质量进行过专门的研究。该研究者对全国 16 所高校社会学系的在校研究生和他们的导师进行了调查，《透视社会的艺术——社会调查中的问卷设计》一书被评为最有参考价值的 10 本研究方法著作之一（在 10 本书中列第 6 位，在国内学者撰写的著作中列第 3 位）。该项研究的研究者评价说："风笑天的《透视社会的艺术——社会调查中的问卷设计》是一本研究问卷设计技术的专著……这是我国第一本专门讨论问卷设计的著作，内容十分具体。书中详细说明了问卷设计各个环节的正确做法，并对问卷设计中的各种错误做法，结合案例进行了深入的分析。这本书是实际社会学调查研究工作者的一本操作手册，有很重要的应用参考价值。"①

本书的第二版在保持第一版的基本框架和语言风格的前提下，结合近十年来问卷调查方法的应用、实践与发展，对全书各章都作了一定的修改，充实了许多新的材料和例子，特别是在以下几个方面作了较大的调整和补充：

一是专门用一章的篇幅对社会调查方法的整体结构进行了介绍，目的是帮助读

① 朱敏：《对社会学教材质量的评价和分析》，载《社会学研究》，1994（5）。

者（特别是非专业的和非科班出身的读者）更好地了解社会调查方法的大体轮廓，以利于他们更好地掌握与问卷设计密切相关的背景知识。

二是增加了“测量与操作化”一章。之所以增加这一章，主要是考虑到这一部分内容在整个问卷设计过程中所具有的十分关键的作用。从某种意义上说，整个问卷设计工作就是在为研究者准备测量的工具，而操作化过程则是研究者把自己头脑中的事物转变成现实中的事物的“瓶颈”。

三是专门增加了一章有关问卷设计实例解析的内容。在这一章中，作者结合一份实际问卷的设计过程，比较详细地探讨了问卷设计中所面临的各种问题和解决方式。它对于读者将本书中所介绍的基本原理和方法应用于问卷设计的实际，特别是直接感知调查问卷的实际设计过程将有十分大的帮助。

四是对书后所附的问卷作了较大的调整。除了保留其中的一份访问问卷外，其他五份问卷都改为笔者在最近十几年中实际从事社会调查所设计和应用的问卷。这几份问卷的内容涉及面相对广泛一些，调查对象也各不相同，因而对读者所具有的参考价值可能会更大。当然，其中的问题也会不少，读者同样可以根据本书所介绍的原理和方法对它们进行评价和指正。

在本书第二版即将出版之际，我要对香港中文大学社会学系的刘兆佳教授、张德胜教授表示谢意！正在我着手对书稿进行修订时，他们热情地再次邀请我到该系访问一个月，使我不仅能与香港的同行进行交流，而且能更方便地查阅和利用香港中文大学图书馆的大量资料。

最后，我再次深深地缅怀我的博士研究生导师袁方先生！我愿以学术研究上不懈的努力来报答先生对我多年的教导和关心。

风笑天

2001 年 4 月 25 日于武汉

# 第一版序

风笑天同志请我为他即将出版的《透视社会的艺术——社会调查中的问卷设计》一书写序，我是很高兴的。因为在社会调查研究方面又将有一本新作问世了，它是作者六年之久的学习与研究的成果。社会调查研究是人们认识社会、了解社会的重要途径之一，同时，它又是社会学系的一门理论与实际相结合的必修课，而问卷调查在社会调查研究中占有重要的地位。目前，国内还没有出版这方面的著作。因此，本书的出版，将奉献给社会学界和广大读者一本新的参考书，对促进我国社会调查研究这门科学的发展来说，也是十分有意义和有价值的。

随着现代社会生活的复杂化和计算机技术、统计分析方法的广泛应用，问卷越来越成为社会调查研究中不可缺少的一种工具。人们利用问卷搜集研究所需要的社会事实，从而验证理论假设，或从中发现问题及影响问题的各种因素，为进一步的研究提供新的起点。问卷的重要性是无须多说的，但是科学地设计问卷并不是一件容易的事。因为问卷是调查研究者与被调查者对话的一种手段，如果被调查者拒绝回答或不真实地回答问题，就不可能得到可靠的事实，这是不难理解的。因此，问卷调查要尽可能克服和减少这种现象，才能提高它的科学性。而这正是问卷设计首先需要考虑和解决的问题。

在自然科学中，人们利用显微镜、望远镜等多种仪器和工具来观察世界，研究各种自然现象。而在社会调查研究中，问卷就是我们用来观察社会生活、研究社会现象的一种工具。正是在这种意义上，我们说问卷设计是一门科学。目前国内出版的社会调查研究方法书籍中，详细阐述问卷设计方法的很少，特别是把问卷设计提高到科学高度来衡量的就更少了。风笑天同志在研究问卷设计的过程中，一方面大量收集国内教学、科研单位及实际工作部门调查研究的各种问卷，进行分析研究，从中发现问题；另一方面查阅了国外社会学研究方法著作中有关问卷设计的内容，从中吸取有益的经验。再加上作者自己的实践经验，这就增强了这本书的科学性、实用性和针对性。另外，作者在 1986 年 11 月作为北京大学社会学系的代表，参加了在天津召开的“全国社会调查方法学术讨论会”，提交了论文《有关问卷设计的几个问题》，并在大会上发言，同全国各地的同行一起探讨了问卷设计方面的问题，从中也获得了不少启示。

本书内容分为六章和附录，六章分别为：问卷与社会调查、问卷的类型和结构、问卷设计的原则和标准、问卷设计的步骤、问卷设计指导、问卷设计中常见错误分析。从内容来看，一个突出的特点是理论结合实际，各章论述的问题不是泛泛空谈，而是有的放矢。同时，书中列举了大量实例，这便于提高读者进行问卷设计的实践能力。总之，这是一本有较强的理论性、科学性和知识性，又十分通俗易懂的问卷设计方法的入门书。无论对初学者还是对有过问卷调查实际经验的同志而言，都是有学习和参考价值的。因此，我乐意向广大读者推荐这本书，并感谢天津人民出版社余秀同志为本书的出版所付出的辛勤劳动。

**袁方**

于北京大学社会学系

1988 年 6 月

# 第一版前言

怎样设计问卷？这是六年前我开始做社会调查时曾使我感到困扰的问题，也是近几年来我常遇到的询问。提问者中既有高等院校的本科生和研究生，也有科研单位、政府部门从事实际调研工作的同志。的确，许多热心于研究社会现象的人们，特别是那些具有一定的社会学知识，对社会调查方法有初步了解的同志，当他们着手进行一项问卷调查时，都会不约而同地遇到这一问题。

目前国内出版的社会研究方法或社会调查方法书籍中，详细介绍问卷设计方法的很少，远远满足不了人们学习和实践的需要。因此，编写一本介绍问卷设计方法的书籍，帮助更多的人掌握问卷设计的技术，必将有益于提高我国的社会调查水平，推动我国社会调查事业的发展。而这正是作者写作本书的动机。

早在三年前，我就开始注意收集国内各科研单位、大专院校、政府部门开展调查所用的问卷，至今已有近70份之多。通过仔细地阅读、分析这些问卷，我既学到了许多有用的东西，同时也较全面地了解到当前国内的社会调查在问卷设计中所存在的问题。正是这种对大量来自实际社会调查的问卷的了解和分析，使得本书在针对性和实用性方面的价值大大提高。

与此同时，我较系统地查阅了一批国外社会学研究方法著作中有关问卷设计的内容，汲取了国外社会学家们多年研究经验的精华，力图使本书真正成为读者学习问卷设计方法的一本有价值的参考书。我曾在北京大学社会学系给84级、85级、86级本科生讲授过本书的主要内容，得到同学们的好评。这也增加了我完成此书的信心。

像其他许多书籍一样，本书所面临的也将是两类读者：一类是对问卷设计乃至对整个社会调查方法都了解甚少的读者，即初学者；另一类则是对问卷已有所了解，且进行过若干次社会调查的读者，即提高者。显然，两类读者的需求是不一样的。

初学者需要的是浅显的、普遍的和尽可能详细的介绍，而提高者需要的则是深刻的、有针对性的和对关键点的提示。从我的愿望来说，当然是希望这本书能适合所有读者的需要。为此，有必要把本书的结构和主要内容先作一简要介绍，以便读者根据自己的情况进行阅读。

本书分为六章和附录。第一章主要介绍与问卷设计有关的背景知识。它通过对社会调查的介绍，着重说明问卷在社会调查过程中所处的位置、所扮演的角色，说明问卷的特点以及问卷设计与社会调查之间的关系等内容。第二章则是从形式和结构两方面对问卷进行了分类和“解剖”，以帮助读者从整体上全面地认识问卷。第三章着重论述问卷设计的若干原则。这一章虽然并不涉及具体的设计方法和技巧，但却十分重要。在实际调查中，由于对设计原则的忽视而造成的对问卷调查结果的影响，有时比设计技术上的失误所造成的影响还要大得多。同时，这一部分内容也正是许多有一定实践经验的调查者所常常忽视的问题。第四章主要介绍问卷设计的一般步骤，对设计问卷过程中的几个关键点作了较详尽的讨论。第五章是对具体编制问卷的方法和技术的指导。它讨论了在设计一份问卷过程中可能遇到的各方面的技术问题，并给出了若干处理办法。第六章对当前实际调查问卷中所出现的错误进行了归纳分类，并指出其错误的实质，试图从反面给读者一些启示，帮助读者在自己的设计工作中避免犯类似的错误。

根据上述介绍，我建议初学者从头至尾逐章阅读，对于少数较生疏的章节，可在阅读完全书后再回过头来反复阅读。对于提高者来说，阅读的重点则可放在第三章至第六章。

全书在写作过程中，始终考虑到两类读者的不同要求。一方面，对有关问卷设计的各项内容都尽可能列举实例来说明，以便于初学者掌握和运用；另一方面，注意对当前问卷设计中存在的各种问题进行深入的分析，以便于有一定问卷设计知识和社会调查实践经验的读者获得进一步的提高。此外，为了帮助读者从整体上对问卷进一步理解，也为了给读者提供一个提高评价问卷质量的能力的机会，我从自己收集的近 70 份问卷中选择了 6 份不同类型的问卷作为“附录”附在书后，既把它们作为初学者的入门范本，也把它们作为提高者练习寻找不足和评价优劣的实例，希望它们对两类读者都有所帮助。

需要说明的是，由于撰写专著介绍问卷设计方法在国内还是第一次，同时也由于作者从事实际调查的经历和阅读资料范围的限制，所以，书中难免存在许多不成熟、不正确、不全面的地方。热忱欢迎社会学界师长和广大同行，以及本书的广大读者批评指正，共同探讨，以进一步提高我国的社会调查水平。

在本书出版之际，我首先要感谢我的导师、北京大学社会学系原系主任袁方教授几年来对我的教导和鼓励。感谢他三年前首先肯定了我写的有关问卷设计的第一篇论文，也感谢他今天亲自为本书作序。

我还要向天津人民出版社和责任编辑余秀同志、北京大学社会学系的老师们以及那些向我提供问卷的同行们表示谢意。感谢他们在本书的写作和出版过程中所给予的热情支持和帮助!

最后，我愿以这本小书作为礼物，献给在我攻读硕士、博士学位的五年间，为我作出巨大牺牲的妻子和女儿!

**风笑天**

1988 年 6 月完稿于北大 25 楼

# 目 录

# 第一章 社会调查概述

本书主要介绍社会调查中设计问卷的方法及其相关的知识。为了使读者对作为整个社会调查过程一部分的问卷设计有比较清楚的认识，有必要对社会调查方法的整体结构和主要内容作一简单的介绍。

## 一、社会调查的概念和特征

社会调查（也可以称作问卷调查或抽样调查）是一种以问卷为工具，采用自填问卷或结构访问的方法，系统地、直接地从一个取自总体的样本那里收集资料，并通过分析这些资料来认识社会现象及其规律的社会研究方式。它具有以下几个突出的特征。

第一，社会调查是一种系统的认识活动，它具有一定的结构和程序，而不是像日常生活中的观察那样，盲目地、零乱地、被动地去认识。社会调查活动从选择调查题目开始，直到最终以调查报告的形式得出调查结果为止，整个过程有着很强的系统性，这种系统性并非只是一种表面形式，而是调查活动所具有的某种内在规律的体现。

第二，社会调查主要采用自填问卷与结构访问两种方法收集资料。或者说，它主要依靠对被调查者进行特定方式的询问来收集资料。问卷是社会调查中的主要工具，也是社会调查在所用工具或手段上区别于其他几种社会研究方式的重要特征。正是因为这一特征，人们有时也将社会调查称为“问卷调查”。（在本书中，我们也把二者看作同一事物。）

第三，社会调查主要指的是抽样调查，即从总体中按照一定的方式抽取一个样本进行调查。所有调查资料都来自这个样本，其目的则是通过调查部分来了解总体。因此，抽样是社会调查的一个基本特征，它也是人们有时将社会调查称为“抽样调查”的缘由。

第四，社会调查要求直接从具体的调查对象那里获取信息，即直接从一个个调查对象那里获得第一手资料。这种直接的特征又将它与某些间接的、利用第二手资料的社会研究方式区别开来。当然，需要指出的是，尽管一项社会调查的调查对象通常是一个个具体的个人，但是，它所要描述和解释的却是由一个个具体的个人所组成的群体、由众多个人的行为所构成的社会生活现象。

第五，社会调查的资料分析依靠定量的统计方法。无论是抽样的使用，还是问卷的使用，在一定意义上都是在为最终的资料分析做准备。而以统计学原理为基础的统计分析，则是社会调查在分析资料这个环节上的主要特征，同时也是社会调查作为一种定量的社会研究方式的重要标志。在社会调查中，利用问卷所得到的大量原始资料，必须先转化成数字，并借助计算机和专门的统计分析软件才能进入分析过程，得出调查结果。而从样本调查的结果推论到总体，也必须经过严格的统计分析与统计检验。正是依靠统计分析的帮助，社会调查才能够被用来描述总体的各种特征和分布，才能够被用来分析不同变量之间的关系。

第六，社会调查是一种既包括资料收集工作，又包括资料分析工作的完整的社会研究类型。正是这种从资料收集到资料分析的全过程，使社会调查不应被单纯看作一种资料收集方式。同时，这一特征也正是它作为一种独立的社会研究方式的基础。

## 二、社会调查的类型和题材

### 1. 社会调查的类型

根据不同的标准，我们可以将社会调查划分为不同的类型。比如，根据调查对象的范围，可以分为普遍调查与抽样调查；根据收集资料的方法，可以分为自填问卷调查（发送与邮寄）和结构访问调查（当面访问与电话访问）；根据调查的目的或作用，可以分为描述性调查、解释性调查和预测性调查；根据调查的性质或应用领域，可以分为行政统计调查、生活状况调查、社会问题调查、市场调查、民意调查和研究性调查等。我们这里只对根据社会调查的性质或应用领域划分出的几种类型略作介绍。

一是行政统计调查。它主要包括由国家和各级政府部门所进行的人口调查、资源调查、行业调查、社会概况调查等。其特点是多为宏观的、概况性的。其中一个典型的例子就是全国人口普查。这类调查对于了解一个国家、一个地区或一个行业的基本情况有很重要的作用。

二是生活状况调查。通常是对某一时期、某一社区或某一社会群体的社会生活状况所进行的调查。它与行政统计调查不同，它的着眼点主要放在了解人们日常社会生活各个方面的基本状况上，以综合地反映一个时期、一个地区或一个群体中人们总的社会生活状况。比如对某市离退休老人生活状况的调查、对某市居民生活质量的调查等，就是这种调查的例子。

三是社会问题调查。即针对社会中所存在的各种社会问题进行系统的调查、了解，找出问题的症结，为解决社会问题提供参考意见。就像医生给病人看病一样，对各种社会问题进行“社会诊断”。比如青少年犯罪调查、离婚问题调查、老年社会保障问题调查、独生子女教育问题调查等，都是常见的社会问题调查。

四是市场调查。即为拓展商品的销路，以便更好地为企业的生产和利润服务，而围绕某类产品或某种商品的市场占有率、顾客的购买情况、商标的宣传效果等所进行的调查。它是随着商品经济的发展而逐渐普及的。目前我国这类社会调查也开始多起来，比如化妆品市场调查、饮料市场调查、服装市场调查、家电市场调查等。

五是民意调查。也称舆论调查，即对社会中民众的意见、态度、意识等主观意向进行的调查。最典型的民意调查是美国总统选举的民意测验。此外，对社会热点问题的民意调查以及各种大众传播机构对其受众进行的调查等，都属于这一类调查。

六是研究性调查。即广泛应用于社会学、政治学、人口学、教育学、传播学等社会科学学科领域中的社会调查。这类调查的目标，往往不是针对某一具体的社会现象和社会问题得出结论，而是致力于对某类社会现象所具有的一般规律或普遍法则进行探索和研究。

2. 社会调查的题材

社会调查主要收集哪些方面的资料呢？人类社会现象的丰富性和人们社会行为的多样性，决定了社会调查题材的丰富性和多样性。正如著名英国社会学家莫泽（C. A. Moser）所说：世间的各种社会现象、人们的各种社会行为，“几乎没有哪一个方面不曾被社会调查者关注过”[①]。但概括地说，社会调查的题材主要可分为下述

---

① C. A. Moser & G. Kalton, *Survey Methods in Social Investigation*, London, Heinemann, 1971, p. 4.

三大类。

（1）某一人群的社会背景。即有关人们各种社会特征的资料。这种资料既包括某些人口统计方面的内容，比如性别、年龄、职业、婚姻状况、文化程度等，也包括人们生活环境方面的内容，比如家庭构成、居住形式、社区特点等。这类题材客观性很强，在社会调查中收集这方面的资料相对容易。并且，几乎所有的社会调查都或多或少地包括这一题材中的内容。

（2）某一人群的社会行为和活动。即有关人们“做了些什么”以及他们“怎样做”等方面的资料。比如人们生育了几个孩子、离过几次婚、每天几点钟上下班、每周看几次电视、在家中谁辅导孩子学习、家务事主要由谁来做等。这类题材也是客观性的、事实性的，它通常构成大部分社会调查的主体内容。

（3）某一人群的意见和态度。即有关人们“想些什么”、“如何想的”或“有什么看法”、“持什么态度”等方面的资料。比如人们怎么看待离婚现象、人们对住房制度改革有什么意见、人们选择对象的标准是什么等。这类题材是属于观念性、主观性的，它是构成各种民意测验、舆论调查、社会心理调查的主要内容。在其他一些类型的社会调查中，它往往也是十分重要的一部分。

## 三、社会调查的程序

作为一种系统的、科学的认识活动，社会调查有着一种比较固定的程序，这种固定的程序可以说是社会调查自身所具有的内在逻辑结构的一种体现。从大的方面看，我们可以将社会调查的程序分为 5 个阶段：选题阶段、准备阶段、调查阶段、分析阶段和总结阶段。

### 1. 选题阶段

选择一个合适的调查问题在初学者看来也许并不困难，但实际上却并非一件十分简单的事情。从程序上看，选择调查问题是一项社会调查活动的起点，是整个调查工作的第一步。调查问题一旦确定，整个调查活动的目标和方向也就随之确定。调查问题选择得如何，在一定程度上决定着整个调查工作的成败，决定调查成果的好坏优劣。因此，应当对选题阶段的工作给予高度的重视。选题阶段的主要任务包括两个方面：一是从现实社会中存在的大量的现象、问题和焦点中，恰当地选择出一个有价值的、有创新的和可行的调查问题；二是将比较含糊、比较笼统、比较宽泛的调查问题具体化和精确化，明确调查问题的范围，澄清调查工作的思路。

2. 准备阶段

如果说选择调查问题的意义在于确定调查的目标，那么准备阶段的全部工作就可以理解成为实现调查的目标而进行的道路选择和工具准备。所谓道路选择，指的是为达到调查的目标而进行的调查设计工作，包括从思路、策略到方式、方法和具体技术的各个方面。就像实施一项工程之前必须进行工程设计一样，要保证一项社会调查工作的顺利进行，保证调查目标的完满实现，也必须进行周密的调查设计。这里所说的工具准备，主要指的是调查所依赖的测量工具或信息收集工具——问卷的准备，这正是本书的重点。当然，这种准备工作还包括调查信息的来源——调查对象的选取工作。

3. 调查阶段

调查阶段也称作收集资料阶段或调查方案的实施阶段，这个阶段的主要任务，就是具体贯彻调查设计中所确定的思路和策略，按照调查设计中所确定的方式、方法和技术进行资料的收集工作。调查的具体形式有五种，即自填问卷、邮寄问卷、结构访问、电话访问和网络调查。在这个阶段，调查者往往要深入实地接触被调查者，调查工作中所投入的人力最多，遇到的实际问题也最多，因此需要很好的组织和管理。另外需要注意的是，由于社会现象的复杂性，或者由于现实条件的变化，我们事先所考虑的调查设计往往会在某些方面与现实之间存在一定的距离或偏差，这就需要我们发挥研究者的灵活性和主动性，根据实际情况进行修正或弥补。

4. 分析阶段

分析阶段也称为研究阶段。这一阶段的主要任务是，对实地调查所收集到的原始资料进行系统的审核、整理、统计、分析。从实地调查中所得到的众多信息和第一手资料，要经过调查研究者的多种“加工”和“处理”，才能最终变成调查研究的结论。这里既有对原始资料的清理、转换和录入计算机等工作，也有对资料进行各种方法的分析工作。需要特别指出的是，由社会调查的特定方式、方法，以及所收集的资料的性质所决定，这种加工和处理的方式及手段主要是在计算机辅助下的定量的统计分析。

5. 总结阶段

总结阶段的任务主要是：撰写调查报告，评估调查质量，应用调查成果。调查报告是一种以文字和图表将整个调查工作所得到的结果系统地、集中地、规范地反映出来的形式。它是社会调查成果的集中体现。而撰写调查报告也可以说是对整个社会调查工作进行全面的总结。从调查的目的、方式，到资料的收集、分析方法，再到调查得出的结论、调查成果的质量，都要在调查报告中进行总结和反映。同时，还要将社会调查的成果以不同的形式应用到社会实践中去，真正发挥社会调查在认识社会现象、探索社会规律中的巨大作用。

图 1—1 所反映的就是社会调查从选择调查问题开始，直到报告调查结果为止的全部过程，以及这一过程的 5 个主要阶段和每一阶段的基本内容。

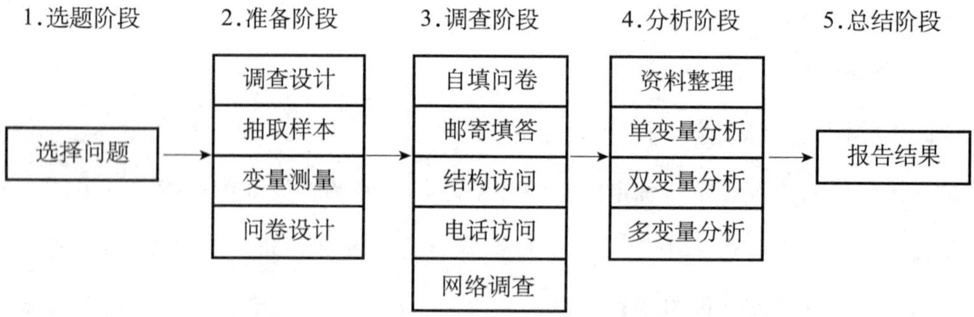


**图 1—1　社会调查的基本过程和主要阶段**

## 四、社会调查的作用

概括地说，社会调查的作用主要体现在三个方面，即描述状况、解释原因、预测趋势。

1. 描述状况

了解和描述社会现象的状况，是人们深入认识这一现象的基础。比如说，要深入认识我国社会中的离婚现象，就必须首先对目前社会中离婚现象的状况有一个客观的、整体的了解。必须先弄清离婚现象普遍到什么程度、离婚者有哪些背景特征、离婚现象在总体上具有一些什么样的特点等。而通过进行一项社会调查，我们就可以较为准确地描述出离婚现象在各个不同时期中的普遍程度、在城乡两种社区之间的差别，离婚者的年龄分布、文化程度分布、职业分布以及结婚时间长短的分布等基本情况。这种客观的、精确的并且是多方面综合的描述，能较好地帮助我们从多种因素、多种现象的相互关系中，找出最主要的原因。社会调查的这种描述作用，可以回答社会现象“是什么”或“怎么样”这类问题。

2. 解释原因

社会调查的第二个用处——解释社会现象发生的原因，即可以回答社会现象“为什么是这样”或“为什么会如此”。显然，这一作用比起单纯地描述状况，就要深入一些。它使得社会调查能够被广泛地用来探讨不同社会现象之间的关系，探讨某一现象发生的原因。比如，在上述离婚现象的例子中，我们可以通过社会调查来深入探讨夫妻双方的年龄差与离婚行为间的关系，探讨夫妻双方在收入上的差别、在文化程度方面的差异与离婚行为之间的关系等，从而达到在更深入的层次上认识和理解离婚现象的目的。尽管社会调查的这种解释作用，或者说探究社会现象之间关系的作用还赶不上实验法那么有力，但是，它作为一种在现实生活中远比实验法行得通、办得到的社会研究方法，备受各类研究人员的青睐。尤其是随着社会统计分析方法的进一步完善和提高，社会调查在探究现象间关系方面的威力和作用也将越来越强大。

3. 预测趋势

除了对过去的和现在的社会现象进行解释外，社会调查还可以对未来的社会现象，或者说对社会现象的发展趋势作出一定的预测。当然这种预测同样要以对这一现象的准确描述和正确解释为基础。还是以上述的离婚现象为例，当研究者对离婚现象的现状、特征，以及当事人作出离婚决定的各种原因有了比较清楚明确的认识后，他就能依据社会环境中各种因素或条件发展变化的趋势，对未来社会中的离婚现象作出一定的预测。比如，如果调查表明，开放地区及经济发达地区离婚比例较高，脑力劳动型职业中离婚比例较高（这是描述作用的体现），同时调查还表明，导致人们离婚的主要原因是与经济发展和思想解放相伴随的观念更新，以及与受教育程度和职业类型密切相关的个人自主意识增强（这是解释作用的体现），那么，就可以预言：随着我国改革开放的进一步深入，城市化进程的进一步加快，社会心理环境的进一步宽松，人们文化程度的普遍提高，整个社会的离婚率还将进一步上升

（这是预测作用的体现）。

## 五、社会调查中的抽样

抽样即从调查对象的总体中按一定方式抽取一部分个体的过程。抽样方法可分为概率抽样和非概率抽样两大类。概率抽样的基本原理是要求抽样具有随机性，即总体中的每一个单位都有同等的被选中的机会。概率抽样所得到的样本能在一定的误差范围内较好地反映出总体的情况。而非概率抽样所得到的样本则往往不能做到这一点。常见的抽样方式有下列几种（见图 1—2）。

- 抽样方法
  - 概率抽样
    - 简单随机抽样
    - 系统抽样
    - 分层抽样
    - 整群抽样
    - 多段抽样
  - 非概率抽样
    - 偶遇抽样
    - 判断抽样
    - 定额抽样

**图 1—2　常见的抽样方式**

1. 简单随机抽样

简单随机抽样类似于我们所熟悉的"抽签"方法。它是概率抽样中最基本的形式。大家可以思考一下：为什么在许多情况下，特别是在各种分配或竞赛中，人们往往以抽签方式来作出各种决定呢？这就是因为抽签的方法保证了每一个单位都具有同等的获得有利条件或不利条件的机会，使得分配或竞赛是公平的。如果一个队所分到的小组里强队太多，或者善于执黑先行的围棋选手抽到的却是执白后行的结果，等等，那就只能怪他们的"运气"不好了。

简单随机抽样常用于总体中单位数目较少的情形。它可完全按抽签的方式进行。例如，要从一个有 200 名学生的年级中随机抽取 30 名学生进行调查，可先给每个学生编上号码，比如说从 1 号到 200 号，再在 200 张小纸条上也分别写上 1 到 200 的数字，然后把这些写有数字的小纸条放在盒子里搅乱，并任意地从中抽出 30 张小纸条来。最后，根据这 30 张小纸条上的号码找到所对应的 30 名学生，他们就构成了我们调查的一个随机样本。显然，当总体单位很多时，写纸条的工作太烦琐，这样抽签方法就不大适用。这时人们往往利用“随机数表”来抽取，或者采用其他方法抽取。有关随机数表的形式、使用方法等内容，在一般的社会调查方法书籍和社会研究方法书籍中均有介绍。读者也可以参阅笔者的《现代社会调查方法》一书[①]，我们这里就不详述了。

2. 系统抽样

当总体中单位较多时，我们往往采用下述方法来进行抽样。首先，我们用系统抽样的方法。它的基本原理是将总体“分成”若干个“队列”，再随机地抽取其中一个队列。其具体做法是：先计算出抽样的“间距”，然后按简单随机抽样的方法从第一个间距中抽取一个对象，再每隔一个间距抽取一个对象。比如，要在一个有 1 000 名工人的工厂中抽取 100 名工人进行调查，可以先给工人编上序号，然后计算出一个抽样间距，计算方法是用总体规模除以样本规模，即：

$d$（抽样间距）＝1 000/100＝10

然后，我们用简单随机抽样的方法在 1～10 号中任意抽出一个号码。比如说我们抽到了 7 号，那么从第 7 号开始，每隔 10 个再抽一个。这样，由 7、17、27、37……997 这 100 个号码所代表的工人就构成了我们调查的一个样本。

3. 分层抽样

分层抽样是先将总体的单位按某种特征或属性分成若干个子类别或层次，然后再按照相同的比例（或不同的比例）在各个子类别或层次中随机抽取，最后将这些不同类别或层次中抽出的单位合在一起，就构成了调查的一个样本。比如上例中，我们可先按性别把 1 000 名工人分成两类，假设男工为 700 名，女工为 300 名。（当然也可按年龄分为老、中、青三类，或按文化程度分为小学以下、初中、高中、大专以上四类，等等。）然后按照 1 000 人中抽 100 人的比例，即 10%，在男工和女工中分别随机抽取 70 人和 30 人构成一个样本；也可采取不同的比例，从男工和女工中各抽取 50 人来构成一个样本。

① 参见风笑天：《现代社会调查方法》，武汉，华中科技大学出版社，2001。

4. 整群抽样

这种抽样与上述几种抽样的主要区别在于它的抽样单位不是单个的个人，而是一群个人，即某种群体，如班组、家庭、居委会、车间等。所抽中的群体中所有的个体都是调查的对象。通俗地说，就是一群一群地抽，而不是一个一个地抽。比如，要在某市全部中学生中抽取一个由 1 000 名中学生构成的样本。我们就可以从全市所有中学中，随机抽取 20 个整班（假定每班有 50 名学生），这 20 个班的所有学生就构成我们所调查的样本。

5. 多段抽样

它是指把抽样分成几个阶段来进行，每个阶段中的抽样单位都不一样。比如要在某市抽取一个由 200 名工人构成的样本，可分成三个阶段来进行。第一阶段以工厂为抽样单位，从全市所有工厂中随机抽取 10 个工厂；第二阶段以车间为抽样单位，在抽中的 10 个工厂中进行，从每个工厂的所有车间中随机抽取 2 个车间；第三阶段以工人为抽样单位，在抽中的 20 个车间进行，从每个车间的全体工人中随机抽取 10 名工人。这样，这 10 个工厂总共 20 个车间的 200 名工人就构成了调查的一个样本。

除了上述概率抽样方法外，调查中有时也会用到非概率抽样。其中，偶遇抽样又称方便抽样，就是以最方便调查者的方式进行抽样。比如抽选那些最容易找到的人、最先遇到的人等。在图书馆向正在那里学习的学生进行调查、在街头向过往的行人进行调查、在车站向正在那里等车的人进行调查等，就是偶遇抽样的例子。

判断抽样又称立意抽样，就是调查者根据自己的主观判断来选取一部分对象。我们常说的“典型调查”，使用的就是判断抽样的抽样方式。研究者在对所要调查的总体有一定了解的基础上，根据自己的经验和判断，选取若干个有代表性的典型进行调查，并以此来达到认识总体的目的。

定额抽样又称作配额抽样，它的做法是先依据某些因素对总体分层，并找出具有不同特征的成员在总体中的比例，然后依据这种划分以及各类成员的比例去有目的地寻找调查对象，使样本中的成员在上述各种因素、各种特征方面与总体一致。这种做法与分层抽样中“随机地抽取”调查对象的做法是不同的，它注重的只是样本与总体的结构比例上的表面一致性。

以上我们简单介绍了八种常见的抽样方法。相比之下，非概率抽样比较方便、简单、省钱，但样本的代表性常常难以保证。所以它一般只用于大型调查前的小规模探索调查，而在大规模的正式调查中，一般都采用概率抽样的方法。有关抽样原理和抽样方法的详细介绍，已超出本书的范围，读者可查阅专门的有关抽样方法的著作，或者社会研究方法、社会调查方法、社会统计学方面的书籍。

## 六、资料收集方法

由于资料收集方法与本书所介绍的问卷设计关系更为紧密，这里的介绍也相对详细一些。从大的方面来划分，社会调查中的资料收集方法主要有两种基本类型，其一是自填问卷法，其二是结构访问法。自填问卷法指的是调查者将问卷发送给（或者邮寄给）被调查者，由被调查者自己阅读和填答，然后再由调查者收回的资料收集方法。这种方法可以说是现代社会调查中最常用的一种资料收集方法（当然不是唯一的方法）。结构访问法则是指调查者依据问卷，采取口头询问的方式，向被调查者了解社会情况，收集有关社会现象资料的方法。这两个大的类别，根据具体操作方法的不同，又可以进一步划分出不同的子类型。比如自填问卷法又可分为个别发送法、邮寄填答法、集中填答法和网络调查法，结构访问法又可分为当面访问法与电话访问法，等等（见图 1—3）。

- 调查资料收集方法
  - 自填问卷法
    - 个别发送法
    - 邮寄填答法
    - 集中填答法
    - 网络调查法
  - 结构访问法
    - 当面访问法
    - 电话访问法

**图 1—3　调查资料收集方法**

每一种具体的资料收集方法在操作程序上互不相同，分别具有不同的特点，同时也适用于不同的调查对象和不同的调查课题。一个社会调查研究人员应该对各种不同的资料收集方法都十分熟悉和了解，以便在进行一项具体的调查课题时，能根据实际情况灵活运用，达到最好的调查效果。

1. 个别发送法

个别发送法是自填问卷法这一大类中最常用的一种。它的具体做法是：研究者将问卷印制好以后，派调查员依据所抽取的样本，将问卷逐个发送到被调查者手中，同时讲明调查的意义和要求，请他们合作填答，并约定收回问卷的时间、地点和方式。比如进行一项城市居民生活质量调查，可以派调查员根据所抽样本中被调查户的地址，逐一登门将问卷发送到符合要求的被调查者手中，请被调查者当场填答，并由调查员当场收回；或者调查员将问卷留下，约定三天后上门收取。又如，进行一项大学生择业倾向的社会调查，我们可以派调查员将问卷发送到样本中每一位大学生手中，请他们当场填答后收回；或者请他们在三天内将问卷填答好，自行投入学校各个学生食堂门口专门为此次调查设立的"问卷回收箱"（类似信箱、投票箱）内。在调查的内容不涉及敏感问题或上下级关系时，也可以由某种行政组织系统代为发放和回收。

个别发送法既不像邮寄法那样与被调查者完全不见面，又不像当面访问那样与每一个被调查者都交谈相当长的一段时间，而是介于二者之间，较好地处理了调查的质量与数量之间的关系。它比较节省时间、经费和人力；调查员可以向被调查者进行解释和说明；可以保证比较高的回收率；调查具有一定的匿名性；可以减少调查员所带来的某些偏差；被调查者有比较充分的时间对问卷进行阅读和思考，还可以在方便的时候进行填答；等等。当然，个别发送法同样存在一些不足，比如调查的范围依然受到一定的限制，不如邮寄填答法那么广泛；问卷的填答质量依然不能完全得到保证；等等。总的来说，个别发送法的优点相对多一些，而缺点相对少一些，是一般的社会调查中最应该选用和推广的资料收集方法。

2. 邮寄填答法

邮寄填答法是社会调查中一种比较特殊的资料收集方法。它的一般做法是：研究者把印制好的问卷连同已写好回邮地址和收信人姓名且贴好足够邮资的信封寄给被调查者，被调查者填答后再将问卷寄回调查机构或调查者。

应该说，通过邮寄问卷的方式来收集调查资料，的确是一种新颖的思路，对广大的社会调查研究人员来说，也的确具有很强的吸引力。有什么方式比邮寄更方便呢？研究者只需把问卷装进信封，就等着那一份份填好的问卷从邮局寄回了。它不光可以省掉一大笔调查员的报酬和旅费（这意味着同样多的经费可以用来调查更多的对象），还可以不受空间距离的限制。但邮寄填答法也具有两条特别令人头痛的弱点：第一，它需要有调查对象的地址和姓名，而这在实际调查中常常难以得到；第二，问卷的回收率难以保证，这是它最致命的弱点。据美国社会学家介绍，邮寄调查的回收率有时低到10%，达到50%的回收率就被认为是“足够的”（这种比例在一般调查中往往是较难接受的），而达到60%、70%的回收率就会被认为是相对好的了。

3. 集中填答法

在条件允许的情况下，我们也可以采取集中填答法来收集调查资料。集中填答法的具体做法是：先通过某种形式将被调查者集中起来，由研究者统一讲解调查的主要目的、要求、问卷的填答方法等事项，然后将问卷发给被调查者，请他们当场填答并当场回收。

例如，当我们在企业或学校对职工或学生进行问卷调查时，就可以采用这种方法。我们可以先同调查单位的领导进行联系，以取得他们的支持和帮助。通过他们将所抽取的调查对象集中起来（或分批集中起来），最好集中在会议室、教室等既方便填答问卷，又不受外界干扰的地方。然后将调查问卷发给每一个被调查者，在研究者对调查的目的、意义、要求等进行简单说明的基础上，由被调查者当场填答问卷。研究者可解答被调查者在填答问卷过程中所遇到的问题和疑问。被调查者填答完问卷后，自行将问卷投入事先放在会议室或教室门口的问卷箱中，也可将问卷放在桌上，由调查员统一收取。

集中填答法除了具备一些与个别发送法和邮寄填答法相似的优点外，在某些方面的优点似乎比上述两种方法还要明显和突出。比如：它比个别发送法更为节省调查时间、人力和费用，比邮寄填答法更能保证问卷填答的质量和回收率。集中填答法最主要的局限在于：许多社会调查的调查样本根本不可能集中；同时，将众多的被调查者集中在一起，有时会形成某种不利于个人表达特定看法的“团体压力”或“相互作用”，这也是我们在运用集中填答法时需要注意的一个问题。

4. 网络调查法

随着计算机技术和国际互联网的迅速发展，社会调查中又多了一种新的收集资料的方式，这就是网络调查法。网络调查法（internet survey，也称作基于互联网的调查，即 web-based survey，或者在线调查，即 online survey 等）指的是研究者利用互联网向特定对象发送调查问卷，同时也通过互联网将被调查者填答好的问卷收回的调查方法。

常见的网络调查方式有三种：第一种方式是将调查问卷直接链接在网站的网页上。任何一个上网者只要点击该网站的网页，调查问卷就会弹出，供上网者进行填答。当上网者填答完毕后，这份问卷的数据就自动地存入了事先设计好的数据文件中。当调查结束时，所有填答者的回答记录就形成了该调查的数据库。这种方式的网络调查虽然十分便利，但是由于它实际上是一种无特定调查样本和对象的调查方式，同时，上网者是否填答问卷也完全处于一种放任的或完全自愿的状态，因而，其调查的对象性质、调查的回收率、调查的质量等均得不到很好的保证，其结果往往具有较大偏差。比如，经常泡在网上的上网者就比有事才上网的上网者更有可能被调查到；好事者也比不太管闲事者、遇事不爱掺和者更有可能被调查到；另外，由于这种调查是完全自愿的，上网者预先是无计划、无目的的，因而，他们忽略和关闭调查问卷的可能性非常大。这将会导致实际的调查回收率非常低。（即虽然填答者可能会多达几千人甚至几万人，但实际上网阅读到这一问卷的人数则更是多至几百万甚至上千万。）所以，这种调查方式较少为学术研究者所利用，较多为非学术研究的大众媒介所采用。

第二种方式也是将问卷链接在特定的网页上，但与上面一种方式所不同的是，它不是一种面向所有上网者自由浏览、无特定对象和总体的调查，而是一种针对研究者所选定的特定对象进行的调查。一般情况下，这种方式的做法是先确定调查总体（调查总体中的成员必须有电子邮箱），然后抽取好调查对象的样本，并收集到他们的电子邮箱地址。之后分别给样本中的调查对象发电子邮件，说明调查目的、调查要求，告知调查方法，并附上调查问卷所在的链接地址。被调查者点击链接后就会进入调查问卷并直接在网上填答。填答结束后，问卷的数据也自动地存入了事先设计好的数据文件中。全部调查结束后，所有填答好的问卷资料就自动生成调查的数据库。

第三种方式是研究者在确定好调查总体（也是有电子邮箱的对象）、抽取完调查样本、收集好被调查者的电子邮箱地址后，直接将调查问卷用电子邮件发送给被调查对象。被调查者打开问卷的电子版在计算机上进行填答，填答完毕后又通过电子邮件将问卷发回给调查者。调查者将所有填答好的问卷下载后进行汇总，形成数据库文件。

后两种方式主要在学术研究中运用。由于这两种方式都是面对建立在严格的随机抽样基础上形成的样本和调查对象，因此，在问卷回收率得到保证的前提下，其调查效果也与前面所介绍的资料收集方法完全一样。而由于事先通过电子邮件（也可以通过电话）与被调查者取得联系，并征得了被调查者同意，因而调查问卷的回收率也有一定保证。

网络调查的最大优点是方便快捷、节省费用。一方面它省去了打印、印制、寄送纸质问卷的时间和费用，省去了挑选、培训调查员的时间以及给调查员支付报酬等费用，也省去了数据录入的时间和费用。另一方面，填答好的问卷很快地被处理成数据库文件，大大减少了录入误差。

网络调查的不足主要体现在调查对象的范围有一定的局限上。即它只能调查那些有上网条件、同时也会上网的对象。换句话说，对于那些从不和网络打交道、从不接触网络的对象，我们就很难利用网络调查的方法去收集资料。此外，进行网络调查还需要特定的计算机技术和网络技术的支持（包括网上问卷的设置、填答方式的设计、填答结果的记录、汇总和转换等）。当然，随着计算机技术和网络技术的进一步发展，这方面的进展也会越来越快。目前已有专门的机构开始从事这种网络调查平台的建设、网络调查软件的开发和应用业务。相信今后网络调查方式的应用也会越来越普遍。

5. 当面访问法

当面访问法的基本做法是：调查员携带着访问问卷分赴各个调查地点，按照调查方案的要求，对所选择的被调查者进行访问，并按照问卷的格式和要求记录被调查者的各种回答。在访问中，调查员严格依据调查问卷提出问题，并严格按照问卷中问题的顺序来提问，调查员不能随意改变问题的顺序和提法，也不能随意对问题作出解释。答案的记录也完全按问卷的要求和规定进行。

当面访问法具有下列三个优点：第一，能够对调查过程加以控制，从而提高调查结果的可靠程度。一方面，由于调查员当面提问，当面听取回答，因此可以减少被调查者由于对问题理解不清或误解所造成的误答；另一方面，可以避免自填式问卷调查中常常出现的由他人代填或由几个人共同商量着填答的情况。同时，这种方式也在一定程度上降低了被调查者出现欺骗性回答的机会，提高了调查结果的真实性。第二，回答率高。当面访问法是由调查员来配合完成每一份问卷的，所以，它的回收率往往可以得到很好的保证，一般都远高于自填问卷法的回收率。第三，它可以对调查资料的效度与信度进行评估。这是因为，调查员在询问和记录的同时，可以对被调查者的表情、态度和行为，甚至对某些家庭状况进行观察，从而帮助分辨和判断被调查者回答的真实性程度。

当面访问法的弱点是：第一，调查费用高。比如调查员的培训费用、工作报酬，以及路途的差旅费等，远比个别发送、集中填答、邮寄填答所花的费用高。第二，所花时间长。由于当面访问法必须一个个地对被调查者进行访问，因此，它所需要的时间显然要多得多。第三，受上述两方面的弱点所影响，其调查的范围和规模往往受到很大局限。第四，在当面访问中，由于调查员的不同、提问方式的不同、交谈进展情况的不同等原因，常常会产生出各种访问的偏见，形成一定的访问误差。第五，对某些较敏感问题进行当面访问，很多被调查者的思想压力就可能很大，顾虑就可能比较多。所有这些显然会直接影响到他们回答问题的态度和所提供的答案的真实性及可靠性。

6. 电话访问法

电话访问法即通过电话对被调查者进行访问的方法。它与当面访问法在许多方面都比较相似，但二者之间有一点差别十分明显：当面访问中，调查员不仅可以听取被调查者的回答，还可以观察到被调查者的表情、动作，以判断被调查者所提供的资料的正确性和真实性。而在电话调查中，调查员则必须完全依靠自己的听力来判断这一切。电话访问法的主要优点是简便易行、省时、省钱。特别是对于内容比较简单的调查，电话访问法的效果更好。电话访问法的主要问题是被调查者的选取及代表性方面的困难。如果说，总体中每一个成员都有一部电话，而且每部电话的号码都集中在一本电话号码簿上，那么抽样将是十分简单的。但现实情况是，一方面，电话号码簿上的号码并非正好构成我们所希望调查的总体

（比如，我们希望调查的是全市居民家庭，而电话号码簿上的许多号码却是各种社会组织、单位的办公电话）；另一方面，有许多属于我们调查总体的成员的号码又没有出现在号码簿上，这样我们就无法抽到他们。因此，在运用电话访问法时，研究者一定要对总体及样本的情况有清楚的认识，尽可能做到抽样的科学性与代表性。

# 第二章　测量与操作化

问卷是社会调查中用来收集资料的工具。而利用问卷进行调查实际上就是对社会现象进行特殊的测量。正是在这一点上，我们说问卷与社会调查资料的收集密切相关，与社会调查结果的质量紧密相连。在本章中，我们将对测量的概念、测量层次、测量的信度与效度、概念的操作化、操作化的方法、指标选择的多样化等内容进行介绍。

## 一、测量的概念

### 1. 什么是测量

在日常生活中，我们对于测量并不陌生。比如，人们总是在用人体自身的各种器官去对外部世界进行测量：眼睛在测量物体的大小、颜色、形状、空间距离，耳朵在测量各种声音的高低、方向、含义，鼻子在测量各种气体的味道，皮肤在测量周围的温度。由于人体器官的测量能力十分有限，而且测量的结果也不够精确，因而人们在科学研究中发明了许多专门的测量仪器，规定了各种测量的特定程序，创造了许多规范的测量方法，极大地提高了测量的水平和效果。人们不仅有了米尺、磅秤这样一些基本的测量物体长短、高低、大小、轻重的工具，还发明了诸如温度计、望远镜、显微镜等更为精确的测量大气的温度，水的温度和人体的温度，测量宇宙中不同行星之间的距离，测量人眼所无法看到的血液中的红白细胞数目的工具。

在社会调查中，人们也进行着另外一些形式的测量。比如，用人口登记的方法来测量一个国家的人口数量和人口结构，用电话访问的方法来测量人们对不同政党候选人的支持率，用自填问卷的方法来测量大学生们所具有的择业倾向，等等。虽然各种各样的测量在内容、方式等方面千差万别，但它们在一些最本质的方面却完全一致。这些最本质的方面，就是测量所具有的科学的内涵。

美国学者史蒂文斯（S. S. Stevens）认为："测量就是依据某种法则给物体安排数字。"这一定义被许多社会科学研究人员所采用。[①] 本书则在此基础上用下述定义来进一步解释测量的含义：所谓测量，就是根据一定的法则，将某种物体或现象所具有的属性或特征用数字或符号表示出来的过程。测量的主要作用，在于确定一个特定分析单位的特定属性的类别或水平。它不仅可以对事物的属性作定量的说明，同时也能对事物的属性作定性的说明。在社会调查中，研究者所进行的大部分测量往往是定性的测量。

2. 测量的四个要素

为了更好地理解测量的概念，有必要对构成上述测量定义的四个必不可少的要素进行专门的说明。这四个要素是：测量客体、测量内容、测量法则、数字和符号。

（1）测量客体，即测量的对象。它是客观世界中所存在的事物或现象，是我们要用数字或符号来进行表达、解释和说明的对象。比如，我们测量一张桌子的高度时，这张桌子就是我们测量的客体或对象。在社会调查中，最常见的测量客体是各种各样的个人，以及由若干个个人所组成的各种社会群体、社会组织、社区等。在测量的四个要素中，测量客体所对应的是"测量谁"的问题。

（2）测量内容，即测量客体的某种属性或特征。实际上，在任何一种测量中，我们所测量的对象虽然是某一客体，但所测量的内容却并不是客体本身，而是这一客体的特征或属性。比如，桌子是我们的测量客体，而桌子本身我们却无法测量，只有桌子的各种特征，比如它的高度、宽度、重量、颜色等，才能构成我们测量的内容。同样的道理，社会中的个人、群体、组织以及社区等是我们的测量客体，是社会调查中的测量对象，但我们所测量的却并不是这些个人、群体、组织或社区本身，而是他们的各种特征。比如个人的各种行为、态度和社会背景，群体或组织的规模、结构和管理模式，社区的范围、人口密度和人际关系，等等。只有它们的这些特征才是我们的测量内容。在测量的四个基本要素中，测量内容所对应的是"测量什么"的问题。

（3）测量法则，即用数字和符号表达事物各种属性或特征的操作规则。也可以

① See R. F. Guy, C. E. Edgley, I. Arafat & D. E. Allen, *Social Research Methods: Puzzles and Solutions*, Boston, Allyn and Bacon, 1987, p. 138.

说，它是某种具体的操作程序和区分不同特征或属性的标准。比如，“将桌子放置在水平的地面，然后用直尺从地面垂直地靠近桌面的边缘，桌面所对应的直尺上的刻度即是桌子的高度”，这句话所陈述的就是测量桌子高度的规则。又比如，在社会调查中，我们要测量人们的收入状况，那么，“将被调查者工资单上的应发金额数加上每月奖金发放统计表上他所得的奖金数额”就是一种测量法则。在测量的四个基本要素中，测量法则所对应的是“怎么测”的问题。

（4）数字和符号，即用来表示测量结果的工具。比如，120 厘米、110 厘米等就是测量桌子高度所得的结果；350 元、460 元等就是测量人们收入的结果。在社会调查中，研究者进行测量的结果中，许多是用数字来表示的。比如被研究者的年龄、收入、上下班路上所需时间，被调查家庭的人口数、用于购置大件家电商品的费用、被调查组织的规模等。同样，也有许多是用文字来表示的。比如，被调查者的性别（用男、女表示）、婚姻状况（用未婚、已婚、离婚、丧偶表示）、被调查者对住房购买政策的态度（用赞成、反对表示）等。尽管许多用文字表达的测量结果在统计分析时都转换成了数字，但这种数字并不能像算术中的数字那样进行加、减、乘、除运算，最多只能作为不同类别的代号进行频数统计。在测量的四个基本要素中，数字和符号所对应的是“如何表示”的问题。

3. 社会现象的测量

测量在自然科学的研究中应用十分广泛，十分普遍，也十分成熟。相比之下，社会科学研究中对测量的应用就显得相对落后一些。形成这种状况的原因是多方面的。除了其他因素外，社会现象的特殊性、社会测量的特殊性无疑是其中十分重要的原因。

各种社会现象都是建立在人及其活动的基础上的。人及其社会行为作为社会测量的对象，具有与自然现象的测量十分不同的特点。首先，人一方面作为测量的客体或对象，另一方面又作为测量过程的主体的状况，给社会现象的测量带来了无法回避的主客观矛盾。无论是作为测量主体的人，还是作为测量客体的人，都具有主观意识、思想感情、思维能力和价值观念，都会对测量的过程和方式作出种种反应；人与人之间还存在着各种各样、错综复杂的社会关系。这些都使得社会现象的测量在很大程度上受到人们的认识水平和价值取向的影响，带有明显的主观色彩。

其次，社会测量的内容常常是社会中人们的行为，以及由人们的行为所构成的各种社会现象。与此同时，人们对各种社会现象所进行测量的活动本身，也是一种社会行为，也是一种社会现象。二者相互联系，也相互影响。特别是由于任何一种社会测量都会干扰和影响现实生活中它所希望或正在测量的现象，就像自然科学中的“测不准原理”那样，因而会给实际的测量工作带来难以克服的困难。

最后，在自然科学中，由于测量的对象相对单一和稳定，因而测量的可重复性强、量化程度比较高。特别是这种测量常常可以建立起某种公认的、通用的单位标准。比如，长度用米或尺为单位来量度，时间用秒为单位来量度，重量用克或磅作单位来量度，等等。但是，在社会科学中，由于测量的对象十分复杂，因而测量的量化程度比较低，可重复性也比较差。对许多社会现象，如人的智力、社会群体的凝聚力、社会职业的声望、人们的教育成就、社会参与程度等，广大的社会科学家们还没能（或者根本就不可能）建立起某种公认的、适合于多种不同情况的测量单位和测量标准，以及与之相应的测量工具和测量方法。

## 二、测量层次

由于社会调查研究中所涉及的现象具有各种不同的性质和特征，因而对它们的测量也就具有不同的层次和标准。史蒂文斯于 1951 年创立了被广泛采用的测量层次分类法，他将测量层次分为四种，即定类测量、定序测量、定距测量和定比测量。

### 1. 定类测量

定类测量也称为类别测量或定名测量，它是测量层次中最低的一种。定类测量在本质上是一种分类体系。即将研究对象的不同属性或特征加以区分，标以不同的名称或符号，以确定其类别。定类测量的数学特征主要是等于与不等于（或者属于与不属于）。在社会调查中，对诸如人们的性别、职业、婚姻状况、宗教信仰等特征的测量，都是常见的定类层次的测量。它们分别将被研究者划分成“男性、女性”、“工人、农民、教师、商人……”或者“未婚者、已婚者、离婚者……”、“佛教、天主教……不信教”等各种不同的群体或类别。而每一个被研究者则分别属于或者不属于其中某一类别。

由于定类测量实质上是一种分类体系，因而必须注意所分的类别既要具有穷尽性，又要具有互斥性。即所分的类别既要相互排斥，互不交叉重叠，又对各种可能的情况包罗无遗。这样，我们所测量的每一个对象都会在我们的分类体系中占据一个类别，且只会占据一个类别。比如，将性别分为“男性”和“女性”两类，将职业分为“工人”、“农民”、“干部”、“专业人员”、“商人”、“其他”六类，等等。

由于对任何一门科学来说，分类都是基础。其他几种层次的测量，也都把分类作为其最低限度的操作。或者说，其他的几种测量层次中，都无一例外地包含着定类测量的分类功能。而在社会现象的测量中，大量的变量又都是定类变量，分类更是最基本的目标和最经常性的操作。因此，运用好定类测量，发挥其应有的作用，是社会调查人员的一项重要任务。

2. 定序测量

定序测量也称为等级测量或顺序测量。定序测量的取值可以按照某种逻辑顺序将调查对象排列出高低或大小，确定其等级及次序。或者说，定序测量可以按某种特征或标准将对象区分为强度、程度或等级不同的序列。比如，测量人们的文化程度，可以将它们分为“文盲、半文盲、小学、初中、高中、大专、大学及以上”等，这是一种由低到高的等级排列；又如测量城市的规模，可以将它们分为“特大城市、大城市、中等城市、小城市”等，这则是一种由大到小的等级排列。在社会调查中，研究者可以用定序测量来对人们的社会地位、生活水平、住房条件、工作能力等特征进行类似的等级排列。

定序测量不仅能够像定类测量一样，将不同的事物区分为不同的类别，而且还能反映事物或现象在高低、大小、先后、强弱等序列上的差异。它的数学特征是大于或小于（＞或＜），比定类测量的数学特征高一个层次。定序测量所得到的信息比定类测量所得的多。

关于定序测量有一点需要略作说明。通常，研究者为了统计分析的需要，总是将这种有高低、大小、强弱不同的序列转化成大小不等的数字。比如，将“文盲与半文盲”、“小学毕业”、“初中毕业”、“高中或中专毕业”、“大专毕业及以上”等类别，分别用数字“1”、“2”、“3”、“4”、“5”来代表。但是，要特别注意的是，这种数字并非真正意义上的“数字”，即这些数字并不具有数学中数字的实际内涵和功能。它们不能用来进行数学运算，比如，它们不能用来进行加、减、乘、除运算，而只是一种单纯表示“大”“小”的符号。

3. 定距测量

定距测量也称为等距测量或区间测量。它不仅能够将社会现象或事物区分为不同的类别、不同的等级，而且可以确定它们相互之间不同等级的间隔距离和数量差别。比如，测量人的智商、测量自然界中的温度以及测量人们的出生年代就是定距测量的典型例子。在定距测量中，我们不仅可以说明哪一类别的等级较高，而且能说明这一等级比那一等级高出多少单位。也即是说，定距测量的结果相互之间可以进行加减运算。如果测得张三的智商为 125，李四的智商为 110，那么，125－110＝15，由此可以说张三的智商比李四的高 15。同样的道理，我们测量北京与武汉的温度，结果发现北京的温度为 20 摄氏度，武汉的温度为 30 摄氏度。从这一测量中，我们不仅可以了解到北京与武汉的气温不同（定类测量的测量结果），了解到武汉的气温比北京的气温高（定序测量的测量结果），而且可以了解到武汉的气温比北京的气温高出 10 摄氏度（定距测量的测量结果）。

定距测量的另一个例子是公元年代。我们在调查问卷中经常会询问这样一个问题：“请问您是哪一年出生的？ ________年。”被调查者所给出的数字可以向我们表明他们各自的年龄，而且越大的数字表示越小的年龄。不同数字间的间距与年龄间的间距完全相等。比如，对象甲 1966 年出生，对象乙 1944 年出生。那么，二者的年龄差距就等于数字差距：1966－1944＝22（岁）。

需要注意的是，定距测量的值虽然可以为 0，但这个 0 却不具备数学中我们所熟悉的 0 的含义。比如，我们可以测得北京的气温为 0 摄氏度。但它却并不是表示北京“没有温度”，而只是代表北京的气温达到了水的“冰点温度”。从测量的角度看，此时的 0 只不过是一个特定的数字而已，它是人们主观认定和选取的。因为在另一种温度量表中（华氏温度计中），0 度则是冰点下 32 度。

4. 定比测量

定比测量也称为等比测量或比例测量。定比测量除了具有上述三种测量的全部性质之外，还具有一个有实际意义的零点（绝对零点）。所以，它测量所得到的数据既能进行加减运算，又能进行乘除运算。比如，对人们的收入、年龄、人口的出生率、性别比、离婚率、城市的人口密度等所进行的测量都是定比测量的例子。它们的测量结果都能进行乘除运算。如测得张三的收入为480元，李四的收入为240元，那么，480÷240=2，由此可以说，张三的收入是李四的收入的两倍（或李四的收入是张三的收入的二分之一）。是否具有实际意义的零点（绝对零点），是定比测量与定距测量的唯一区别。

5. 测量层次小结

上述四种测量的层次由低到高，逐渐上升。高层次测量具有低层次测量的所有功能，即它既可以测量低层次测量可以测量的内容，也可以测量低层次测量无法测量的内容；同时，高层次测量还可以作为低层次测量处理。比如，定序测量具有定类测量的分类功能，且可以作为定类测量使用。同样，定距测量具有定序测量的排序功能与定类测量的分类功能，且可以作为这两种测量使用。但反过来则不行。为了进一步清楚地说明这四种测量的差别，我们将它们各自的数学特性总结在表2—1中。

**表2—1　　四种测量层次的数学特性总结**

| 数学性质 | 定类测量 | 定序测量 | 定距测量 | 定比测量 |
|---|---|---|---|---|
| 类别区分（=、≠） | 有 | 有 | 有 | 有 |
| 次序区分（>、<） | | 有 | 有 | 有 |
| 距离区分（+、-） | | | 有 | 有 |
| 比例区分（×、÷） | | | | 有 |

明确不同的测量层次所具有的不同数学性质，这一点十分重要。因为在社会调查资料的整理和统计分析中，需要根据不同测量层次所具有的数学特性采用不同的统计方法。另外，在对社会现象进行测量时，有一个重要的规则：在条件许可的情况下，要尽可能对它们进行高层次的测量。即凡是能够用定比测量或定距测量的，就一定不要只用定序测量甚至只用定类测量。因为高层次测量所包含的信息更多；且高层次测量的结果很容易转化为低层次测量的结果，反之则不行。

## 三、测量的信度与效度

对于任何一种测量工具或测量手段来说，都会涉及这样一些基本问题：测量所得的数据或资料是否与研究者感兴趣的特征有关？测量所得的结果是否正是研究者所希望测量的东西？当这种测量的时间、地点及操作者发生改变时，测量的结果将会受到什么样的影响？这就是测量的信度和效度问题。

所谓信度（reliability），即测量的稳定性或可靠性。它指的是对同一事物进行重复测量时，所得结果一致性的程度。一致性程度越高，即信度越高；反之则信度越低。比如，我们用磅秤去测量某人的体重，如果前天测得体重为60公斤，昨天和今天所测结果也是60公斤，那么我们的测量是可信的。如果前天测得60公斤，昨天测得50公斤，今天又测得70公斤，那么我们的测量就是不可信的，我们所用的测量工具——磅秤一定有毛病。

所谓效度（validity），指的是一项测量真正测量的是它所要测量的事物的程度。当一项测量所测得的正是它所希望测量的事物时，我们就说这一项测量具有效度，或者说它是一项有效的测量。如果一项测量所测得的并不是它要测量的事物时，我们就称这项测量不具有效度，或说它是一项无效的测量。比如，假设我们打算测量某个样本中的大学生的智商分布情况。我们采用一份标准的智商测验量表对他们进行测验，并用他们每个人在测验中所得的分数来表示他的智商，那么，这一测量是有效的；但是，如果我们采用的是一份英文的智商测验量表，那么，当我们同样用所得到的分数来表示他们的智商时，我们的测量就不具有效度。因为此时我们所测量的并不是大学生们的智商，而是他们的英文水平了。（即我们所测量到的并不是我们所希望测量的东西。）

## 四、概念的操作化

社会调查中所要测量的变量许多都是十分抽象的概念。比如“地位”、“权力”、“声望”、“资源”等。这些概念通常都是我们看不见、摸不着的。要使这些概念能够被我们测量，必须对它们进行操作化处理。操作化既是社会调查中常用的概念，同时也是社会调查过程中最为困难、最为关键的步骤之一。为了更好地理解操作化的概念与方法，有必要先对概念、变量和指标的概念及其关系作一简要的说明。

### 1. 概念、变量和指标

（1）概念。概念是对现象的抽象，它是一类事物的属性在人们主观上的反映。比如“椅子”是一个很简单的概念。当说到椅子时，不同的人头脑中会出现各种不同的特定的椅子：有的是木头的，有的是钢铁的；有的是方的，有的是圆的；有的是黄色的，有的是棕色的……尽管这些椅子不完全一样，但是它们却具有某些共同的特征：有若干条腿支撑着一个供人坐的平面。而“椅子”的概念正是对这些具体的、各不相同的椅子的抽象。

由于现实世界中事物和现象的类型、结构的不同，复杂程度的不同，所以，概念的抽象程度也有高有低。比如，“事业心”、“责任感”、“生活方式”这样的概念，其抽象层次就比“苹果”、“椅子”、“书”这类概念的抽象层次要高。抽象层次高的概念往往包含多个抽象层次低的概念，并且往往是难以直接观察和描述的。这是因为概念的抽象层次越高，其涵盖的面就越大，特征也就越含糊；相反，一个概念的抽象层次越低，其涵盖面也就越小，特征也越明确。这一点可通过图 2—1 来简单说明。

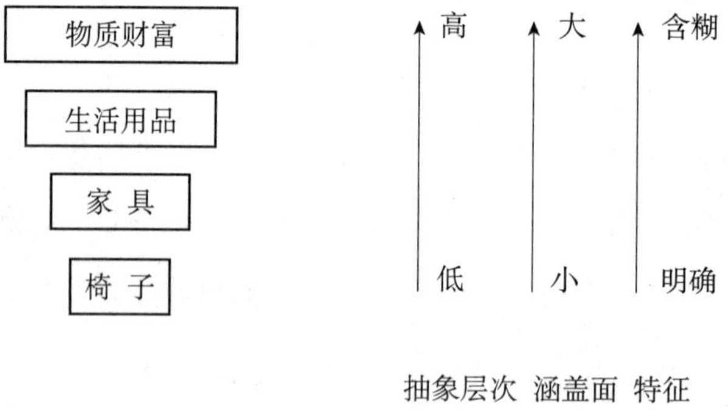


**图 2—1　概念及其特征**

概念的抽象性对于理论有着重要的作用。从牛顿发现重力的事例中，我们可以看到这一点。许多世纪以来，人们经常看到苹果从树上掉下来，但却不能真正理解这一想象发生的原因。直到抽象的“重力”概念的发现，人们才找到答案。同时，它还使许多类似的现象在重力概念的范围内得到了说明。由于概念是命题的“建筑材料”，而命题则是理论的“建筑材料”，所以，有的社会学家把概念称为“建筑理论大厦的砖石”。

（2）变量。许多概念往往包括若干个范畴、值或亚概念。比如“性别”这一概念就包括“男性”和“女性”两个范畴，“职业”这一概念就包括“工人”、“农民”、“干部”、“教师”、“医生”等多个范畴。正是因为概念具有这种多值的特性，因此，在社会调查中，人们借用了一个数学术语，把所研究的概念称作“变量”（或“变数”）。所谓变量，就是指具有一个以上取值的概念，或者说，就是包括一个以上范畴的概念。而那些只有一个固定不变的值的概念，则叫做常量。

变量具有两个重要的性质：首先，构成变量的各个值必须是穷尽的。即每个被调查者的情况都应能归于某个取值中。如果职业这一变量中只设“工人”、“农民”、“军人”三个取值，那么，这个变量就不是穷尽的，因为它没有涵盖所有的人在职业方面的全部属性。比如，教师、医生、商人等都不能归于这三类中的某一类，它们被漏掉了。其次，构成变量的取值必须是互斥的。即每个被调查者的情况仅属于一个取值，而不能同时属于两个或多个取值。比如，职业这一变量的取值中，如果既有“工人”，又有“司机”、“车工”等，那么，它的取值就不是互斥的，而是相互包含的了。根据变量取值的性质不同，又可以分为定类变量、定序变量、定距变量和定比变量，对它们的测量分别构成前述的定类测量、定序测量、定距测量和定比测量。

（3）指标。表示一个概念或变量含义的一组可观察到的事物，称作这一概念或变量的一组指标。概念是抽象的，而指标则是具体的；概念是人们的主观印象，而指标则是客观存在的事物。因此，概念只能想象，而指标则可以观察和辨认。比如，“社会阶级”是一个抽象概念，通过操作化，我们可以用一组指标来测量它，这组指标包括“职业”、“收入”、“文化程度”等。又比如，家庭生活中的“夫妻权力”是家庭社会学中的一个重要概念，通过操作化，我们可以用“购买大件家用电器的决定权”、“选择子女报考学校的决定权”、“家庭收入的管理权”等指标来对它进行测量。由于指标是变量在经验层次上的一种体现，因而它同样具有变量的特征。也即是说，一个指标也会有若干个不同的取值。比如，我们说“职业”是变量“社会阶级”的一个测量指标，它就有“工人”、“农民”、“军人”、“教师”等多个不同的取值；同样，“文化程度”也是“社会阶级”的一个测量指标，它也有“文盲”、“半文盲”、“小学”、“初中”、“高中”、“大学”等不同取值。

2. 操作化的含义与作用

所谓操作化，就是将抽象的概念转化为可观察的具体指标的过程，或者说，是对那些抽象层次较高的概念进行具体测量时所采用的程序、步骤、方法、手段的详细说明。比如，将抽象概念“同情心”转化为“主动帮助盲人过街”、“主动给讨饭者钱物”、“主动向灾区捐款”，就是操作化的一个例子。而“将学生的语文、数学、外语三门课程的成绩按 3、2、1 的权重分别加权，然后相加并计算出平均值”，则是对抽象概念“智力水平”进行操作化的一个例子。

操作化在社会调查中有着极为重要的作用。从一方面看，存在于研究者头脑中的各种概念、意识，研究者用以构建其理论大厦的各种基本变量，都只有经过了合适的操作化之后，才会在普通人可以看得见、摸得着的现实社会中显现出来。换句话说，操作化就是要把我们无法得到的有关社会结构、制度或过程，以及有关人们行为、思想和特征的内在事实，用代表它们的外在事实来替换，以便于通过后者来研究前者。从另一方面看，操作化也是具有定量取向的社会调查的关键一环。尤其是在解释性研究中，若要对任何有关社会现实的理论假设进行检验，则操作化往往是不可回避的前提。这即是说，只有通过操作化的过程，将思辨色彩很浓的理论概念转变成、“翻译”成经验世界中那些人人可见的具体事实，假设检验才成为可能。

因此，可以说操作化是社会调查中由理论到实际、由抽象到具体这一过程的“瓶颈”。从理论思维的天空，到经验研究的大地，有着相当的距离。而这种操作化过程，就是沟通抽象的理论概念与具体的经验事实的一座桥梁，它为我们在社会调查中实际地测量抽象概念提供了关键的手段。例如，前面提到了“同情心”的概念。什么是“同情心”呢？虽然我们确实常常谈到它，也能体会到它，但这个东西在现实中却并不存在。因为我们既不知道它的形状、大小、颜色，也没有摸到过它。但是，当我们将它操作化为“主动帮助盲人过街”、“主动给讨饭者钱物”、“主动向灾区捐款”时，我们就会在现实生活中看到它，并测量它了。操作化的作用正是让那些通常只存在于我们头脑中的抽象概念，最终在我们所熟悉、所生活的现实世界中“现出原形”，让那些本来只能靠我们的思维去理解、去体验的东西，“变成”我们看得见、摸得着的东西。

3. 操作化与命题

在社会调查中，研究者有时需要通过收集问卷资料来检验某种命题或假设。而问卷设计对这种假设验证的目标同样有着重要的作用。下面我们举几个简单的例子来解释操作化过程与理论命题的关联。

假定我们从某一理论中导出（或从对实际现象的观察中归纳出）下述命题：“女性比男性更富有同情心。”为了验证这一命题，必须对“同情心”进行测量。虽然我们可以从字典上查出“同情心”的含义，但要在现实世界中对它进行具体测量，却必须对它进行操作化处理。比如，我们可把它操作化为下列一组指标：

（1）给讨饭者钱、物；

（2）捐献衣物给受灾地区人民；

（3）帮助走失的小孩找到父母；

（4）搀扶盲人过马路。

这一组指标都能在现实世界中进行测量。比如跟随（或假扮）讨饭者，记下给钱物的人的性别并加以统计；登记（或查阅）捐献衣物给灾区的人的性别并加以统计；让一小孩假装走失，把他放到一个人来人往的路旁，统计上前询问并带小孩去找父母的人的性别；让一盲人穿过马路，统计主动上前搀扶的人的性别；等等。

又如命题："不同学科的教师受欢迎的程度不同。"这里"受欢迎"是一个抽象概念，下面是一组测量指标：

（1）学生评价老师的评分值；

（2）各科教师上课时学生的缺勤率；

（3）教师节、元旦、春节期间各科教师收到的学生送的明信片、贺年卡及其他礼物的件数。

再如命题："学生越是理解老师讲课的内容，成绩就越好。"这里的"理解"可用下列指标测量：

（1）学生听课时点头的次数；

（2）学生回答对老师提问的次数；

（3）学生做对老师布置的作业的次数。

细心的读者会发现，这些操作化后的指标实际上就是我们在问卷中提问的内容，即我们验证假设所需要的资料。从这里我们可看到问卷设计是如何与研究的理论命题、假设、操作化、测量指标等相联系，又是如何受到理论命题的指引的。

## 五、操作化的方法

对概念进行操作化处理，就是要给出概念的操作定义，这种定义即一套程序化的工具，它告诉研究者如何辨识抽象概念所指称的现实世界中的现象。① 从大的方

① 参见［美］乔纳森·H·特纳：《社会学理论的结构》，8页，杭州，浙江人民出版社，1987。

面看，这种操作化过程主要包括两个方面的工作：一是澄清与界定概念；二是发展测量指标。

1. 澄清与界定概念

起初比较粗糙地定义的概念常常潜在地包含着大量不同的成分，而以这种概念为名组织起来的资料往往具有某些实质性的差异，因此，在研究中需要对主要的概念进行某种澄清和界定的工作。澄清和界定概念的必要性在于：如果不同的人用同一个概念（词语）来表达不同的含义，那么，这样的概念也就没有用了。除非人们用同样的词语来表达同样的事物，否则交流就是不可能的。默顿指出："概念澄清的一个功能，是弄清包摄于一个概念之下的资料的性质。"① 通过精确地指出一个概念包括什么、排斥什么，我们可以获得对资料进行分析和组织的指导性框架；同时，也可以使得各项具体的经验研究中所含的资料更加具有一致性和可比性。

在具体操作上，我们首先要弄清概念定义的范围。在采用或给出某个具体的定义之前，可以先看看其他的研究者对这一概念所下的定义是怎样的。而对于那些并未对概念下正式的定义的研究来说，我们就需要从其对概念的运用中来确定他对这一概念的界定。当我们通过收集和查询，了解到有关这一概念的各种不同的定义，从而对这一定义的大致范围有所理解以后，便可对这些定义进行分类。

其次，我们要决定一个定义。列出了有关这一概念的各种类型的定义，或者总结出各种定义中最具共同性的元素后，就该决定采取哪一种定义方式了。我们面临各种不同的选择：既可以直接采用一个现成的定义（即从现有的各种定义中确定一个我们认为比较科学、比较确切的），也可以在现有定义的基础上自己创造出一个新的定义。采用现成的定义时，既可以用一个十分经典的定义，也可以用一个比较新的定义。需要特别注意的是，这种选择应该以研究者进行具体社会调查的需要为标准，哪种定义方式最适合研究的目的，就应该重点考虑哪种定义方式。

比如，一项有关单位组织中的资源获得的研究需要对"资源"的概念进行操作化。研究者首先对"资源"这一概念进行了澄清："吉登斯（Giddens）将资源定义为'改革事物的一种能力'，科尔曼（J. S. Coleman）对资源作了更宽泛的理解，他

① ［美］罗伯特·金·默顿：《论理论社会学》，186页，北京，华夏出版社，1990。

认为资源是那些能满足人们需要和利益的物品、非物品（例如信息）以及事件（例如选举）。”在此基础上，研究者对自己研究中的“资源”概念进行了界定：“本文基本上采用科尔曼对资源的定义，即资源是那些可使人们满足必要且重要的经济、政治、社会以及与此相关的各种需要的东西。”[①]

2. 发展测量指标

概念的澄清和界定只是解决了概念名义定义的内涵问题，即相当于给我们划定了概念内涵的具体范围。对于经验性的社会调查来说，还需要对其进行操作化，使其转化成能具体观察和测量的事物。接下来的任务就是要寻找与这些内涵相对应的经验指标。这一工作更为具体，也更具有挑战性。通常的做法是：

首先，列出概念的维度。正如前面所介绍的，许多比较抽象的概念往往具有若干不同的方面或维度。或者说，一个抽象的概念往往对应于现实生活中的一组复杂的现象，而不仅仅对应于一个单纯的、可直接观察到的现象。比如，“人的现代性”和“妇女的社会地位”就是这种具有多个不同维度的概念的两个例子。因此，我们在界定概念的定义的同时，指出概念所具有的不同维度，对于概念的操作化，对于概念的测量指标的选择，以及对于综合的理论思考与分析，都是十分有用的。比如，要测量社会中某一群体的社会地位，往往是先将这一概念的主要维度列举出来。全国妇联曾于 1990 年在全国进行过一项大规模的“中国妇女社会地位研究”，其研究方案就是将“社会地位”的含义区分为政治地位、经济地位、法律地位、教育地位和家庭地位几个不同的维度。[②] 英克尔斯在测量人的现代性时，也是先将这一概念分成二十多个不同的维度来进行的。（见下文“七、操作化的几个例子”。）

其次，建立测量指标。对于有些概念来说，建立一个测量指标是简单的。比如，人们的“性别”、“文化程度”、“婚姻状况”这样的概念就是如此；但是，对于其他一些比较复杂、比较抽象的概念来说，发展和建立测量指标就不是一件容易的事了。通常，我们可以采取下列两种方式来发展概念的指标。

第一种方式是寻找和利用前人已有的指标。尤其是一些测量人格、态度方面的量表，其指标往往经过多次的运用和修改，常常可以成为我们可用的指标。当然，

---

① 李路路、李汉林：《单位组织中的资源获得》，载《中国社会科学》，1999（6）。

② 参见中国妇女社会地位课题组：《中国妇女社会地位概观》，3～5 页，北京，中国妇女出版社，1993。

许多前人的指标不一定完全适合我们的概念，需要作一定的修改和补充。用前人的指标具有可与其他统计值的结果进行比较的优点；同时，比起每个研究者都发展一套自己特定的指标的做法，这种做法更有利于社会知识的积累和形成。

第二种方式是研究者先进行一段时间的探索性研究。研究者可采用实地观察和无结构式访问的方式，进行资料收集的初步工作。尤其是与被研究者中的关键人物进行比较深入的交谈，从这些人那里获得符合实际的答案。这样做可以帮助研究者从被研究者的角度、用被研究者的眼光来看待事物，了解被研究者的所思所想，以及他们考虑问题的方式。所有这些都会对研究者发展出测量概念的指标提供极大的帮助。

## 六、指标选择的多样性

有些抽象概念往往很难，甚至不可能在具体现象中找到与其一一对应的指标。而且，在许多情况下，一组操作化指标也往往不能够完全代表一个概念。这也是社会调查有时受到批评和指责的原因之一。同时，对抽象概念进行操作化时，往往在具体方法和测量指标方面存在多种不同的选择。也即是说，对同一个概念进行测量时，可能会产生出不同的测量指标。而一项具体社会调查的结果，又与它所采用的操作化方式及其所产生的测量指标密切相关。由于一个概念常常需要多个指标来测量，所以指标的选择就成了概念能否被正确地和完整地测量的关键。

比如，以对“夫妻权力”的测量为例，研究者通常将这一概念界定为“夫妻在家庭中的决策权”。对其进行操作化时，不同研究者所用的指标不尽相同。1960 年，美国社会学者布拉德和沃尔夫在他们的研究中，选取了他们认为既能涉及丈夫、又能涉及妻子在家庭中的决策权的 8 个指标。这 8 个指标是①：

（1）丈夫的职业选择；

（2）买什么样的汽车；

（3）是否买人寿保险；

（4）到什么地方度假；

① 参见［美］J·罗斯·埃什尔曼：《家庭导论》，448 页，北京，中国社会科学出版社，1991。

（5）买什么样的房子；

（6）妻子是否应该参加社会工作；

（7）家里有人生病时，应去看哪位医生；

（8）全家每周在食品方面应花多少钱。

他们根据调查测量的结果得出结论说，丈夫和妻子在家庭决策中各有侧重，二者的权力相当。这一研究结果被广泛引证，并大大促进了后来的许多研究。但是，1971 年森特斯等研究者在对同一问题进行研究时，将“家庭中决策权”的概念操作化为 14 个指标，除了上述的 8 个以外，他们又增加了下面 6 个指标：

（9）请谁来做客和与谁一起出门；

（10）怎样装饰房间和摆设家具；

（11）收看什么电视节目和广播节目；

（12）家庭的正餐吃什么；

（13）买什么样的衣服；

（14）配偶应买什么样的衣服。

在他们的研究中，前 8 个问题的调查结果与布拉德等人的研究结果几乎完全一致，但加上 6 个新问题时，丈夫的权力下降了。这种结果表明，夫妻权力的对比和分布随着所考察的决策方面的不同而不同。①

中国台湾的社会学者也曾研究过夫妻权力的问题。他们对这一概念的测量指标可参见下例。②

陈明穗 1986 年在研究夫妻权力时，是通过以下 15 项指标来进行测量的：

（1）丈夫的职业选择；

（2）妻子的职业选择；

（3）家人生病该看哪个医生；

（4）家庭生活费的支配；

（5）度假、旅游及休闲活动；

（6）生育子女数目；

---

① 参见［美］J·罗斯·埃什尔曼：《家庭导论》，448～450 页。

② 参见高淑贵：《家庭社会学》，73 页，台北，黎明文化事业公司，1991。

（7）购买贵重物品；

（8）置产（买房子、土地等）；

（9）房子布置及购买家具；

（10）订阅报刊、选择电视节目等；

（11）子女的教育；

（12）谁代表参加婚丧喜庆；

（13）谁决定送礼与回赠礼物；

（14）是否买保险；

（15）何种家电用品该淘汰换新。

而伊庆春、蔡瑶玲 1988 年的研究则是用这样 15 项指标来进行测量的：

（1）丈夫的职业或工作选择；

（2）妻子是否外出工作或改变工作；

（3）家用支出分配；

（4）储蓄、投资、保险等；

（5）婚丧喜庆时贺礼的数额；

（6）买房子或房地产；

（7）要不要搬家；

（8）是否与上一代同住；

（9）生几个孩子；

（10）用哪种避孕方法；

（11）小孩上哪所学校；

（12）小孩教育；

（13）请哪些客人吃饭；

（14）娱乐休闲活动的计划；

（15）家中的布置及买家具。

可以看出，上述这些测量指标都具有表面效度——它们的确是在测量夫妻在家庭中的决策权。美国和中国台湾的两组指标也有许多相似和相同的地方，但也有一些小的差别。如果我们根据中国大陆的情况对“夫妻权力”的概念重新进行操作化，所用的指标可能与上述两者都不完全一样。相对而言，大陆学者所用的指标可能会比较接近台湾学者所用的指标，但肯定还会有一些与其不同的地方。因为，大陆的社会现实与台湾的不同，而与美国的差别就更大了。

上述例子告诉我们，就像语言学家在翻译其他语言的作品时，常常会碰到同一部作品由不同的人翻译，译文互不相同、有优劣之分一样，对同一概念的操作化结果也存在着优劣之分。社会调查中众多理论概念的操作化的结果也不是唯一的。各种不同的操作化结果，相互之间只是在反映概念内涵的准确性和涵盖性上存在着程度上的差别，唯一的、绝对准确、绝对完善的操作化指标是不存在的。

## 七、操作化的几个例子

**例 1　“人的现代性”**

著名美国社会学家英克尔斯及其合作者在研究“现代人”时，需要对“人的现代性”这一概念进行测量。为此，他们进行了非常周密细致的操作化工作。最终将“人的现代性”操作化为具有 24 个维度的个人现代性综合量表，并在此基础上形成了一份总共包括 438 个具体问题的访问问卷。这 24 个维度是①：

(1) 积极参与公共事务；　　(2) 年老者的角色；
(3) 教育期望与职业期望；　　(4) 可依赖性；
(5) 对变革的认识与评价；　　(6) 公民权；
(7) 消费态度；　　(8) 对尊严的评价；
(9) 效能；　　(10) 家庭大小；
(11) 意见的增多；　　(12) 与国家的认同；
(13) 信息；　　(14) 大众传播媒介；
(15) 亲属义务；　　(16) 社会阶级分层；
(17) 新经验；　　(18) 妇女权利；
(19) 宗教；　　(20) 专门技能；
(21) 对时间的评价；　　(22) 计划；

① 参见［美］阿列克斯·英克尔斯：《从传统人到现代人》，146、461 页，北京，中国人民大学出版社，1992。

（23）工作信念；　　　　　　　　　　（24）了解生产。

每一个维度下面，又分解成若干个更为具体的指标。比如，第一个维度“积极参与公共事务”下面，就又分解成下述 6 个指标：（1）“是否属于某一个组织”；（2）“所参加的组织的数目”；（3）“哪一个组织在政治上持有自己的观点”；（4）“是否用谈话或书信方式向政府官员表明自己的观点”；（5）“参加投票的次数”；（6）“是否曾高度关心某件公共事务”。

**例 2　“父母投资”**

陈皆明博士在有关父母投资与子女赡养关系的研究中，将“父母投资”定义为“父母为子女所做的各种帮助”，并操作化为“早期家庭帮助”、“较近期的帮助”和目前“正在给予的帮助”三个方面以及一系列具体的指标。[①] 其基本的操作化框架如图 2—2 所示。

- 父母投资
  - 早期家庭帮助
    - 被访者早期对家庭帮助的依赖
      - 是否在家做作业
      - 在升学上是否得到帮助
      - 在就业上是否得到帮助
      - 在换工作上是否得到帮助
      - 在分房上是否得到帮助
    - 父母为子女结婚所花的费用
    - 被访人的教育水平
    - 婚后的居住情况
  - 较近期的帮助
    - 照看孩子
    - 做家务
    - 提供经济上的帮助
  - 正在给予的帮助
    - 照看孩子
    - 做家务
    - 提供经济上的帮助

**图 2—2　“父母投资”指标的操作化框架**

① 参见陈皆明：《投资与赡养：城市居民代际交换的因果分析》，载《中国社会科学》，1998（6）。

**例 3　“现代化的生存环境”**

李银河博士在研究浪漫爱情时，试图检验这样一个假设：人们的生存环境越接近现代化，则越会看重浪漫爱情。为此，她需要对“现代化的生存环境”进行操作化。在研究中，她将这一概念操作化为三个不同的维度和四个主要的指标，如表 2—2所示。①

**表 2—2　“现代化的生存环境”的操作化**

| 概念 | 维度 | 指标 |
|---|---|---|
| 现代化的生存环境 | 时间维度 | 年龄 |
| | 空间维度 | 城乡社区 |
| | 社会经济地位维度 | 教育程度 |
| | | 职业地位 |

当然，同一领域的其他研究者还可以增加其他维度和指标，比如增加“生活水平”的维度，以及诸如“人均收入”、“是否有电话”、“是否有电脑”等指标。

**例 4　“溺爱孩子”**

笔者在研究独生子女的教育问题时，需要了解和比较独生子女父母与非独生子女父母在溺爱孩子方面的行为表现和心理状态。研究中，笔者对“溺爱孩子”的概念进行了如下的操作化处理②：首先，根据“溺爱孩子”概念的名义定义，将其操作化为四个不同的维度，以反映这一概念的四个不同层面。这四个维度是：(1)“不注意培养孩子的生活自理能力”；(2)“不注意培养孩子的劳动习惯”；(3)“对孩子过分迁就”；(4)“物质上对孩子尽量满足”。然后，在每个维度上选择若干具体指标。比如，第一个维度所选择的指标有是否自己洗头、洗澡、穿衣、收拾书包、整理床铺、自己上下学，第二个维度所选择的指标有在家是否抹桌子、扫地、洗碗、洗手绢、上街买东西等。

① 参见李银河：《中国人的性爱与婚姻》，56 页，郑州，河南人民出版社，1996。

② 参见风笑天：《独生子女：他们的家庭、教育和未来》，122 页，北京，社会科学文献出版社，1992。

# 第三章　问卷与问卷设计

通过第一章的介绍，我们对与调查问卷以及问卷设计有关的背景知识有了一定的了解。在本章中，我们将对问卷方法的特点、问卷的类型、问卷的适用范围、问卷设计在调查中的地位和作用、问卷设计的科学性与艺术性等内容进行探讨。

## 一、问卷方法的特点

首先，我们给问卷下一个简单的定义：问卷是社会调查中用来收集资料的一种工具。它的形式是一份预先精心设计好的问题表格，它的用途是测量人们的行为、态度和特征。

### 1. 问卷方法的发展

在现代社会中，一方面，由于社会发展和变迁的速度日益加快，社会不同部分间的差异日益增大，社会总体的异质性程度日益增强，社会生活现象越来越复杂。因此，传统的，以对少数个案的深入观察和访问为主要手段、以定性分析和主观洞察为主要分析方式的实地研究方法，已不能满足人们认识社会现象的需要。社会现实对新的研究方法的出现提出了要求，问卷调查法的产生和广泛应用正是适应了这种要求。另一方面，电子计算机技术的发展，社会统计指标的建立，多元统计分析方法的完善，也都为问卷调查法的广泛运用提供了必要的客观条件。问卷调查法的产生和广泛运用，不仅为社会学研究（以及社会科学研究）提供了一条新的途径，也为人们探索社会现象的奥秘、认识社会现象的规律性提供了一种新的工具。近几十年来，问卷作为社会调查中收集资料的工具越来越受到人们的重视。国外许多社会学家对于问卷在社会调查中所起的作用给予了非常高的评价。美国社会学家艾尔·巴比（Earl Babbie）在《社会研究实践》（*The Practice of Social Research*）一书中声称:“问卷是调查研究的支柱。”① 英国社会学家、伦敦经济学院社会统计学教授莫泽也在其名著《社会研究中的调查方法》(*Survey Methods in Social Investigation*)中指出:“十项社会调查中有九项都是采用问卷进行的。”②

的确,问卷方法以其众多的优点,越来越受到社会学、政治学、教育学、传播学、人口学、心理学、管理学等学科的研究人员以及政府决策部门的调研人员的青睐。可以说,问卷为社会科学研究从定性走向定量、从思辨走向实证提供了十分关键的物质手段。

然而,需要特别强调的是,问卷并不是社会研究中唯一的收集资料的工具,也不是所有的社会研究都适于用问卷来收集资料。面对千姿百态的社会现象,面对目的、范围、对象各不相同的社会研究课题,问卷调查的方法也并不总是万能的。为了更好地运用这种方法,我们应该对问卷方法的主要特点有所了解。

2. 问卷方法的特点

美国社会学家塞尔蒂兹(Claire Selltiz)等人在他们的著作《社会关系中的研究方法》一书的开头部分,曾用交通工具作比喻,来说明不同的研究方法所具有的不同的作用。他们写道:“研究方法就像交通工具一样各不相同。步行或者乘汽车、坐飞机穿过一个国家——每种方式都将使你对这个国家产生不同的印象。飞机航线、公路和小路是以不同方式在这个国家旅行的途径,它们不会都通向同样的地方。有的地方只能靠步行到达,而另一些地方则要乘汽车或坐飞机才能接近。对于研究方法来说,也同样如此。每一种方法都提供了一种不同的观察现实世界的角度,而现实世界的某些方面也仅仅能用某一种方法去观察。”③

他们所谈的观点同样适用于问卷调查。无论是自填问卷的方式,还是结构访问的方式,都既有大显神通的地方,也有无能为力的时候。问卷调查方法的重要特征之一就是以问卷作为收集资料的工具。因此,书面语言以及书面交谈构成了问卷调查方法区别于实地研究等其他社会研究方法的重要标志。正是这种书面形式的询问,

---

① Earl Babbie, *The Practice of Social Research*, Belmont, Wadsworth Publishing Company, 1975, p. 105.

② C. A. Moser & G. Kalton, *Survey Methods in Social Investigation*, London, Heinemann, 1971, p. 45.

③ Claire Selltiz, Lawrence S. Wrightsman & Stuart W. Cook, *Research Methods in Social Relations*, New York, Holt, Rinehart & Winston, 1976, p. 4.

以及进行这种询问的各种具体方式和方法，决定了问卷调查方法的优点和不足。下面我们先谈谈问卷调查方法所具有的突出的优点和弱点，然后根据我国的情况，谈谈问卷调查法的适用范围。

（1）问卷调查法的优点。

其一，节省时间、金钱和人力。相对于传统的以参与观察和无结构访问为主要方法的实地研究来说，问卷调查的方法（特别是自填问卷的方法）具有很高的效率。采用这种方法，可以在较短的时间内同时调查许多人的情况，收集到研究所需的大量资料，从而大大节省研究的时间、经费和人力。特别是问卷调查的方法还可以通过邮寄的方式进行，不受地理条件的限制，可到达的范围十分宽广，因而其效率就更高。

其二，有很好的匿名性。在面对面的访问调查中，人们往往难以同陌生人谈论个人隐私、社会禁忌或其他敏感性问题。而在自填式问卷调查中，由于无其他人在场，问卷又不要求填写被调查者的姓名，所以可以减轻被调查者心理上的压力，便于他们回答这类问题。

其三，可以避免主观偏见。无论是参与观察还是无结构访谈，都会由于观察员的不同、访谈员的不同、观察或提问方式的不同、交谈进展情况的不同等原因，产生出各种偏误，形成资料中一定的误差。而问卷调查中，由于每个被调查者所面对的都是完全相同的问卷，所以，无论是问题的表述、问题的次序还是答案的类型、填答的指导等，都具有高度的统一性。这样就能很好地避免由于人为的原因所造成的各种偏误，更真实地反映出不同被调查者的不同情况。

其四，调查结果便于定量处理和分析。问卷调查中所使用的问卷常常主要由封闭式问题组成，这使得问卷这种高度结构化的资料收集工具所得到的也是一种高度结构化的数据资料。因此，问卷调查所得到的这种资料特别适于用计算机进行定量处理和作统计分析。

（2）问卷调查法的弱点。

其一，自填问卷的方式要求被调查者必须具有一定的文化水平。填写问卷的人必须首先能看懂问卷，所以，它要求被调查者具有一定的文化程度，要能阅读和理解问题的含义，能理解填答问题的方法。然而，现实社会中并不是所有的人都能做到这一点。因此，自填问卷方法的使用范围常常受到限制。对于文化程度较低的群体，就不宜使用自填问卷的方法。当然，以结构访问的方式进行的调查则不存在这样的问题。

其二，回答率往往难以保证。在访问调查中，由于访问员在场进行面对面的交谈，大多数访问一般都能顺利完成。所以，访问调查往往可以保证较高的回答率。但是在自填问卷调查（特别是邮寄问卷调查）中，问卷的回收率却往往难以保证。这是因为，一份问卷能否完成、能否收回，主要取决于被调查者而不是调查者。如果被调查者对调查的兴趣、态度、责任心和合作精神不强，对问卷不够重视，或者受到时间、精力和能力等方面的限制，那么，他放弃填答问卷就是很自然的了。

其三，不能保证填答的环境和质量。自填问卷调查由于无访问人员在场，所以被调查者既可以同别人商量着填写，也可以和其他人共同完成，还可以交给别人代填，而所有这些，调查者都无法知道。另外，当被调查者对问卷中的某些问题不清楚时，也无法向调查者询问，因而容易产生误答或错答的情况。还有，当有的被调查者不按实际情况填写时，调查者也难以发觉。因此，问卷调查资料的质量往往难以保证。这也是当前问卷调查所面临的主要质疑和问题之一。

## 二、问卷的类型

### 1. 自填式问卷与访问式问卷

从问卷的形式和设计要求来看，各种问卷都可分为两种主要类型：自填式问卷和访问式问卷。它们分别用于自填问卷调查和结构访问调查中。自填式问卷一般是采取邮寄或发送的方式交到被调查者手中，并由被调查者在无访问员在场和帮助的情况下自行填写，然后仍通过邮局寄回或由调查员上门收回。访问式问卷则不交给被调查者，而是由访问员携带到访问地点。访问员根据问卷的结构向被调查者逐一提出问题，并根据被调查者的回答来填写问卷。

这两种类型的问卷既有联系，又有区别。虽然它们同是社会调查中用来收集资料的工具，同样由一系列问题组成，但是它们各自所面对的对象是不同的。自填式问卷直接面向被调查者，而访问式问卷则直接面向访问员。这正是二者之间的最大区别。由于这种区别，二者的形式、设计要求等也有所不同。下面我们先从两种类型的问卷中各节选一部分进行对比，使读者能直观地看到二者的一些联系和区别。

**例 1　自填式问卷节选**[①]

亲爱的先生（女士）：

我们正在进行一项调查，目的是了解人们在收听广播和收看电视时，对什么节目感兴趣，对什么节目不感兴趣。

我们给遍布在全国各地的具有代表性的人们写信，请他们把他们的意见告诉我们。为了确保把所有这些意见都收集起来，我们渴望每个收到信的人都给我们回答。

随信寄来的一份问卷和一个贴好邮票的信封，请您根据自己的情况填写，并请及时将表寄回。

请注意我们需要的是您的意见，请不要让别人代您填写，那样的话，我们就收集不到有代表性的意见了。

对于那些没有听广播或看电视的人，我们同样非常渴望得到他们的意见。

衷心感谢您的帮助！

您的：司戈特

请将问卷寄至：曼彻斯特 3 区 Quay 大街 1 号情报中心办公室，C. 司戈特先生收。

**广播、电视调查**

在这一页中，我们将询问一些有关您所收听的广播（不是电视）节目的问题，无论是您在家里收听的还是在其他地方收听的都行。

1. 在过去的 7 天中，您收听了 BBC 电台的广播吗？________

2. 这里是 BBC 电台的一些节目类型，请在您认为应该更多地播出的节目类型后打√；在您认为应该更少地播出的节目类型后打×；在您认为正合适的节目类型后打○。

① See C. A. Moser & G. Kalton, *Survey Methods in Social Investigation*, pp. 305 - 307.

轻音乐____________

新　闻____________

宗教仪式__________

大型戏剧__________

联合演出__________

您可以肯定您已在上述五个空处都打上√或者×或者○了吗？

3. 在过去的4周里，您收听过下列电台吗？请在过去4周中您收听过的电台后打√。

卢森堡广播电台___________

爱尔兰广播电台___________

BBC海外短波___________

非BBC的其他短波___________

中波和长波的欧洲台___________

如果这些电台您都没有收听，请在此填“无”。___________

**例2　访问式问卷节选**

| | | |
|---|---|---|
| 媒介调查问卷 | 复查___________ | CARD No. (1) …… (1)<br>JOB No. (5010) …… (2—5) |
| | 审查___________ | 问卷编号…… (6—9) |
| | 编码___________ | 访问员编号…… (10—11) |

被访问者姓名___________________问卷编号___________ (6—9)

地址_____________________________

访问员姓名___________访问员编号___________ (10—11)

访问日期_____________________________

访问开始时间___________结束时间___________

您好！我是中国国际广告公司派来的访问员，我们经常访问北京的一些居民，做有关广告及报纸杂志、广播、电视等方面的意见统计，此次希望您能在百忙中回答我们提出的一些问题，对于您给予的合作，我们不胜感谢，并送您一个小纪念品。

谢谢！

审核员：____________________

CARD1　　　　　　　　　　综合类

**问所有的人**

1A.（参看目录 1）您了解国内外大事的主要渠道是什么？（仅限一种答案）

| | 了解国内外大事主要渠道 | 信息最准确、可靠 |
|---|---|---|
| 电　　视 | 1（12） | 1（13） |
| 广　　播 | 2 | 2 |
| 报　　纸 | 3 | 3 |
| 杂　　志 | 4 | 4 |
| 听别人讲 | 5 | 5 |
| 其他（请注明） | | |

1B.（参看目录 1）您认为以下哪一种媒介传统信息最准确、可靠？（仅限一种答案）

| | 电视 | 广播 | 报纸 | 杂志 | 电影 | 路牌 | 灯箱 | 橱窗 | 产品宣传小册子 | 没有 |
|---|---|---|---|---|---|---|---|---|---|---|
| a. 您现在接触最多的 | 1 | 2 | 3 | 4 | 5 | 6 | 7 | 8 | 9 | y（14） |
| b. 最吸引人的 | 1 | 2 | 3 | 4 | 5 | 6 | 7 | 8 | 9 | y（15） |
| c. 最引起您去购买广告中宣传的商品的 | 1 | 2 | 3 | 4 | 5 | 6 | 7 | 8 | 9 | y（16） |
| d. 对您工作和生活最有帮助的 | 1 | 2 | 3 | 4 | 5 | 6 | 7 | 8 | 9 | y（17） |

1C.（参看目录 2）您认为哪一种广告形式是……（念出句子）？（每个问题仅限一种答案）

**针对在 1C 中对（d.）的回答问**

2A. 为什么您觉得该种媒介的广告形式是对您工作和生活最有帮助的？

记录下回答的内容__________________（18—19）

3A.（参看目录 3）我现在讲一些群众对广告的不同看法，请告诉我您是同意或者是不同意某一种意见。（每个问题仅限一个答案）

**念出句子，从有√号的开始念下去**[①]

| | 很同意 | 基本同意 | 无所谓同意不同意 | 不太同意 | 非常不同意 | |
|---|---|---|---|---|---|---|
| （　）广告一定要真实、准确、对消费者负责。 | 1 | 2 | 3 | 4 | 5 | (20) |
| （　）广告一定要有吸引力和趣味性。 | 1 | 2 | 3 | 4 | 5 | (21) |
| （　）广告能给我提供有价值的市场情报。 | 1 | 2 | 3 | 4 | 5 | (22) |
| （　）我喜欢用广告指导我的需求。 | 1 | 2 | 3 | 4 | 5 | (23) |
| （　）广告给我提供的信息往往比售货员更可靠。 | 1 | 2 | 3 | 4 | 5 | (24) |
| （　）广告都是真实可信的。 | 1 | 2 | 3 | 4 | 5 | (25) |
| （　）广告对家庭主妇有很多好处。 | 1 | 2 | 3 | 4 | 5 | (26) |
| （　）我经常注意看广告。 | 1 | 2 | 3 | 4 | 5 | (27) |
| （　）现在的广告太多了。 | 1 | 2 | 3 | 4 | 5 | (28) |
| （　）广告会给社会造成浪费。 | 1 | 2 | 3 | 4 | 5 | (29) |

对比上述两种问卷，我们不难发现，二者的主要内容都是向被调查者提出的问题，但在形式上却有下列一些不同。

自填式问卷从头到尾只有对被调查者的指导语，而访问式问卷中则只有对访问员的指导语（黑体字部分和括号中的部分）。

访问式问卷的形式远比自填式问卷的形式复杂。这是因为，阅读和使用访问式问卷的人不是被调查者而是访问员，他们往往具有较高的文化水平，经过专门训练，事先对问卷有所了解，并有较长时间熟悉问卷内容和填答方法；而阅读和使用自填式问卷的则是文化水平参差不齐、对问卷内容事先毫无了解的被调查者，因而其形

① 实际开展调查前，研究者在此题下面的 10 个句子中，随机选出一个打√。调查员就从打√的那个句子开始询问。

式只能尽量简单。

自填式问卷的封面信比访问式问卷的封面信更为详细。这是因为，自填式问卷中，有关调查的一切说明，包括问卷的回收方式等，都要通过封面信进行说明；而访问式问卷中，由于许多内容可由访问员在访问中随时解释，又不涉及问卷填写方式、回收方式等问题，故其封面信相对简单一些。

最后需要强调的是，由于自填式问卷是直接面对被调查者的，所以其设计质量和形式就显得更加重要。我们在采用这种问卷形式时，就要加倍重视问卷设计工作，反复推敲，精益求精。

2. 用于不同调查领域的问卷

根据社会调查的应用领域，我们可以把社会调查分为社会状况调查、社会问题调查、社会舆论调查、市场调查以及研究性调查等。从问卷设计的角度看，运用于这些不同领域的问卷在具体形式上也存在一些小的差别。

用于社会状况调查的问卷往往内容较多且所涉及的范围较广，因而，研究者常常会将问卷中的问题分成若干个不同的类别，并分别标出相应的小标题。社会状况调查的问卷所面对的对象多为成分混杂的普通居民，调查的形式则多为入户访问或街头面访。比如天津市从 1983 年至 1992 年连续 10 年的千户居民户卷调查，就是深入各类居民家庭进行社会状况调查的一个典型例子。他们所用的问卷通常内容比较庞杂，涉及普通居民日常生活的方方面面，通常问卷中都列出了若干小的类别。有的问卷中问题数目达到了 381 个（见 1985 年 B 卷），有的问卷中被调查者回答答案的编码则多达 800 个左右（见 1986 年 B 卷）。

社会问题调查往往具有一个突出的特点，这就是它们的调查内容主要涉及社会中的某一热点或焦点，因而问卷中问题的内容相对比较集中，主要围绕与这一社会问题相关的各个方面，而不像社会状况调查问卷的内容那样复杂。比如，对城市流动人口问题进行调查时，我们在问卷中就只需要紧紧围绕流动者的背景、流动原因、择业途径、社会支持网络、生活方式等与城市流动人口这一特定对象相关的各个方面进行了解。

社会舆论调查更经常地涉及人们的态度、意见、看法、思想、价值等主观因素，因而进行这类调查时，其问卷的内容往往会显得比其他调查的问卷内容更为敏感。

这类问卷的设计方式也与普通问卷有所不同，比如这类问卷中较多地采用投射技术、量表技术等间接测量的方式来收集被调查者的相关资料。这类调查的对象多为成年人，调查的形式则常常是街头面访或电话访问，时间通常比较短，故问卷的内容不能太多，题目也不能太复杂。

市场调查与社会问题调查有一点相似的地方，就是它的内容也相对比较单一，比较集中。只不过它所关注的不是社会的热点问题，而是与某个厂家、某个商家、某个企业的产品或商品密切相关的内容。在调查的形式上，市场调查又与社会舆论调查十分相似，它也常常采用街头面访或电话访问的方式进行。这类调查的对象主要为普通居民，问题大多比较简单，往往会涉及普通居民的日常生活，特别是涉及人们的消费行为和态度。设计中主要应注意问题的通俗性和目的性。

研究性调查的内容最为广泛，调查对象也最为多样化。特别是这类调查往往与某种理论概念或理论框架有关，且较多地采取自填问卷的方式进行。因而在问卷的设计上，这类调查问卷所涉及的方面最多，工作最复杂，要求也往往最高。

## 三、问卷的适用范围

问卷的适用范围主要受到被调查者文化水平的限制。由于结构式访问调查与自填式问卷调查在这一方面存在较大的差别，因此我们在这里将二者分开讨论。

结构式访问的方法不用被调查者阅读问卷，因而它对被调查者的文化程度要求不高。仅从这一方面来看，结构式访问的调查方法的应用范围应该十分广泛。无论被调查者的文化程度如何，只要他们能听懂调查员的提问，能够口头回答这些提问，调查就能够进行。但是，在实际调查中，采用结构式访问的方法进行调查的比例并不很高。究其原因，主要是这种结构式访问所需要的人力、物力和时间远大于自填问卷调查。因此，其运用的实际范围也受到相当的限制。一般来说，在时间、经费、人力等方面都有保证的情况下，我们应尽量采用结构式访问的方法进行调查。

如果时间、经费和人力等条件都不允许我们进行结构式访问调查，那么，我们只能进行自填式问卷调查。在实际研究中，自填式问卷调查应用十分普遍。但我们应该看到，自填式问卷调查所受到的限制比访问式调查更多一些，情况也更复杂一些。下面，我们重点结合我国的实际情况谈谈自填式问卷方法的适用范围。

采用自填式问卷进行调查的一个前提，就是被调查者必须具有一定的文化水平。他们首先要能看懂问卷，并会填写问卷。可是我国社会中人们的文化水平如何呢？表3—1、表3—2和表3—3分别是1982年、1990年、2000年、2010年我国数次全国人口普查的部分结果。

**表3—1　　1982年全国12岁以上人口中各种文化程度的分布情况（%）**

| 文盲、半文盲 | 小学 | 初中 | 高中 | 大学 |
|---|---|---|---|---|
| 28.0 | 42.2 | 21.2 | 7.9 | 0.7 |

资料来源：《中国社会统计资料》，137页，北京，中国统计出版社，1985。

**表3—2　　1990年全国12岁以上人口中各种文化程度的分布情况（%）**

| 文盲、半文盲 | 小学 | 初中 | 高中 | 大学 |
|---|---|---|---|---|
| 21.0 | 36.9 | 30.0 | 10.3 | 1.8 |

注：根据《中国1990年人口普查资料》（中国统计出版社，1993）第一册29～32页、第二册2～5页数据推算。

**表3—3　　2000年、2010年人口普查结果中小学及以下文化程度人口比例（%）**

| | 2000年第五次普查结果 | 2010年第六次普查结果 |
|---|---|---|
| 小学文化程度 | 35.7 | 26.8 |
| 文盲率 | 6.7 | 4.1 |
| 合计 | 42.4 | 30.9 |

资料来源：《中国人口年鉴（2011）》，329页，北京，《中国人口年鉴》杂志社，2011。

从表3—1中可知，1982年我国12岁以上人口中，文盲、半文盲占了近30%，而小学以下文化程度的人则占了约70%。1990年人口普查的结果表明，文盲、半文盲的比例仍然超过20%，而小学以下文化程度者仍接近60%。表3—3则表明，即使是到了2000年和2010年，我国人口中小学以下文化程度的比例也分别占到了40%和30%以上。这就是我们进行自填式问卷调查所面临的总的背景。从文化水平的角度来分析，自填式问卷方法的适用范围还有如下几个特点：

（1）城市比农村适用，大城市比小城市适用；

（2）男性公民比女性公民适用；

（3）专业技术人员、干部及行政人员比商业人员和工人适用，而后者又比服务业人员及农业劳动者适用；

（4）对于农村妇女几乎完全不可能进行自填式问卷调查。

为了说明这些特点，让我们对表 3—4 至表 3—7 所反映的情况进行分析。

**表 3—4　　1982 年文盲、半文盲占 12 岁及 12 岁以上人口数的百分比（%）**

| | 男 | 女 | 合计 |
|---|---|---|---|
| 市 | 8.86 | 21.09 | 16.42 |
| 县 | 24.57 | 49.01 | 34.74 |
| 合计 | 19.15 | 45.23 | — |

资料来源：《中国 1982 年人口普查资料》，364～365 页，北京，中国统计出版社，1985。

**表 3—5　　1990 年文盲、半文盲占 12 岁及 12 岁以上人口数的百分比（%）**

| | 男 | 女 | 合计 |
|---|---|---|---|
| 市 | 6.27 | 18.50 | 12.17 |
| 县 | 15.74 | 37.11 | 26.23 |
| 合计 | 13.63 | 33.08 | — |

注：根据《中国 1990 年人口普查资料》第二册 282～285 页、290～293 页数据推算。

**表 3—6　　1982 年各种职业人口中文盲、半文盲及小学文化程度者所占比重（%）**

| 各类专业技术人员 | 干部及行政人员 | 商业工作者 | 工人 | 服务业人员 | 农业劳动者 |
|---|---|---|---|---|---|
| 10.0 | 24.6 | 34.2 | 40.6 | 54.8 | 73.7 |

资料来源：《中国 1982 年人口普查资料》，464～466 页。

**表 3—7　　1990 年各种职业人口中文盲、半文盲及小学文化程度者所占比重（%）**

| 各类专业技术人员 | 干部及行政人员 | 商业工作者 | 工人 | 服务业人员 | 农业劳动者 |
|---|---|---|---|---|---|
| 4.53 | 11.75 | 27.40 | 28.45 | 39.77 | 68.00 |

注：根据《中国 1990 年人口普查资料》第一册 46～49 页、第二册 728～771 页数据推算。

表 3—4 表明，城市 12 岁及以上人口中，文盲、半文盲的比重约为 1/6，而农村中的比重却超过了 1/3；从性别来看，女性中文盲、半文盲的比重都是男性的两到三倍。如城市男性中文盲、半文盲的比重约为 1/11，而城市女性中文盲、半文盲的比重却超过 1/5；农村男性中文盲、半文盲的比重为 1/4，而农村女性中文盲、半文盲的比重则为 1/2。表 3—5 也表明，城市 12 岁及以上人口中，文盲、半文盲的比重约为 1/8，而农村中的比重却超过了 1/4；从性别来看，女性中文盲、半文盲的比重则是男性的两到三倍。如城市文盲、半文盲中的女性比重约为男性比重的三倍；农村文盲、半文盲中的女性比重为男性比重的两倍还多。从这里我们不难明白，为什么在农村进行自填式问卷调查十分困难，为什么在农村妇女中进行自填式问卷调查几乎是不可能的。

表 3—6、表 3—7 则告诉我们，为什么自填式问卷调查在专业技术人员、干部及行政人员中比较适用，而在服务业人员和农业劳动者中不适用。

另外，关于大城市和小城市的差别。上面的表中未能反映出来，我们这里可举一个实际调查的例子来说明。原国家经济体制改革研究所于 1986 年 11 月在全国抽取了 40 个不同规模的城市，进行了一项有关改革的大型调查。当时担任调查员工作的南开大学社会学系 84 级同学在调查结束后的总结中写道："大城市人口多，难以抽样；但由于人们的文化水平较高，所以填写问卷比较容易。而小城市人口少，容易抽样；但由于人们文化水平低，所以填写问卷比较困难。"①

自填式问卷调查除了受到被调查者文化水平的限制外，还受到调查对象总体的构成情况的影响。一般来说，问卷调查在成分单一的总体中比在成分混杂的总体中适用。在成分单一的总体中进行调查时，由于人们社会背景中相同或相似的因素比较多，可以减少许多设计上的困难和麻烦；而一个成分混杂的群体中，人们社会背景中的各种因素往往相差很大，共同的或相似的东西很少，因此，要设计出一份适合每一部分人情况的问卷，往往很难办到。在一个混杂的总体中，既可能包括一个字也不识的农村家庭妇女，也可能包括学识渊博的专家教授；既可能包括党和政府部门的领导干部、各行业的工作人员，也可能包括待业人员、离退休人员甚至劳改管教人员。如何让所有这些人都愿意填写问卷，又如何让这些人都能看懂和会填问卷，的确不是一个简单的问题。

说明了问卷方法的优缺点和适用范围，我们不难理解，为什么说问卷既是社会调查中十分有用、十分重要的收集资料的工具，又不是唯一的、万能的工具。在有些情况下，调查所需要的资料很容易通过问卷去收集，或者只能通过问卷去收集；而在另一些情况下，调查所需要的资料却难以用问卷去收集，或者不可能用问卷去收集。明白了这一点，我们就会在社会调查的实践中，少走弯路，多获成效。

## 四、问卷设计在调查中的地位和作用

我们知道，问卷调查结果的信度和效度依赖于整个调查问卷的设计和实施中的每一个方面，但是，对被调查者所提出的问题则是其中最为基本的部分，这些问题对调查结果的影响比其他部分更为显著。调查研究最直接的目的——某种结论的获得，要依靠对真实反映社会现象的资料的科学分析来达到。在问卷调查的过程中，

---

① 摘自赴南京、泰州两市调查组的总结。

对收集这种“真实反映社会现象的资料”有重大影响的具体步骤，主要是抽样和问卷设计。

抽样的目的只是选取一部分能代表总体的调查对象，以便节省调查的时间、人力和财力。这一工作的关键是保证所选的样本对于总体有足够的代表性。然而，对于被调查者能不能如实地、顺利地把社会现象的本来面目提供给调查者的问题，则不是抽样所能回答的，它在相当大的程度上依赖于问卷设计的水平。

问卷调查的方法与观察法、实验法、文献法等方法的最大区别，就在于研究者所需要的资料不是靠研究者耳闻目睹直接得到，也不是靠查阅文献资料获得，而是靠被调查者通过问卷间接地向研究者提供。所以，作为被调查者向调查者传递资料中介物的问卷，其质量好坏，将直接影响到这种“真实反映社会现象的资料”的收集。因此，我们说，问卷设计是问卷调查过程中十分关键的一环。它的作用可从下列几方面看出。

1. 问卷设计直接影响调查资料的真实性

由于在问卷调查中，调查者进行分析所用的材料，基本上都是由被调查者提供的，所以，问卷调查成功与否，在很大程度上依赖于被调查者能否同调查者合作。如果设计问卷时不考虑如何调动被调查者的积极性、责任感，不考虑被调查者的各种心理反应，不考虑他们的各种能力和现实生活背景，那么，在实际调查中必然会出现各种不符合调查者的目的和要求的结果，必然会出现许多投其所好的回答、明哲保身的回答、漫不经心的回答、敷衍搪塞的回答，甚至恶作剧式的回答。这样，调查者所得到的资料的真实性是很小的，其结论也必然会与现实生活相差甚远。这种由于问卷设计不好而使得调查质量不高的例子，在实际调查中是很多的。比如某研究所曾在全国城乡进行了一项社会分层方面的调查，由于问卷设计得不好，既给调查带来了困难，也影响到结果的可靠性。有的调查员在农村调查时，发现许多被调查者根本不理解问卷中问题的含义，有的问题解释几遍，被调查者仍不明白，常常出现你怎么解释，他就答什么的情况。这样，记在问卷上的答案根本不能反映现实中的实际情况。一项调查，如果连在调查工作第一线的调查员都感到资料不可靠，感到没什么用的话，它的结果又能有多大价值呢？因此，如何才能获得真实的资料，是研究者在设计问卷时应始终考虑的一个重要问题。

2. 问卷设计直接影响调查资料的适用性

在调查中，我们收集资料，都是为分析和解释社会现象服务的。调查问卷中的问题结构既反映出研究者的理论命题，也反映出研究者对人们行为的因果解释。因此，对于某个特定的研究课题来说，往往既不能缺少某些必要的资料，同时也不必收集许多与研究无关的资料。缺少必要的资料，则分析无法进行，从而难以得出结论；但如果与研究课题无关的资料太多，则既浪费了大量的人力、物力，也给资料的整理和分析带来许多不必要的麻烦，有时甚至会使研究者陷入海量资料而难以自拔。此外，调查问卷的设计还反映着研究中对统计分析方法的运用，反映出调查所得的资料描述总体特征、推论总体状况的能力。所以，如何根据调查的目标，围绕调查的内容，有针对性地设计出恰当的问卷，是研究者设计问卷时应考虑的另一个重要方面。这如同编织捕鱼的网一样，只有编织出大小合适的网眼，才能捕到你所希望捕到的鱼。

3. 问卷设计直接影响问卷的回收率

所谓问卷的回收率，指的是在问卷调查中收回的问卷数占发出的问卷数的百分比，即：

$$回收率=\frac{收回的问卷数}{发出的问卷数}\times 100\%$$

比如，若发出 500 份问卷，收回 300 份，那么回收率为 60%，即 300/500×100%=60%。

回收率是反映问卷调查的结果对总体代表性程度的重要指标之一。如果问卷的回收率较低（比如说低于 50%），那么，其结果就很难保证对总体的代表性。因此，保证较高的回收率，是我们进行问卷调查时的基本要求之一。而问卷的回收率除了受所研究课题的内容、所调查样本的文化水平等因素的影响外，还在很大程度上受到问卷设计的影响。设计得好的问卷不仅能吸引被调查者、抓住被调查者，还能调动他们的积极性和责任心，能使他们认真完成问卷并及时收回。但设计得差的问卷却会由于不能吸引被调查者、不能引起他们的兴趣、不能调动他们的积极性而使回收率低到难以保证结果代表性的地步。这是因为，接受调查、填写问卷对于被调查者来说，常常是“额外”的事，他既可以认真完成这一工作，也可以弃而不干。即使现在有些调查采取赠送纪念品或者给予一定的报酬等方式，被调查者仍然有权利拒绝填答问卷。特别是由于大多数调查都不会给被调查者带来任何直接的利益和好处，所以，人们不愿花费时间和精力去干这种在他看来与他不大相干的事也是合情合理的。

4. 问卷设计直接影响调查的最终结果

由于问卷具有一旦发出就难以进行更改的特点，因此，研究者对收集调查资料的各种考虑、要求，都必须在正式调查开始前的问卷设计阶段就作出决定，一切工作也都必须在问卷设计阶段完成。问卷设计实际上成了调查资料是否充分、是否准确、是否恰当、是否符合研究要求的最后一道关卡。一旦问卷发出，研究者就只能“袖手旁观”，丝毫改变不了资料收集过程中的方向、内容、程度和问题，而问卷设计中的任何一点疏忽、任何一点马虎、任何一点敷衍、任何一点想当然，都将在调查的资料中，乃至调查的最终结果中留下明显的痕迹，造成难以弥补的损失。

在实际调查工作中，我们经常可以看到这样的情形：调查人员满怀信心地设计好问卷，辛辛苦苦地奔波发送。可当他们怀着丰收的喜悦拿到收回的问卷时，却突然发现由于问卷设计时考虑不周，导致许多资料无法使用，许多资料残缺不全，许多资料多余重复，许多重要的资料却又偏偏漏掉。虽然后悔不已，但却为时过晚，问卷的历史使命早已结束，资料的缺陷已无法改变。

正因为问卷设计对整个问卷调查工作有着如此重大的影响，所以，在社会调查过程中，研究者不能不对问卷设计工作予以高度重视。要获得真实有效的资料，就必须设计出质量优良的问卷。正是在这种意义上，我们可以说：问卷决定着资料，问卷就等于资料。

## 五、问卷设计的科学性和艺术性

也许有的读者会认为，问卷既然是由一组问题所构成的表格，那么任何一个能用书面语言表达自己意图、能用书面语言提问题的人，都能设计出一份调查问卷来。然而，事情远不像我们想象的那样简单。1983 年我们在一所大学进行的一次“大学生思想状况调查”，给笔者留下了深刻的印象。

那次调查也是采用问卷进行的。可那是一份怎样的问卷呢？结果又如何呢？笔者记得在调查开始前，我们几位老师在办公室里认真地商量、讨论了好几次，最后设计出了一份包括25个类似考卷中“问答题”那样的问题的问卷。下面就是这些问题中的几个：

> 你对当前国内的政治形势有何看法？
>
> 你怎样评价当代大学生的思想状况？
>
> 你怎样看待大学生谈恋爱的现象？
>
> 你对大学生的生活有什么感受？

当时，我们编好了问卷，自以为完美无缺，油印、装订、发给学生填写。可当这些问卷收回来时，我们却束手无策了。由于每个学生的思维方式、理解能力、表达能力、填写态度不同，所以，近千名学生的答案形形色色，语言各不相同。同样的问题，有的答案密密麻麻，有的却只言片语。为了分析这些问卷，我们首先想对每一问题的答案进行分类统计。虽然我们想尽了办法，对这些答案进行了初步的归类，并组织学生干部按我们给出的分类标准进行统计，但是，我们给出的分类标准远远包括不了答案中出现的千姿百态的语言、观点和态度。结果，时间用了，精力用了，笔墨纸张用了，资料也收回了，可我们却无法对它们进行统计分析，无法得出调查的结果。多么遗憾的结局！

这种结果是我们在调查前、在设计问卷时丝毫没有料到的。我们低估了问卷设计的工作，无情的事实给我们这些初次设计问卷的人上了深刻的一课：问卷设计是一门学问，它不像我们想象的那么简单。不很好地了解有关问卷设计的知识，不掌握问卷设计的科学方法，就会在实际调查中碰壁。这一课一直留在笔者的记忆里。

其实，这种初次设计的失败不仅一般人会遇到，就是一些著名的研究人员在开始时也会遇到。英国著名学者韦布夫妇在他们的著作《社会研究法》中曾谈到他们初次设计问卷结果大遭失败的情景。他们写道：

> 我们第一次的研究，即关于英国职员工会运动的研究，曾做了一种错误的开端。我们以为通过精心编制一个问题表，用它来询问那些当事人，可以打开我们研究的营垒。还有什么有效的办法比这更好呢？这种方法可以使我们避免“浩如烟海”的困难、不必要的来来往往的旅程，以及与各种各样的人们无结果

的谈论。这120个问题所构成的调查表，花了我们一整个星期的工夫。该表列为20个项目，分别记入活页之内，还留有空白页作为填写答案之用。我们对于这种办法觉得非常满意，甚至不惜花费，把它印成手册分寄出去。我们遥想，职工会的人员俯在桌上，对这些精心结构的问题填写详细的答案。而雇主与政府的监督，也在批阅我们的问题表。谁知他们只是获得了有关韦布夫妇无偏与慧眼的印象，这些问题表只是起到了补充他们关于雇主与工人之间关系的知识的作用。悲哉，自满的碰壁！现在我们担心别的研究者在其进行现实社会研究的过程中也遇到同样的特殊阻碍，所以愿首先在这里解释这种问题表为什么是注定要失败的。……

……我们访问工人或雇主，并把问题表交给他们。他们翻阅这印刷物可怕的页数时，脸上现出忧闷，或者客气一点地说，铁一般的冷淡，此时我们马上明白了，被我们视为珍宝的这些问题表在他们眼里是一钱不值的。……至于邮局分寄各处的结果，除了一二例收回外，其余都石沉大海。想是扔在废纸篓里了吧！寄回来的至多也只是这样一些答案："是的"、"不对"、"部分如此"、"有时这样有时那样"、"无法举例"，等等。幸有某些职工会人员独具慧眼，愿意提供帮助，但他们却无视我们的问题表，只把他们的规章制度与年报各寄一份给我们。……现在我们才明白，我们设计问题表所用的那种知识与技术，虽然我们引以为傲，却也正是证明我们失败的证据所在。……①

他们提的是一些什么样的问题呢？在该章的附录中，韦布夫妇以"一份无结果的问题表"为题，把这120个问题全部登在上面。下面是其中的几个问题：

你们职工会去年度的全部收入与全部支出如何？

目前的捐款率如何？请分别列举强制职工捐款率和自愿附加捐款率。

自贵会成立以来，这种捐款有无变动？若有变动，请问是什么时候变动的，又是如何变动的？②

的确，120个这样的问题是难以引起人们的兴趣的，也确实会使得人们把它弃

① ［英］西德尼·韦布、比阿特丽斯·韦布：《社会研究法》，33～69页，上海，商务印书馆，1937。

② 同上书，53～69页。

如废纸。

笔者相信，在现实生活中，还有许多类似的调查，也有许多类似的失败记录。究其原因，主要是缺少问卷设计的基本知识，把问卷设计看得太简单、太容易的缘故。近年来，我国的社会调查采用问卷收集资料的不少，可其中存在问题的也不少。关于这一点，我们在第九章中会详细谈到。

由于问卷是一种用于科学研究工作的工具，并且，它的质量高低直接影响到研究的顺利进行以及研究的最终结果。所以，任何一个希望采用问卷作为工具进行社会调查的人，都有必要对问卷的结构、类型，问卷设计的原则、程序和方法，问卷设计在社会调查中的地位和作用等有较明确的认识。这些知识是我们搞好问卷调查的基础，它是几十年来众多的社会学家、社会调查人员在大量的社会调查实践中逐步摸索、总结，一点一点积累起来的。它构成了有关问卷调查与问卷设计的比较完整、比较系统的知识体系。正是在这种意义上，我们说问卷设计是一门科学。而只有学习并掌握这门科学的知识，我们才能在社会调查中少走弯路，取得事半功倍的效果。

另一方面，由于问卷是一种由书面语言构成的特殊的工具，一种通过书面语言来和人们打交道、来向人们了解情况的工具，而这种语言的变化、交流的形式又是千姿百态的，所以，设计问卷的工作同时也是一种艺术，即灵活地、恰到好处地运用书面语言的艺术。这一点主要体现在下述几方面。

第一，问卷设计是正确表达研究者的意图、圆满地为研究目的服务的艺术。在面对面的交谈中，人们可以借助自己的表情、手势、语调、重音、停顿等，来表达自己的意图、希望、情感和要求；而在问卷调查中，这一切都只能靠书面语言来完成。同一类型的问卷调查，有的可能收效平平，有的则可能收获巨大，这与研究者设计问卷的艺术是有很大关系的。

第二，问卷设计是使被调查者说真话的艺术。问卷资料的真实性是资料价值的灵魂，而要使被调查者说真话，就必须消除他们的思想顾虑，调动他们的积极性和责任感，创造出一个使他们容易说真话的“气氛”。在面对面的访问中，研究者礼貌而友好的举止、微笑的面孔、交谈中虚心听取回答的表情，都会给被调查者留下良好的印象，有利于形成易于交谈、易于合作的气氛。而在问卷调查中，这一切也都只能靠书面文字来表达。为什么有些问卷调查得到的资料能较客观地反映现实，而另一些问卷调查却做不到这一点？除了其他方面的原因外，能不能用书面语言创造出一个便于被调查者说真话的气氛是一个重要的原因。

第三，问卷设计是用词和造句的艺术。在问卷设计中，同一个问题可能有几种不同的提法，同一个概念也可能有几个相近的词语可以表示。如何根据调查的需要、根据样本的性质作出恰当的处理，使每一个概念和每一个问题都清楚明白，使问卷被样本中的所有调查对象都接受，也并不是一件十分容易的事。在某种意义上，我们可以说，问卷的设计也和诗歌的创作一样，要把每一个字都安排妥当，同样需要几千吨“语言的矿藏”。

第四，问卷设计还包括一定的版面设计的艺术。一份完整的问卷就像一份报纸或杂志，从版面的设计、问题次序的排列，到印刷的格式、纸张的规格、装订的形式等，无一不需要精心的考虑。同样内容、同样质量的商品，常常因为其包装的不同，在价格上产生很大的差别。问卷也一样，优良的整体设计可以使问卷看起来十分舒服。只有那些便于阅读、便于填写的问卷才易于为被调查者所接受。

# 第四章　问卷的结构

无论是自填式问卷还是访问式问卷，都包含着一组问题，这是毫无疑问的。但是，一组问题并不就成为一份问卷。社会调查的目标要求我们的问卷在测量我们想要测量的社会现象时，具有统一性、精确性、稳定性和实用性等特点。正是科学研究和社会调查的这种对研究工具的高度要求，使得人们在长期的调查实践中不断摸索，不断总结，逐步形成了一套较为固定的问卷结构。（之所以说只是“较为固定的”结构，是因为在不同的国家、不同的社会、不同的样本和不同的调查方式中，使用问卷的目的是各不相同的，实施调查的条件也是千差万别的，而所有这些都将影响到问卷的设计。每一份问卷的设计目标总是只为某一特定的调查服务的。因此，具体情况具体分析，具体条件具体对待，以最合适的方式设计最恰当的问卷，这也是每个问卷设计者都应记住的一条原则。）

大体说来，一份问卷通常包括以下几个部分，即封面信、指导语、问题及答案、编码等。本章中我们将对这些部分逐一进行介绍。

## 一、封面信

问卷的封面信，即一封致被调查者的短信，由于常常放在问卷的封面或封二，故称封面信（也有称它为卷首语的）。第三章我们列举的两份问卷节选中，就都包含了封面信。问卷中为什么要有一封给被调查者的信？在这封短信中我们要说明一些什么问题？这封信应该如何写？这些就是我们下面所要谈的问题。

现实生活中，人们同陌生人打交道时，或者到一个陌生的单位联系工作时，往往先作自我介绍（口头的或书面的），说明自己是谁，是干什么的，然后说明自己找对方有什么事，等等。这是我们十分熟悉的、司空见惯的现象。但是，我们是否想过：为什么必须先这样做呢？为什么不一见面就谈你想谈的事情呢？也许有这样几种原因：一是通过自我介绍和说明，可使对方形成一定的心理准备，以便于进入交谈过程；二是通过自我介绍和说明，可取得对方的信任，使得对方愿意进入交谈过程；三是可体现出礼貌的和尊重人的态度，使得对方乐于同你合作，给你帮助。明白了这个道理，我们也就不难理解为什么问卷一开头就要有一封给被调查者的信了。

问卷可以说就是一种书面形式的谈话，是调查者通过书面文字同被调查者打交道的一种方式。对于每个被调查者来说，调查单位、调查人员常常都是陌生人。因此，调查者寄到或发到被调查者手中的问卷，实际上就代表着调查者对被调查者的“登门拜访”，如果不作自我介绍，就很可能被“拒之门外”。（况且，这种形式的拒之门外，即不理睬这份问卷，比起真的把某个调查人员拒之门外或者不理来访者，要客气得多，礼貌得多。）美国社会学家林南教授认为：访问调查时，进门就是一道关口。如何敲门、如何进门，都有一定的技巧。如果能够顺利地进入被访者的门，就意味着访问成功了一大半。这话是很有道理的。访问式调查是这样，自填式问卷调查也是这样。你能否说服每一个陌生的被调查者参加到你的调查中来，能否让他们如实地填写问卷，能否让他们把填好的问卷寄回来，都取决于封面信的效果。好的封面信可以在这方面获得成功，而低质量的封面信只会使被调查者视问卷如废纸，不予理会。所以，如何取得被调查者的信任，如何消除被调查者的疑虑，如何引起被调查者合作的兴趣和愿望，就是问卷调查中“进门”的技巧，也是影响到整个调查能否成功的关键点之一。如果被调查者从心理上和感情上接受了这份问卷，愿意同你合作，愿意给你帮助，那么，只要问卷设计得比较合适，不会给被调查者带来太大的困难和麻烦，整个问卷调查也就成功了一大半。大量的调查实践还表明，几乎所有拒绝合作的人都是在一开始接触的几秒钟内就表示不愿意参与的。因此，问卷的开头部分（包括封面信、指导语和最初的几个问题）特别重要。

为了做到这一点，我们在封面信中应该说些什么呢？又该怎样说呢？要回答这些问题并不困难，你只要问问自己：当我在某一天接到一份调查问卷时，头脑里会有什么反应——这是怎么回事？调查什么？是谁在进行调查？调查这个干什么？为什么找到我调查？值不值得花时间干这件事？我填了问卷对我有什么影响？……也许这些就是你马上会想到的问题，如果这些问题得不到答案，相信你是不会拿起笔来填写问卷的。

因此，我们在封面信中，一般需要说明下列内容。

1. 我们是谁

即介绍调查的主办单位或调查者的身份。这种介绍既可以直接在封面信中说明，比如“我们是××大学社会学系的学生，我们正在进行一项儿童教育方面的调查”；也可以通过落款来说明，比如落款署名为“××大学社会学系儿童教育调查组”等。但是要注意的是，以落款的方式来做自我介绍时，一定要有明确的单位名称，不能只写诸如“儿童教育调查组”、“第三产业问题调查组”、“婚姻家庭问题调查组”这样的署名。因为人们即使看到这样的署名，仍然不清楚你们是哪里来的、你们是干什么的，也难以了解你们做这项调查的真实目的是什么。因此，人们的心里仍然会有很大的疑问。总之，我们在自我介绍这一点上应该“襟怀坦白”，大大方方，让人家越明白越好。如果能附上单位的地址、电话号码、联系人姓名等则更好，更能体现你的诚意，体现调查的正式性和有组织性。这样做往往能给被调查者留下良好的印象，有利于得到他们的信任和合作。

2. 我们要调查什么

即说明调查的主要内容。一般情况下，可以用较概括的方式来说明。要注意的是，一方面，我们不要欺骗被调查者。比如，不能在封面信中说调查儿童教育问题，可问卷中却尽是些询问对计划生育政策看法的问题，否则会引起被调查者的反感和不信任。当然，另一方面，我们也不必在封面信中十分详细地介绍调查的各种具体内容，通常只要用一两句话笼统地指出这次调查的大致内容就行了。比如“我们正在进行一项有关儿童教育问题的调查”，或者“我们这次调查主要是想了解广大青年对改革的看法、认识和态度”，等等。

3. 我们为什么进行这项调查

即调查的目的是什么。这是封面信中的一项重要内容。我们不能笼统地说“为了进行科学研究”，而要对调查的主要目的作出明确的说明。比如：“这次调查的目的，是要通过了解我国青年职工日常工作、生活、学习和娱乐等方面的情况，为党和政府制定有关政策提供科学的依据和合理的建议。”又如：“为了探索解决好婚姻家庭问题的规律，帮助广大青年男女建立幸福的家庭，我们开展了这项调查。”目的叙述得当，可使人感到你们的调查是正当的、有价值的、应该做的，从而起到调动被调查者的责任心和积极性的作用。

4. 我们为什么找你做调查

即解释我们是根据什么标准和采取什么方法来选择调查对象的，并说明调查对象与整个调查总体之间的关系。要用简明扼要的话语向调查对象说明选择他是随机的，并且说明他只是全部调查对象中的一个，而他们代表着更多与他相似的人们。比如："我们根据科学的方法选定了一部分居民作为全市居民的代表，您是其中的一位。"又如："我们从全市五家工厂中抽取了一部分工人作为调查对象。"等等。再加上有关不记名的说明和对回答保密处理的许诺，就会减轻甚至消除被调查者心理上的压力。

5. 我们的调查有什么用

即被调查者花时间和精力来填写问卷值不值得。在这里，要对调查的意义和价值作出合理的解释。如果能指出该调查与调查对象的利益密切相关，或指出被调查者的合作所具有的价值和意义则更好。总之要使被调查者感到，这项调查不仅是正当的，还是有价值、有意义的，是值得完成的事情。比如："作为企业领导，作为企业的成员，您对调查所涉及的各项问题都有很大的发言权。您的意见和建议将对城乡经济体制改革和乡镇企业发展的研究和决策提供重要的参考。"又如："价格体系的改革，不仅关系到国民经济的全局，也影响到千家万户的生活和每个人的切身利益。我们进行这项调查就是为了了解物价改革对群众生活可能造成的影响，为党和政府制定有关政策提供参考，使改革能符合广大群众的意愿及要求。"

6. 我们的调查不会有损于被调查者的利益

这一点特别重要，一定要清楚地告诉被调查者：不用填写姓名，我们不需要知道被调查者的姓名，我们仅仅需要他回答的结果；同时，我们关心的也不是某一个人的回答结果，而是所有人的回答结果。只有当被调查者真正明白他不会被认出时，他才有可能做到畅所欲言、说心里话。这种对匿名的说明和对个人资料严格保密的保证也是封面信中不可缺少的内容。

除了以上内容外，有时还可以把填表的要求、方法、寄回的时间等内容写进封面信。

要记住，在封面信的结尾一定要真诚地感谢被调查者的帮助。整个封面信的文笔要亲切，语气要诚恳、礼貌，但不要太随便。既要把各方面的内容讲清楚，又不能太啰唆。当然，不要把上述各项内容看作僵死的教条，每一封具体的封面信中可能也不需要把上述各条都写进去，最关键的是要说明以下三点：一是调查的目的和大致的内容；二是请求合作并感谢支持；三是匿名回答和资料保密。同时，要根据每一项具体调查在规模、对象、内容、目的和方式等方面的特点，来设计出最合适的封面信。

## 二、指导语

所谓指导语，通俗地说，就是那些告诉被调查者如何正确地填答问卷，或提示访问员如何正确完成问卷调查工作的语句。它包括对被调查者如何填写问卷、如何回答问题的说明，对问卷中某些问题含义的进一步解释，对某些特殊的或复杂的填答形式的举例，等等。在第三章我们节选的两份问卷中，都包含着不少指导语。

指导语可用于多种目的，最主要的有：（1）限定回答的范围。比如“限选一种答案”。（2）指导回答方法，比如“请按重要程度排列”、“请在符合您情况的答案后的方框中打√”等。（3）指导回答过程。比如“若回答为‘不是’，则请从第 12 题答起”等。（4）规定或解释概念和问题的含义。比如“计算房间的数目时，要包括厨房，但不包括洗澡间和厕所”，“家庭每月人均消费水平即每月一切支出总额除以在一起吃饭的人数”，等等。总之，问卷中一切有可能使被调查者不清楚、不明白、有疑问、难理解的地方，一切有可能阻碍被调查者正确顺利地填答问卷的地方，都需要给予某种指导。

指导语对于问卷调查的作用，可以说并不亚于使用说明书对于机器的作用。指导语的质量如何，将对整个问卷调查的顺利进行产生不可忽视的影响。关于指导语的写作，最重要的标准是简明易懂。就像人们如果看不懂使用说明书就不会使用新机器一样，如果被调查者看不懂你的填表说明，看不明白你的指导语，就肯定难以填写好问卷。

指导语的形式、安排等问题，随问卷本身的复杂程度、填写方式的难易程度以及调查对象的文化水平等情况的不同而不尽相同。有的问卷中问题形式十分简单，容易理解，也方便填答，再加上调查样本的文化程度普遍较高，则指导语可以很少，甚至仅仅在封面信中稍作说明即可。随着问题形式、问卷结构的复杂化，理解难度的加大，再加上调查样本的文化程度普遍较低或者高低相差悬殊时，指导语就要相应增多。一种常见形式是在封面信的下面专门设计出“填表说明”一项，对填表的要求、方法、注意事项等作一个总的说明，如：

---

**填表说明**

（1）凡符合您的情况和想法的项目，请在旁边的方框中打√，或在________中填写。希望您每一题都填写或打√，不要遗漏。

（2）如果有些题未列出符合您的情况和想法的项目，请在该题的空白处填写您的具体情况和想法，并打上√。

（3）每页右边的一行数字和短横线上的数字是录入计算机时用的，您不必填写。

---

同时，在特殊的问题中再分别给予专门的说明，有些甚至还得进行举例示范。

在指导语的设计方面，一个基本假设就是：被调查者可能从来没有见过问卷调查表，更没有填过问卷。以此为基本出发点，我们就明白为什么在问卷设计中要那么认真仔细地解释问题的填答方法了。

访问式问卷中的指导语与自填式问卷中的指导语有较大的不同，关于这一点，我们将在后面有关章节中详细谈到。

## 三、问题及答案

问题及答案是问卷的主体。问卷中的其他部分如封面信、指导语等，都是为问题及答案服务的。因为实际测量人们的特征、行为和态度的工具，主要是问题及答案。每项调查所用的问卷也许大不相同，但是，当我们分别从内容和形式两个方面来分析这一份份问卷时，就会发现在这两方面它们都存在许多相同或相似的东西。

1. 开放式问题与封闭式问题

在形式上，各种问卷中的问题都可归结为开放式问题和封闭式问题两类。所谓开放式问题，就是不为被调查者提供具体答案，而由被调查者自由填答的问题。例如：

您喜欢看哪类电视节目？

您对当前的经济体制改革有什么看法？

在培养和教育孩子方面，您目前最大的困难是什么？

所谓封闭式问题，就是在提出问题的同时，还给出若干个特定的答案，让被调查者根据自己的实际情况选择回答的问题。比如，把上述开放式问题变为封闭式问题即是：

您喜欢看哪类电视节目？（限选一个答案）

1. 新闻节目　　2. 体育节目

3. 广告节目　　4. 文艺节目

5. 少儿节目　　6. 其他节目（请写明）

在培养和教育孩子方面，您目前最大的困难是什么？（限选一项）

1. 缺乏正确的方法　　2. 文化水平低

3. 没有时间和精力　　4. 其他（请写明）

您是否同意下列看法？（请在每一种看法后选择一格打√）

| | 同意 | 比较同意 | 无所谓 | 不太同意 | 不同意 |
|---|---|---|---|---|---|
| 1. 改革是国家的事，我们老百姓管它干吗 | | | | | |
| 2. 改革将有利于国家的经济繁荣 | | | | | |
| 3. 不改革国家就没有希望了 | | | | | |
| 4. 现在改革是有点乱，但总比原来吃大锅饭强 | | | | | |
| 5. 改革将会使贫富差距拉大 | | | | | |

开放式问题的主要优点是：它允许被调查者按自己的方式，充分自由地对问题作出回答，不受任何限制。这种回答的自发性能够最自然地反映出被调查者各不相同的特征、行为和态度。因此，开放式问题所得到的资料往往比封闭式问题所得到的资料丰富得多、生动得多。特别是它常常可以得到一些调查者事先未曾料想到、未曾估计到的资料。

例如，笔者曾在同一次调查中，分别对已婚青年工人和未婚青年工人提出了内容相同但形式不同的两个问题。对未婚青年工人我们问道：“你找对象时最看重什么条件？”然后我们给出了几个答案，如长相、学历、职业、感情、性格、政治面貌、经济条件、家庭条件等（即我们设计的是一个封闭式问题）。当时笔者自认为所列出的答案是很全面的，把各种情况都包括进去了。在针对已婚青年工人的问卷中，笔者只给出了一个开放式问题："据您了解，现在青年工人找对象时最看重什么条件?"由被调查者根据自己的看法自由填答。调查结果中，除了笔者在未婚青年工人的问卷中所列的那几项外，还出现了许多同样重要、同样有价值、比重也相当大的条件。比如：身材、风度、健康、房子、地位、有事业心、尊重老人、会持家、体贴人、通情达理、作风正派、肯学习、求上进、勤俭、温柔、忠厚、诚实、贤惠、聪明、活泼、能力、才华、有男子气等。

但是，开放式问题也有许多令人头痛的缺点：第一，它要求被调查者具有较高的知识水平和语言表达能力，这就大大地限制了我们调查的范围和对象。因为被调查者不仅要能看懂问题，还要能把自己的情况、自己的特征、自己的看法、自己的态度等用书面语言写出来，而这一点并不是一般的被调查者能做得到的。如果一份自填式问卷中都是开放式问题，恐怕到头来调查者只会收回极少极少的问卷。我们在第三章中列举的韦布夫妇的例子就是很好的说明。

第二，回答开放式问题需要花费较多的时间和精力。开放式问题实际上仅仅是向被调查者提出了问题，而回答这个问题的一切工作都得由被调查者来完成，被调查者既要思考自己的答案，又要思考表达的形式及语言，还要把这一切写在问卷上。然而，在目前我国社会中，成天同笔打交道的只是很少的一部分人，绝大部分劳动者的工作环境、工作性质、工作对象决定了他们很少同笔打交道，更少用笔来回答问题。即使是有知识、有表达能力、经常同笔打交道的人，他填写一份全部由开放式问题构成的问卷，也要花费比填写一份全部由封闭式问题构成的同样的问卷多几倍的时间和精力。第三章中列举的我们在大学进行的那次调查，是在学校各级行政组织、学生辅导员等方面的积极配合和大力协助下，在一种类似政治考试的环境中才得以完成的。二十几个开放式问题的调查问卷，学生们用了一两个小时才答完。若是封闭式问题，大约只要一刻钟就足够了。

第三，对调查者来说，统计和处理开放式问题的答案比统计和处理封闭式问题的答案要困难得多，有时甚至是不可能的。这一点正是我们在大学进行的那次调查遭到失败的重要原因。资料虽收回了，我们却无法使用。为什么？因为对于一项研究来说，我们不能只把几百份问卷的结果堆在一起就行了，起码要做一些分类和统计的工作，这样才能从调查资料中得出有关总体情况的描述和推断。但是，正如我们前面所说的，我们的分类标准远远满足不了（即包括不下）答案中千姿百态的语言形式。这还只是几百名被调查者回答二十几个问题，若是几千名被调查者回答更多的问题，那么这种分类、统计工作的难度更是可想而知的了。

第四，开放式问题往往产生许多与研究无关的资料。由于人们回答问题时很少注意所使用的语言的准确性和对问题的针对性，所以常常写下许多对研究并无作用的，或不大相关的话。这就像在面对面的访问调查中，被调查者回答问题时也常常走题、常常扯得太远一样。可是，在面对面访问调查中，当出现被调查者离题太远的情况时，访问员还可以用间接的、婉转的、巧妙的方式将话题拉回来；然而，在自填式问卷中则做不到这一点。无论是被调查者将题意理解错了，还是他回答的内容离题太远，调查者都无法改变这种情况，只能眼巴巴地看着其“放任自流”，到头来收回一大堆令你哭笑不得的资料。

封闭式问题的优缺点正好同开放式问题的优缺点相反。首先，由于封闭式问题已为被调查者提供了可以选择的答案，所以它实际上也就限制了被调查者的回答范围和回答方式。这一特点对于有些简单的问题来说并没有太大的差别。比如，当我们用开放式问题问“您的性别”时，答案只有两种可能，而且回答起来、书写起来也不困难。因此，它同添加两个具体的答案“（1）男性；（2）女性”所构成的封闭式问题差不多。但是，如同我们前面所列举的“找对象的条件”那样的问题，封闭式问题所得的资料就往往失去了开放式问题中千姿百态的答案所表现出来的那种自发性（无任何约束，充分自由地表现自己的看法）和表现力（丰富、生动）。这也许是封闭式问题的主要缺点之一。

封闭式问题的另一个缺点是，回答中的各种偏误难以被发现。开放式问题中，无论被调查者对问题内容的误解，还是其表达中出现的错误，都可以直接从被调查者所写下的答案中发现。但是，在封闭式问题中，被调查者所做的事情只是在某些答案上打某种记号，比如打钩、画圈等。在问卷上所留下的这些记号中，有些可能的确代表了被调查者的实际情况，有些也许是被调查者在对问题并不理解的情况下随便打上的，有些也许是被调查者为了隐瞒自己的实际情况而故意打错的，而有些则可能是被调查者笔误造成的，还有些则可能完全是乱打的，凡此种种。这些偏误中，除少部分答案可通过前后比较发现其不真实或不正确外，大部分问题的回答是真是伪往往难以从记号上判别。也正是由于这一点，问卷调查常常受到人们的怀疑和责难：那些回答都是真实的吗？这的确是问卷调查方法所面临的最严重的挑战之一。关于这方面的问题，我们将在第十一章中作一些讨论。

下面我们再来看看封闭式问题有哪些主要的优点。首先，同开放式问题相比，封闭式问题的一个明显的优点就是被调查者填写问卷、回答问题十分方便，也十分容易。如果问卷设计得好，一般的被调查者都可以看懂的话，那么要他们回答这些问题也是不难办到的。可以说，在封闭式问题面前，被调查者要做的工作主要是阅读——看懂问题、看懂答案、看懂回答方法。他不用过多地动脑筋思考，也不用一句句、一行行地写下答案，所有这一切调查者早已为他准备好了。他只需按照要求打钩画圈就行了。因此，被调查者完成问卷容易得多，所需要的时间、精力也少得多。

对调查者来说，封闭式问题的另一个重要优点是其所得的资料非常便于统计处理和进行定量分析。封闭式问题的答案不用像开放式问题的答案那样去极其困难地分类、编码。而且，各种回答都可通过编码而转变为简单的数字。无论是在小规模调查中人们采用手工统计分析，还是在大型调查中利用电子计算机进行统计分析，所需要的只是这些数字，而不是那些具体的答案。因此，它使我们能够进行定量分析，使调查的结果更科学也更有说服力。

封闭式问题还有一个优点是资料集中。由于事先给出了有限的答案，因此，被调查者的回答基本上都集中在这几项答案中。这样就可避免出现开放式问题中那些不相关的回答的情形。

开放式问题要求被调查者自己回忆一些问题，自己组织回答的答案；而封闭式问题则主要要求被调查者辨认一些问题，以及从现有的各种答案中进行选择。显然这种辨认或选择比起回忆和组织来要容易得多。但另一方面，开放式问题经常有助于发现研究者事前不知道的、没有想到的、有误解的看法、现象和观点。封闭式问题则存在着诱导影响的危险。特别是在民意测验、舆论调查，以及涉及被调查者意见、看法的调查中，被调查者对各种问题事先从未想过、从未思考过、还没有形成自己的意见和看法的情况是经常发生的。

正是由于开放式问题与封闭式问题具有各不相同的优缺点，所以人们在社会调查中往往扬长避短，把它们用于不同目的、不同形式、不同规模、不同对象的调查中。从研究的战略来看，开放式问题更适合于用来探索问题的范围，以及掌握某些重要的回答类型，而封闭式问题则主要用于检验假设。如果我们对某个问题了解不多，或对某方面的情况不大熟悉，我们就可用开放式问题来搜集大量的、尽可能详细的感性材料——其目的不是做统计分析，而是为了让我们对问题有初步的了解。此时的调查规模一般很小，并且常常采取访问的方式，由问卷设计者亲自进行。当我们对问题已经有了相当的了解，需要收集大量的定量材料来证明我们的假设时，我们往往用封闭式问题构成自填式问卷，并把它们用于正式的、大规模的调查中。

当然，在常见的以封闭式问题为主的问卷中，往往会包含一两个开放式问题。这一两个开放式问题通常放在问卷的末尾，用来收集那些未能列入问卷的某些方面的情况。形象地说，就是在询问完被调查者后，再给他们一个“自由发言”的机会，请他们谈谈那些未被问到的方面。比如：

> 我们的调查结束了，再次感谢您的帮助！如果您对物价改革的问题还有其他的想法和意见，欢迎您写在这里。

经验表明，在调查问卷的结尾处加上一个这种形式的开放式问题总是比较合适的。

2. 问题的内容

在内容上，问卷中的所有问题又可以归于特征问题、行为问题和态度问题三大类。

所谓特征问题，即那些用来测量被调查者基本情况的问题，如年龄、性别、职业、文化程度、婚姻状况、收入、家庭规模、政治面貌等。这些问题也称作“背景资料”或“静态资料”，即反映一个人的社会特征的资料。这类问题在各种调查问卷中往往都是必不可少的一部分。因为在一项调查研究中，人们常常需要以这些特征作为基本的自变量来描述和分析总体的各个部分在某一方面的分布情况，或解释某一现象的原因。下面我们举一个简单的例子来说明。

假设在一次抽样调查中，我们得到下列结果（见表 4—1）。

表 4—1　人们对某政策的态度统计表

| | 赞成 | 反对 | 不表态 | 合计 |
|---|---|---|---|---|
| 频数 $N$ | 900 | 900 | 200 | 2 000 |
| 百分比（%） | 45 | 45 | 10 | 100 |

从这一结果中，我们只能得到“该总体中持赞成态度和持反对态度的人数大致相等”的结果。但是，当我们按性别对此结果进行交叉分类统计时，却得出下列结果（见表 4—2）。

表 4—2　不同性别的人们对某政策的态度统计表

| | 男性 | 女性 |
|---|---|---|
| 赞成 | 85% | 5% |
| 反对 | 10% | 80% |
| 不表态 | 5% | 15% |
| 合计（$N$） | (1 000) | (1 000) |

这一结果清楚地向我们表明：不同性别的人们对这一政策的态度有很大的差别，男性基本上倾向于赞成，而女性则主要倾向于反对。这一结果就更深入、更科学地反映出客观现实。类似地，我们还可以做出年龄与态度、职业与态度、文化程度与态度等多种交叉分类表，以分别研究不同年龄的人、不同职业的人、不同文化程度的人对这一政策的态度有何不同。

所谓行为问题，即那些用来测量被调查者过去发生的或现在进行的某些实际行为和有关事件的问题。例如：

请问上个星期您看了几场电影？

请问你们家订了几份报纸？

您从恋爱到结婚大约经历了多长时间？

这类问题是我们了解各种社会现象、社会事件、社会过程的重要工具。通过这类问题，我们可以掌握某一事物或人们某一行为的现状、历史、程度、范围和特征等多方面的情况。

也有的方法书中把行为问题和特征问题合称为事实问题，即指它们是有关被调查者的客观事实。

所谓态度问题，即那些测量被调查者对某一事物的看法、意愿、态度、情感、认识等主观因素的问题。例如：

您认为要改变乘车难问题，关键要抓好哪几项工作？

您是否愿意辞掉现有工作去干个体户？

若您的孩子将来报名支援边疆建设，您让他去吗？

依您的看法，幸福美满的家庭最好有几个孩子？

态度问题是问卷中极为重要的一部分。因为我们了解社会现象的目的，不只在于描绘它，更重要的是为了解释和说明这一社会现象产生的原因。我们知道，各种社会现象都是人们相互作用的产物，而人们的行为又总是在一定的思想观念、一定的主观动机的支配下做出的。因此，了解人们的思想、观念、认识、态度、动机等，既是说明某一现象的直接原因的重要因素，又是揭示更深刻的社会历史原因的关键一环。由于态度问题往往涉及个人内心深处的东西，而任何人都具有一种本能的自我防卫心理，很少在这些问题上吐真言，甚至不愿发表意见，所以，在社会调查中了解态度比了解事实要困难得多。

任何困难总是同解决困难的办法相伴随的。在长期的社会调查实践中，社会学家们从心理学那里借用来一种科学工具，以克服测量态度中遇到的困难。这种工具就是量表。关于量表的形式、类别和设计方法，我们将在第八章中进行介绍。

## 四、编码

一份问卷中除了上述几个主要部分外，还有一些辅助内容。如问卷的名称、问卷的编号、问题的编码等。其中编码是一项十分重要的设计工作。

所谓编码，简单地说就是给问题和答案编上数码，用这些数码来代替问卷中的问题及其答案。之所以需要编码，是因为只有把问题和答案转换成数码，才能用计算机进行统计处理和分析。编码工作既可以在设计问卷时进行（这种方式称为预编码），也可在问卷收回后进行（这种方式称为后编码）。一般来说，在以封闭式为主的问卷中，人们往往采取预编码的方式；而在以开放式问题为主的问卷中，由于研究者不能准确地预测会有什么样的回答和会有多少种不同的回答，所以他不可能在问卷收回之前建立编码，故一般采取后编码。

下面主要介绍在问卷设计时同时进行的预编码的形式和方法。预编码的工作包括三个步骤。

1. 给答案分配码值

一般来说，一个封闭式问题至少有两个以上的答案类别。每个被调查者都必须符合其中之一且仅符合其中之一。给答案分配码值是编码工作中最基本，也是最简单的一步。通俗地说，它就是在问题的每一个答案前都标上一个数码。这些数码分别是 1、2、3……例如：

**例 1　请问您的文化程度是：（选择一个合适的答案号码打√）**

1. 小学及以下　　　　2. 初中

3. 高中或中专　　　　4. 大专及以上

该问题共有 4 个答案，而每一个答案前的阿拉伯数字 1、2、3、4 就是分配给这些答案的码值。换句话说，这 4 个数字成了这 4 种答案的代码：凡是小学及以下文化程度者，我们就用数字 1 代表；凡是初中文化程度者，我们就用数字 2 来代表，以此类推。这样，我们就把文字的答案转化成了数码，以后就能够很方便地将它们输入计算机和进行统计分析了。

2. 给每一个问题分配栏码

由于一份问卷中有许多个问题，而每个问题的答案代码又都是 1、2、3、4，所以，为了在计算机录入和统计分析阶段不出现混淆和差错，我们还需要将不同的问题区分开来。这就是编码的第二步工作：给每一个问题分配栏码。

栏码的分配要根据问题的前后顺序挨个进行，但同时还要考虑到答案码值的大小。当答案码值为一位数（即 0～9）时，给该问题一个栏码；当答案码值为两位数（即 10～99）时，就给该问题两个栏码，以此类推。例 2 就是一份问卷的前三个问题及其预编码。

**例 2　问题及其栏码（栏码的形式 1）**

---

个案编号：________________　　　　1～3 ________

1. 您的性别：　　　　4________

（1）男　　　　（2）女

2. 您的年龄：________周岁　　　　5～6________

3. 您的文化程度： 7________

(1) 小学及以下　　(2) 初中

(3) 高中或中专　　(4) 大专以上

4. 您每月的收入（包括各种奖金、补贴在内）为________元　8～11________

---

上例中，“个案编号”指的是每一个具体的被调查者的代号，它是当问卷收回后由问卷的编码员或录入员所给予的一个序号。当然它也可以在调查之前就由研究者按顺序事先编好，填在问卷上，但这样做有时会给被调查者带来一定的压力（即感到自己可能会被识别），故通常的方式是问卷收回后再编号。所给的栏码位数是根据调查对象的数目确定的。此例中的样本规模在100～999之间，所以设计编码时给出了三个栏码。如果调查的样本规模在1 000～9 999之间，设计编码时就要给出四个栏码。以此类推。

由于问卷的个案编码占了三栏，所以问卷中的第一个问题就从第四栏开始分配。问卷中的第二个问题“年龄”之所以给了两位，是因为通常的被调查者的年龄都在100岁之内。（即使万一遇上了100岁以上的对象，那也只会是极个别的现象，此时一般将其记作99。）

第四个问题的编码应注意，通常人们的月收入会在10 000元之内，因而我们给出的栏码是四位。但是，也会有许多人的月收入在1 000元之内，比如600元、800元等。此时在过录答案时要在栏码中的第一位上加零，即应记为0600和0800，而不能只记为600和800，否则输入时往往会出现错误。

3. 设计栏码形式

所谓栏码形式，即栏码的表达方式。在例2中，我们实际上已经给出了这种表达方式的一种。除了上面这种形式外，在问卷中还有另外两种比较常见的栏码形式。一种是用小的方框代替短横线（如例3所示），另一种则是设计成表格形式（如例4所示）。三种形式各有特点，研究者可以根据自己的习惯和喜好来进行设计。

**例 3　栏码的形式 2**

---

个案编号：________________　　　　1～3□□□

1. 您的性别：　　　　4□

(1) 男　　　　(2) 女

2. 您的年龄：________周岁　　　　5～6□□

3. 您的文化程度：　　　　7□

(1) 小学及以下　　　　(2) 初中

(3) 高中或中专　　　　(4) 大专以上

4. 您每月的收入（包括各种奖金、补贴在内）为________元　8～11□□□□

---

**例 4　栏码的形式 3**

---

个案编号：________________

1. 您的性别：

(1) 男　　　　(2) 女

2. 您的年龄：________周岁

3. 您的文化程度：

(1) 小学及以下　　　　(2) 初中

(3) 高中或中专　　　　(4) 大专以上

4. 您每月的收入（包括各种奖金、补贴在内）为________元

| | |
|---|---|
| 1～3 | |
| 4 | |
| 5～6 | |
| 7 | |
| 8～11 | |

---

# 第五章　问卷设计的步骤

整个问卷的设计过程包括从初步探索开始、直到印刷装订成册为止的全部工作。其主要的步骤及工作内容包括如下六个大的方面：问卷设计的准备工作、变量操作化、探索性工作、设计问卷初稿、试用与修改、问卷打印。由于变量操作化工作与第二章所介绍的测量问题密切相关，因而我们已将其放在该章中进行了介绍。

## 一、问卷设计的准备工作

就像问卷不是一组问题的简单集合一样，问卷设计工作也绝不仅仅意味着在纸上写出具体的问题。在正式动手设计问卷之前，研究者还需要进行一定的准备工作。这种设计前的准备工作连同后面将介绍的探索性工作、问卷初稿的试用工作等，占据着问卷设计过程中的重要位置，研究者花在这些方面的功夫往往不比他花在设计具体问题上的功夫少。设计前的准备工作大体包括以下几个方面的内容。

### 1. 明确调查的总体目标

调查和研究的总体目标是问卷设计的出发点。整个问卷的设计工作都是为着达到这一总体目标而进行的。在这一工作中，问卷设计者应考虑下列一些问题：问卷的主要目标是什么？研究的假设和关键的变量是什么？根据假设和变量应寻求什么资料？希望以什么样的信息作为结果？研究的类型如何？是一般的描述性研究还是探讨特定变量间关系的解释性研究？研究的样本具有什么样的特征？根据研究的目的和样本的特征，应该采用哪种类型的问卷？问卷的使用方式如何？对于主办者身份、研究目的、调查的匿名性等内容应如何陈述？除了问卷方法外，还应采取哪些辅助方法以弥补问卷方法的不足？除了一般技术上的问题外，还有哪些价值的、伦理的、政治的、道德的、理论的问题需要考虑？等等。

这些与调查总体目标相关的问题中，有些可以从整个研究的设计中导出，比如研究假设、研究类型等。但更多的还需要问卷设计者在准备过程中逐一作出决定。

只有在设计具体问题前对整个调查的总体目标有一个明确的认识，研究者才能在实际设计中做到心中有数、系统周密。

2. 了解调查对象的基本情况

无论是哪一种类型的问卷，它们的询问对象始终都是被调查者。因而，在设计问卷之前，最好对问卷所要面对的各种对象的基本情况有一些认识。特别是对有关被调查者总体的年龄结构、性别结构、文化程度分布、职业结构等社会特征方面的情况，最好有一个大概的了解。如果可能，还可以对被调查对象所生活的社区，以及这种社区中人们的生活方式、风俗习惯、价值标准、社会心理等做一了解。这种认识和了解对于设计具体的问卷，特别是对问卷中问题的形式、提问的方式、所用的语言等有着极大的帮助。

3. 确定所需要的信息范围

一项具体的社会调查通常主要围绕着某种特定的问题，正是这种特定的问题决定了调查所需要的信息范围。研究者在动手设计问卷以前，应围绕研究的主题对相关文献进行必要的阅读，同时问自己：我所需要的主要是什么样的资料？研究者可以先列出所需资料的纲目，然后反复推敲每一条纲目。确定所需信息范围时所应遵循的总的原则是："先宽后窄，先松后紧"。即在问卷设计初期，先扩大相关问题的范围，尽量覆盖所测量概念或所调查主题的外延，即凡是与这一概念或主题相关的问题都写进来。到了问卷设计的后期，再严格地一一审查，删除那些不太相关的、有所重复的、多余的问题，只留下那些与研究者希望测量的概念或希望得到的信息密切相关的问题。

4. 确定问卷调查的具体形式

这是一项与整个调查的研究设计密切相关的工作。由于不同的问卷调查形式在问卷设计要求、问题表达方式、对被调查者的影响、资料收集的难易程度等诸多方面都有所不同，因而在设计具体问卷之前，应该对调查将采取的具体形式作出决定。只有当调查的具体形式确定下来，问卷的设计才能目标更明确，所设计的问卷也才能更适合调查实践的要求。当问卷的设计者不是一项调查的负责人或参与者，或者说他对该项调查应采取什么形式等并没有决定权时，他就应该在设计问卷之前，向调查的组织者详细了解该项调查的具体形式。

## 二、探索性工作

探索性工作是整个调查研究从设计阶段走向资料收集阶段的过渡。一方面，它是所研究的问题经操作化后各种结果的承接者；另一方面，它又是整个资料收集阶段的开路先锋。这种探索性工作不能由其他人代劳，而必须由问卷设计者亲自去做。

这种探索性工作最常见的方式是：问卷设计者深入到社会生活背景中，进行一段时间的非结构式访问，即围绕着研究的主题，以十分自然、十分融洽的方式，同各种类型的被调查者交谈，向他们提问。把研究者的各种设想在不同类型的被调查者中进行尝试和比较，从中既可获得对各方面问题的提法、实际语言、可能的回答种类等内容的初步印象，还可帮助问卷设计者在接近被调查者的方式、封面信的设计、问题的数量与顺序、问题与答案的形式、如何减少不回答率等方面形成客观的、有用的认识，使问卷设计者在后来的实际设计工作中少走弯路、少出差错，找到合适的方法和途径。除了进行非结构式访问外，还可以借助各种形式的观察来达到了解情况的目的。

在设计问卷中具体的问题和答案时，许多致命的含糊性回答以及不符合客观实际的回答常常潜伏在设计者难以察觉、未曾料到的地方。而探索性工作对防止这种现象的出现有着极大的帮助。因为如果问卷设计者提出的问题是含糊的，或者太抽象，那么，问卷设计者同被调查者的交谈必然受到阻碍。被调查者要么会提出疑问，要么会形成文不对题的回答。当遇到这种情况时，研究者一方面要考虑被调查者的背景（如年龄、职业、文化程度、民族等），排除被调查者方面的原因；另一方面则要对自己的提问方式以及所提的问题进行分析，不断改进问题的提法。

探索性工作对设计封闭式问题的答案来说，也有重要的作用。当问卷设计者在交谈中有意识地提出某一问题时，人们自然是以他们各自的语言、各自的表达方式来进行回答的。从这些不同的回答中，问卷设计者可能会发现，人们的回答主要集中在某几种答案上。这样，设计者就可以在后来的实际问卷设计中，用这每一种回答中的一句最有代表性的语言作为答案，并加上一个“其他”项的答案，就可以构成问卷初稿中的一个封闭式问题了。这样列出的答案，比起那种仅凭研究者个人的经验和主观分析坐在屋里想出来的答案，显然要符合实际情况得多。

这种探索问题提法、探索答案类型的工作，可以按不同的内容、不同的变量，分成若干个部分进行，在每一部分中集中完成一个方面的问题。等到设计者对每一部分的问题提法、答案类型等都“心中有数”时，正式动手设计问卷自然就会“水到渠成”了。

## 三、设计问卷初稿

经过了探索性工作以后，问卷设计者的头脑中已有了对研究所涉及的主要问题及答案的基本印象和认识。这时的问题是，如何把这些零散的“部件”组装成一份合适的问卷。这里既涉及各种问题的具体表述、答案的安排等方面的内容，也涉及各种问题的前后顺序、整个问卷的逻辑结构、对被调查者的心理影响、是否便于被调查者回答等多方面因素。因此，需要一种尽可能统筹兼顾的眼光和具体办法。

20 世纪 80 年代以前，计算机还没普及。所以，研究者设计问卷初稿时往往采取以下两种具体的方法：一是卡片法，二是框图法。

卡片法的第一步是根据研究者在访问中的印象、认识或记录，把那些通过探索性工作得到的问题及答案逐一写在一张张单独的卡片上，每张卡片仅写一个问题及其答案。第二步是按照卡片上问题的主题内容把问题卡片分成若干堆，即把询问同一类事物或询问同一方面问题的卡片放在一起。第三步是按照一定的逻辑结构，对每一个卡片堆中的问题进行排序。第四步是根据整个问卷的逻辑结构，排出各堆之间的前后顺序，使全部卡片联结成一份完整的问卷。第五步是分别从被调查者阅读和填写问卷是否方便、是否会造成对被调查者的心理影响等不同方面，反复检查问题的相互关联性和前后顺序，对不妥当之处逐一调整；同时仔细考虑问题数量和问卷长度的因素，对问卷的问题进行增删。第六步，当从各方面考虑觉得都比较满意时，再按此结构和顺序将卡片上的问题全部打印出来，并加上封面信、指导语、编码等内容，形成问卷初稿。

框图法则与卡片法不同，它的第一步是根据研究假设和所需资料的逻辑结构，在一张纸上画出整个问卷的各个组成部分及其前后顺序的草图。第二步是分别从被调查者回答问题是否方便、是否会形成心理压力等方面反复考虑，为部分间的连接和前后顺序，选择一种最佳方案。第三步是在另外若干张纸上分别写出每一部分的问题及答案（这些问题和答案来自探索性工作的结果），并安排好这些问题在每一部分中的形式和前后顺序。第四步，从总体上对问题及答案的形式、前后顺序等方面进行检查和调整，直到满意后再将其打印出来，并加上封面信等内容，形成问卷初稿。

这两种方法的主要不同在于：卡片法是从具体问题开始，然后到一个部分，再到整个问卷整体；而框图法则相反，它是先从总体开始，然后到部分，最后到具体问题。由于前者采用了一张张的卡片，所以操作起来很容易进行。设计问题时可以全然不顾不同问题相互之间的前后顺序和结构关系，设计完所有具体问题后再来安排其顺序和问卷的总体结构。再者，由于是一张张独立的卡片，因而这种调整、修改和调换问题前后顺序的工作也十分方便。它不用在纸上圈点涂改，画许多的箭头。要调动某一问题的位置，只需将写有这一问题的卡片抽出，插到新的位置即可。而对于不合格的问题，也只需将原卡片抽出，换入新的问题卡片即可。这是此法最大的优点。其缺点是在第一步写问题时，常常出现遗漏某些问题的情况（因为此时并没有按照某种结构来考虑）。同时，在安排问卷的整体结构和顺序时，由于问题往往很多，并且分散在一张张卡片上，所以常常难以从大的结构上把握。框图法虽然在安排问卷各部分间的顺序和逻辑结构方面比卡片法容易，但在问题顺序的调整、修改等方面则不如它方便。因此，最好将两种方法相结合，发挥二者的优点，克服二者的不足。特别是现在有了计算机的帮助，设计问卷的工作就变得更加方便了。所有工作都可以在计算机上利用 Word 软件来完成。由于 Word 文件可以非常方便地复制、删除、移动，相当于起到了卡片的作用，所以，我们可以按以下方法来进行问卷设计。

第一步，根据研究目标、假设和概念框架，列出所需资料的各大部分的标题和内容，并初步安排好各个方面的前后顺序结构。

第二步，在每一个大的部分中，根据探索性工作中所得到的各种具体问题及其答案，尽可能详细地设计出这一部分的各种调查问题。

第三步，在完成每一个大的部分的具体问题设计后，逐一对每一个大的部分中问题的前后顺序进行安排，并兼顾不同的大的部分之间问题的衔接。

第四步，从问卷整体的长度以及便于回答、减少心理压力等方面，从头至尾对问卷中的每一个问题进行检查、增删和调整。

第五步，将修改和调整好的问卷按正式调查问卷的格式编排和打印出来，并加上封面信、指导语、编码等内容，形成问卷初稿。

## 四、试用与修改

当我们设计好问卷初稿后，千万不要认为这就大功告成了，一定要记住，此时的问卷仅仅是初稿，还不能用于正式调查。在用于正式调查之前，必须对它进行试用和修改。试用这一步至关重要，时间再紧也不能不做。

1. 试用的意义

缺乏经验的研究者往往意识不到试用对于问卷设计和问卷调查的特殊意义。在问卷调查中，问卷一旦发出，就难以进行更改，一切失误都难以弥补。问卷调查与实地研究中进行的访问有所不同。在实地研究中进行访问时，我们开始可能会遗漏一些问题，或者会提出一些抽象的、含糊的、不清楚的、不恰当的问题。然而，一旦我们意识到这些问题，就可以立即在后来的访问中加以改进或弥补。但在问卷调查中我们却做不到这一点。因为只要我们的问卷一发出，一切潜在的缺陷和错误都将伴着问卷出现在被调查者面前，最后又会带着众多使研究者十分遗憾和悔恨的资料回到研究者手中。在这一过程中，即使研究者发觉了所存在的缺陷，对其也无能为力，只能眼睁睁地看着它"走"完这一历程。由于任何人设计问卷都会有考虑不周的地方，而设计中的任何不足又都将在最终的结果中留下它们的印记，造成无法弥补的损失。所以，我们需要特别强调问卷设计过程中试用这一步的不可替代的作用。

对于数量型答案的合适分组，试用也有着特别的帮助。比如，当我们在问卷中询问被调查者的收入时，一种常见的方法是将收入的答案进行分组，以减轻被调查者的心理压力。比如设计成例1的样子：

**例1　请问您每月的工资收入在哪个范围内？**

（1）500元以下　（2）500～999元　（3）1 000～1 499元

（4）1 500～1 999元　（5）2 000元以上

从理论上说，这一设计是没有问题的。但是，如果不进行试用，我们就可能犯下致命的错误，因为我们并不清楚样本中人们的收入结构。比如，当我们调查 200 人时，可能会得到如下的结果：

| | |
|---|---|
| 500 元以下 | 38 人 |
| 500～999 元 | 150 人 |
| 1 000～1 499 元 | 10 人 |
| 1 500～1 999 元 | 2 人 |
| 2 000 元以上 | 0 人 |

这一结果表明，我们的答案设计存在两个问题：一是总的范围过大，导致有些组别中无个案；二是分组间隔不合适，导致有些组别中个案过于集中，不易区分他们之间的差别。因而必须对问卷进行试用。因为我们只要预先对 20 人进行试用，就会得到与上述结果相类似的分布。比如：

| | |
|---|---|
| 500 元以下 | 4 人 |
| 500～999 元 | 15 人 |
| 1 000～1 499 元 | 1 人 |
| 1 500～1 999 元 | 0 人 |
| 2 000 元以上 | 0 人 |

这样我们就能发现答案的分组不合适，并有针对性地进行调整。当我们将总的范围和组间距调整成下列左边的情形时，这 200 人的调查结果也可能会相应变为下列右边的情形：

| | |
|---|---|
| 400 元以下 | 20 人 |
| 400～599 元 | 48 人 |
| 600～799 元 | 80 人 |
| 800～999 元 | 40 人 |
| 1 000 元以上 | 12 人 |

这时的分组就比较合适，因为它较好地揭示出这 200 个个案在每月工资收入上的分布状况。

2. 试用的方法

试用的具体方法有两种。一种可称为客观检查法。它是将设计好的问卷初稿打印 20～50 份（大型调查可适当增加），然后从正式调查的总体中（或与正式调查的总体相似的总体中）任意地选择一部分个案（即根据方便采用非随机的方式抽取一个样本），按正式调查的要求和方式进行调查（即进行试用）。由于调查的对象、方式以及所用的问卷等都与正式调查相同，所以，在正式调查中将会出现的问题，绝大部分都会在试调查中出现。这样，试调查实际上成了正式调查的“预演”或“彩排”，它客观上起到了对问卷设计工作的检查作用。这种“预演”的结果，是我们关注的中心。它主要包括收回问卷后的检查和分析工作，检查内容有下列几个方面。

（1）回答不全的情况。回答不全常有两种情形，一是只对问卷中的若干个问题未作回答，二是从问卷的某处开始，整个后面部分都没有填写。如果只有若干个问题未回答，那么就要仔细分析这几个问题，从问题的内容、形式，到答案及语言，都要认真思考，找出未被回答的原因。特别是那些有相当多被调查者都未回答的缺陷。一定会存在这样或那样的缺陷。如果是从某个问题开始，问卷的后面部分都没有填写，那么，一种可能是前部分的问题太难回答，被调查者填了一半就花费了很多时间，因而感到工作量太大，不愿继续填下去了，另一种可能则是中断部分连续出现几个很难回答的问题，使被调查者中途卡壳，从而放弃继续填答。只有经过分析，找出被调查者填答不全的原因，才能抓住毛病加以改正。

（2）填答错误的情况。填答问卷中出现的错误包括内容填答错误和形式填答错误两类。内容填答错误指被调查者“答非所问”。问题问的是事物甲，可被调查者答的却是事物乙。这种错误往往来自被调查者对问题含义的不理解或误解，因此，要仔细检查问题的表达和语言是否简明易懂，概念是否清楚、明确、具体等。形式填答错误指被调查者在填答问题的方式方法上出现的错误。它往往是由于问题形式过于复杂，或者指示不清楚造成的，因此，要有针对性地简化问题形式，简化填答方式，并加强对填答方式的指导和说明。

（3）回答无变化的情况。有时，试调查中绝大部分被调查者对某些问题都选择了完全同样的答案，出现了相当一致的结果。这种情况要引起注意。尽管现实生活中确有可能产生这种情况，但一般来说，各种不同背景的人们对同一事物的看法往往不可能相同到如此一致的程度。因而，对这样的问题要进行仔细的分析。特别要看看该问题是否带有倾向性，问题的答案分类是否合理、是否恰当，等等。另一种回答无变化的情况则是指某个被调查者（或某些被调查者）对所有（或大部分）问题的回答都选择的是同一个号码的答案，比如说，对所有问题的回答都选择第一个（或第二个，或最后一个）答案，那么，我们也有理由怀疑这些回答的真实性。根据经验，这种情况的出现往往是被调查者应付差事的结果。应认真检查调查方式、封面信等方面的问题。如果在正式调查中发现这样的情况，这份问卷往往会被当作废卷处理。

在进行客观检查的时候，除了对问卷本身进行检查和分析外，还可以采取访问被调查者的方法作为补充，即在被调查者填答完问卷后，请他们谈谈填答问卷时的看法：有哪些问题不太清楚？有哪些问题不够明白？有哪些问题的答案还不完全？有哪些问题的答案还不合适？问题的前后顺序有没有不恰当的地方？填答的时间是不是太长？……

除了上述的客观检查法外，还有一种主观评价法。它不用抽取一个小样本进行问卷调查的预演，而是直接依靠人们对问卷本身结构、问题、答案等的主观评价。其具体做法是：在问卷初稿设计好以后，可复印若干份（5～20份），分别送给该研究领域的专家、学者、研究者的同行、实际调研部门的研究人员以及典型的被调查者等，请他们从各自所具有的不同的角度和不同的背景，对问卷的各个方面及整个问卷的设计工作进行评论。这种方式就像新电影的“试映”那样，先邀请若干电影界人士、电影评论家以及部分电影爱好者观看，请这些同行、专家和影迷对影片进行评论，然后根据大家的评论进行分析和修改。当然，在这一过程中，问卷的设计者也要像电影导演那样，记住一件事：并非所有的意见和评论都正确，也并非每一条建议都得照办。

在有条件的情况下，我们最好把这两种方法都用于试用中。即一方面采用主观评价法，找出一些问题，进行一次修改；另一方面采用客观检查法，又找出一些问题，再进行一次修改。只有当试调查的结果向我们显示出问卷基本上不存在毛病时，我们才能将问卷送去付印，并用于正式的调查中。要特别注意的是，如果在试调查中发现问卷初稿的毛病很多，对问卷初稿的改动相当大，那么，对修改后的新问卷还要重新进行试用。因为旧的毛病虽然已经改正了，但很可能又会产生出新的毛病。

因此，认真负责的研究者往往要反复进行试用和修改的工作。正如一位社会学家所谈到的，“有些问题也许经过 8 次之多的修正才能得到满意的结果。同时，在试验性工作中‘用完’几百个被调查者也并非罕见”①。从这里我们也可看到，同那种认为问卷设计就是在纸上列出一批问题的简单认识相比，实际的问卷设计工作，尤其是一项精益求精的问卷设计工作是多么复杂，要付出多少艰苦的劳动和思索。

特别需要说明的是，问卷的设计者要亲自参与几个面访，即亲自将所设计的问卷初稿用于结构性访谈中。这种直接的试用会给设计者一些新的启示，也会使他发现问卷中所存在的一些潜在的问题。

3. 问卷的修改

问卷的修改工作实际上贯穿于整个设计过程的始终，除了设计初稿时经常性的修改以及结合问卷的试用结果所作的修改外，还应该对整个问卷从头到尾再审核和修改一遍。此时的审核和修改主要集中在两个大的方面：一是整体结构和问题顺序，二是删除不必要的问题。

在问卷整体结构方面，首先要注意在重要内容上有无遗漏，其次要注意每一部分的比重是否合适，尽量使各个部分的问题数目大体相当。如果某一部分内容实在太多，可以考虑将其再细分为不同的部分。问题的顺序则要以整个问卷能一口气顺利阅读和思考下来为标准，要特别注意不同部分之间转换的自然性和流畅性。

问卷中的每一个问题都应对研究者所需的信息或调查的顺利进行有所贡献。删除不必要的问题也是问卷修改中的另一项重要工作。一个防止问卷中提出无用问题的方法是，对每一个问题都问一句：“这个问题的作用是什么?”或者：“这个问题的回答对我有什么用处?”如果不能确定这个问题的作用，它或许就应该被去掉。

## 五、问卷打印

问卷的设计还包括问卷的打印格式、编排形式等方面的设计问题。这些问题虽然只涉及问卷的形式，但若不注意，有时也会给问卷调查带来影响。在问卷的打印方面我们应注意以下几个问题。

---

① A. N. Oppenheim, *Questionnaire Design and Attitude Measurement*, New York, Basic Books, 1966, p. 26.

1. 用不同字体将问题和答案区分开

为了使问卷更为清楚、醒目，更便于被调查者阅读和填答，最好能用不同的字体将问卷中的问题和答案区分开。比如说问题用黑体，答案用宋体或楷体。当然，我们也可以采用加大问题与问题之间版面距离的方式来达到同样的目的，只不过那样做所换来的将是整个问卷篇幅的增加。在结构式访问所用的问卷中，这样做的结果对调查的影响不大，但在自填式问卷中，我们最好不要这样做，以免加重被调查者的畏难心理。

2. 决定问卷中字体的大小

与问卷中所用字体类别相联系的另一个问题是问卷打印时所用字体的大小。这一问题也与所设计的问卷是自填式还是访问式有关。一般的原则是，在自填式问卷中字体不能太大，以免加大整个问卷的篇幅。比较常见的字体大小是五号字，或者稍大一点，用小四号字；而在访问式问卷中，字体大一点则没有太大关系，有时甚至大一些更好，因为访问员需要一边询问、一边记录，需要一边看问卷、一边同被调查者保持目光的接触和交流。字体大一些更利于调查员迅速、准确地阅读问题和记录答案，因而常见的字体大小是四号字。

3. 尽可能根据问题内容将问卷分为几部分并列出小标题

一份问卷中通常会包含几十个、上百个问题。这些问题中的绝大部分虽然都是围绕着共同的调查内容，但仍然可以将它们细分为若干个既相联系、又有明显不同的部分。比如调查居民的生活质量，我们可以将问卷中的问题分为居住、交通、闲暇、经济、工作、家庭生活等不同的部分；调查青年人的恋爱与婚姻状况，可以将问卷中的问题分为择偶标准、择偶方式、婚恋年龄、结婚仪式、结婚消费等不同的部分。每一部分分别列出简明扼要的小标题。这样做的好处是，无论是访问员还是被调查者，都会从小标题中得到某种暗示，自然地从心理上做好不同内容之间的转换和回答新的方面的问题的准备。同时它也可以使问卷的设计者对问卷内容及其结构更加明确，在对问卷资料进行统计分析时也会更加方便。

4. 将问题和答案打印在同一页中

在问卷打印中常常会出现这样一种情况：由于页面大小的限制，某一个问题和它的一部分答案会与它的另一部分答案“被迫”分开，即它们被分别排列在问卷中的两个不同页面上。比如，某一个问题共有 6 个答案，分两行排列。印刷问卷时，其中的前 3 个答案正好排到了一页的最下端，另外 3 个答案就只好被排在了下一页的最上端。在设计和打印时，这种情况要尽量避免。因为，被调查者回答问卷时可能会出现这样的情形：当他看到问题和前 3 个答案时，误以为该问题仅有这 3 个答案，于是只从这 3 个答案中进行选择（尽管常常与被调查者的实际情况不符合）。等到他看到另一页上的 3 个答案时，许多被调查者常常就跳过去，而很少将前面选择错了的答案改为后面正确的答案。其结果就是调查资料的不准确。

5. 注意选择题答案的打印方式

多项选择题的答案数目较多，在问卷中通常不能将它们全部排在一行。那么，当答案数目较多时，应如何排列呢？我们有几种不同的选择，而每种具体形式又有着不同的长处和不足。详见下面的例子：

**例 2　请问您最喜欢看哪一种电视节目？**

（1）新闻节目

（2）谈话节目

（3）体育节目

（4）教育节目

（5）广告节目

（6）其他节目（请指明）＿＿＿＿＿＿＿＿＿＿

**例 3　请问您最喜欢看哪一种电视节目？**

（1）新闻节目　　　　（2）谈话节目

（3）体育节目　　　　（4）教育节目

（5）广告节目　　　　（6）其他节目（请指明）＿＿＿＿＿＿＿＿＿＿

**例 4　请问您最喜欢看哪一种电视节目？**

（1）新闻节目　　（2）谈话节目　　（3）体育节目　　（4）教育节目

（5）广告节目　　（6）其他节目（请指明）＿＿＿＿＿＿＿＿＿＿

在不考虑其他因素的情况下，例 2 的形式最为理想。其优点是清楚醒目，阅读和填答起来最为方便。当然其缺点也是十分显然的——它需要占用更大一些的问卷篇幅。例 4 的情形则正好与例 2 相反，它节省篇幅，但显得拥挤，既不便于阅读，也容易造成填答错误。通常的做法是：设计结构式访问的问卷时，尽可能将每一个答案都分行排列，即按例 2 的方式打印；而设计自填式问卷时，则要兼顾到问卷的篇幅，在可能的情况下一行排列两个或三个（最多四个）答案。

6. 认真校对，避免印刷错误

在问卷打印过程中，要认真进行校对工作。除了一般的校对要求外，还要特别注意这样两个方面：一是看有没有遗漏掉问题。在这方面笔者曾有过一次教训。那是 1990 年北京、湖南、安徽、甘肃四地学者与美国学者共同进行的一项有关独生子女问题的调查。当时笔者在北京大学社会学系攻读博士学位，并作为研究组的成员负责家长问卷的设计，同时负责印制调查的全部问卷。当印刷厂将调查问卷打印出来后，笔者经过认真校对，认为一切正常，于是同意印刷厂将 4 000 份问卷印制出来并装订好。可是，当笔者拿到 4 000 份已经装订成册的问卷，准备给其他几个调查点的研究者寄去时，突然发现漏印了一个问题！幸亏发现及时，并且十分幸运的是所漏印的这个问题（包括答案）比较简单，所占篇幅较小，刚好可以挤在它前面那个问题所留下的空白处。于是，笔者赶紧补充打印了那个问题，并将它逐一补贴在每一份问卷上。正是这一次繁重的“手工劳动”给了笔者一次深刻的教训。

在说明第二个应注意的方面之前，笔者想先请读者看一下下面的问题有没有什么不妥的地方：

(74) 你们觉得，对于家庭幸福来说，下列哪三个方面最重要？（请你们分别选择，并将答案号码填入空格中）

请孩子父亲选择

| | |
|---|---|
| 第一重要 | |
| 第二重要 | |
| 第三重要 | |

请孩子母亲选择

| | |
|---|---|
| 第一重要 | |
| 第二重要 | |
| 第三重要 | |

1. 邻里关系很好　　2. 拥有舒适的住房
3. 有子女　　4. 夫妻间相互理解
5. 三代人之间关系很好　　6. 夫妻都有满意的职业
7. 收入高、物质生活富裕　　8. 有好朋友
9. 孩子有出息　　10. 其他（请写明）________

这是笔者进行的一项调查所用问卷中的一个问题。在打印前，笔者也进行了认真的校对，此题也通过了校对。直到统计分析结果出来时，笔者才对这一问题产生怀疑。因为统计结果表明：无论是父亲的选择，还是母亲的选择，答案 9（即孩子有出息）都是最不重要的（选择这一项的人数出奇地少）。这一结果与常识和经验相差太远了！正当笔者百思不得其解时，无意中发现问卷中这一问题答案的编码打印错了！9 打成了 6！这样，选择真的 6 的与选择假的 6 的都被统计成 6 了。只有很少几个被调查者将打印错的 6 改了过来。正是这次失误提醒笔者，在打印和校对调查问卷时，一定要注意问卷中的数字，特别是答案的编码。

# 第六章　问卷设计的原则与标准

在这一章里，我们所讨论的中心问题是：在我们动手设计一份问卷之前，应该记住哪些基本的原则。这些原则虽然往往不直接涉及设计问卷的具体方法与技术，但在某种意义上，它的重要性并不亚于具体方法的介绍。目前我国社会调查中的某些问卷，正是由于设计者在这些原则方面注意不够，因而质量较差，调查效果欠佳。在本章的结尾，我们也将对一份好的问卷的基本标准进行简单的探讨。

## 一、出发点：为被调查者着想

我们这里所说的出发点，指的是在调查者和被调查者之间，问卷的设计者首先从哪一方的角度出发，首先为哪一方着想的问题。这个问题也许十分简单，十分明确，但在实际工作中却往往为人们所忽视，并由此产生出种种错误，影响到问卷调查的质量。

我们知道，问卷调查实质上是调查者通过问卷向被调查者了解情况的过程。这一过程可简单表示如图 6—1。

**图 6—1　问卷调查过程的实质**

十分明显的是，问卷在这一过程中充当的是为调查者服务的工具的角色。它是调查者思考和设计的结果，即有“调查者—问卷”。不同的调查者按照自己的研究目的和意图，设计出各种不同的问卷，用以收集各种特定的资料。如果仅从这一方面来看，问卷设计当然应该从调查者的角度来考虑，即一切为着调查者的需要。

然而，问题还有另外的一半。在“问卷—被调查者”这一环节中，问卷则是被调查者的主宰，被调查者是问卷作用的对象。不同质量、不同形式的问卷，对被调查者提出的要求和产生的影响也各不相同。合适的问卷可使得被调查者愿意并且容易填答，而质量低劣的问卷则既可能使被调查者拒绝填答，也可能使他们难以填答。因此，要达到我们的调查目的，必须首先从被调查者的角度出发，首先为被调查者着想。这是我们的问卷调查取得成功的一项重要保证，是每个设计问卷的研究者必须时刻牢记的原则之一。

在现实的社会调查中，许多研究者正是对这一原则注意不够，因而出现各种只为自己着想、只从自己的需要出发，不为被调查者考虑的错误。为了说明这一点，让我们看看下面几种现象。

现象一：问卷长、问题多、填答量大。

例如，原国家经济体制改革研究所 1987 年 10 月设计的《社会分层调查问卷》，长 20 页（16 开），共 37 个大的问题，供选择的答案 2 300 多个，其中被调查者需要填答 529 项。

又如，1983 年 6 月中国社会科学院青少年研究所当代中国青年职工状况调查组设计的《当代中国青年职工状况调查表》，共 133 个问题，供选择的答案 3 000 多个，其中被调查者需要填写 691 项，还有 3 个开放式问题。

现象二：要求回忆和计算的难度大。

例如某些问卷中提出了下列这样的问题：

> 孩子 2～3 岁时（作者注：该问卷的调查对象是小学生家长），平均每月抚育费约需多少钱？（抚育费指一切花在孩子身上的钱，包括家里吃、穿、用、住等所占部分和零花钱、保姆费、托育费，以及老人和亲友为孩子买东西所花的钱。请估计一个月的平均值。）
>
> 这个孩子从小到现在，大小玩具（包括别人送的）共花费了约多少元钱？
>
> 您全家 1984 年的总收入（包括奖金）是多少元？
>
> 您家每月每人的平均消费水平（即每月的一切支出总额除以在一起吃饭的人数）约为多少元？
>
> 调价前您全家食物消费（吃饭）占总支出的百分之多少？
>
> 您最远到过多远的地方？（填数字）________公里。

现象三：问题过于复杂。

我们仅举一个例子来说明，见例 1。

**例1　请您填写下表：**

A. 在右表的26种职业中，您对从事各种职业的人感到亲近还是疏远？（请在表中填入相应标号，填法同上题，每一格都要填写）

B. 您认为您与从事哪些职业的人利益一致或者利益对立？（填法同上）

C. 您愿意与从事哪些职业的人通过婚姻结为亲戚？（填法同上）

D. 假如您有一个上小学五年级的小孩，您希望他将来从事哪些职业？（填法同上）

E. 改革以来，有些人得到一些利益，有些人失去一些利益，那么您认为从事哪些职业的人得到的利益与您相似，从事哪些职业的人失去的利益与您相似？（填法同上）

| | A.<br>1. 疏远<br>2. 无所谓<br>3. 亲近 | B.<br>1. 利益对立<br>2. 无所谓<br>3. 利益一致 | C.<br>1. 不想结婚<br>2. 无所谓<br>3. 想结婚 | D.<br>1. 不想从事<br>2. 无所谓<br>3. 想从事 | E. 得到利益<br>1. 不相似<br>2. 相似 | F. 失去利益<br>1. 不相似<br>2. 相似 |
|---|---|---|---|---|---|---|
| 1. 大学教师和科研人员 | | | | | | |
| 2. 中小学教师 | | | | | | |
| 3. 医务工作者 | | | | | | |
| 4. 文化、文体工作者 | | | | | | |
| 5. 法律工作者 | | | | | | |
| 6. 企业技术人员 | | | | | | |
| 7. 政府及事业单位高中级干部（处级以上） | | | | | | |
| 8. 政府及事业单位基层干部（科级） | | | | | | |
| 9. 大中企业负责人 | | | | | | |
| 10. 小企业负责人 | | | | | | |
| 11. 企业中层干部 | | | | | | |
| 12. 公务人员 | | | | | | |
| 13. 企业一般干部 | | | | | | |
| 14. 人民警察 | | | | | | |
| 15. 大商店职员 | | | | | | |
| 16. 小商店职员 | | | | | | |
| 17. 商级宾馆服务员 | | | | | | |
| 18. 一般服务员 | | | | | | |
| 19. 国营大中企业工人 | | | | | | |
| 20. 国营小企业工人 | | | | | | |
| 21. 大集体企业工人 | | | | | | |
| 22. 街道集体企业工人 | | | | | | |
| 23. 在乡镇企业中工作的农民 | | | | | | |
| 24. 农民 | | | | | | |
| 25. 个体户 | | | | | | |
| 26. 民办公司人员 | | | | | | |

这一问题只是前面所列举的《社会分层调查问卷》中的一个。你知道这个问题实际上包含着多少个问题吗？它包含着 156 个具体的问题！该问卷中共有 4 个这样的问题，它们实际上包含了 420 个具体的问题，而它们所包含的答案更是多达 1 632 个。

上述这些现象都反映出问卷的设计者在指导思想上自觉不自觉地“只为自己着想”，而没有注意“为被调查者着想”。读者可以实际地分析一下：

比如现象一。从调查者的角度考虑，当然是问题越多越好，因为问题越多往往意味着研究者可以收集到更多的资料。但是，如果从被调查者的角度来看呢？它对被调查者又意味着什么呢？若把《当代中国青年职工系统调查表》折合成常见的 32 开的书的大小，就会长达 80 页！人们从头到尾仔细看一遍都得一两个小时，真正填起来所需的时间就更多了。如果调查对象是计算机，那么可以这样做，只要指令正确，你要它干多少都行。可在问卷调查中，你所面对的是活生生的人，是有思想、有感情、有反应的人。当他们面对一本厚厚的问卷时，他们一点反应也不会有吗？他们会有什么样的反应呢？这些反应有利于完成问卷调查吗？……所有这些设计者都考虑到了吗？

再比如现象二。看起来问卷的设计者只是要求被调查者回忆一些过去的情况和做些计算工作，但是他却忽视了实际进行这种回忆和计算的复杂性。试想：家长们对五六年前、七八年前甚至更早时期的家庭生活能够回忆到什么样的程度？要在这种生活情景中再回忆出问题中所要求的“一切花在孩子身上的钱”又是否可能？同样，对于孩子从小到大所有玩具的数目，能有几个家长记得住？至于每一件玩具的价钱就更不用说了。（有小孩的读者不妨问问自己，你是否说得出你的小孩所有玩具的数目和价钱？无小孩的读者可找几个有小孩的熟人问一问，看有几个能答全。）退一步说，就算家长们对这些玩具和它们的价钱都能记全，他们也还得一一相加。那么，仅回答这一个问题就需要花费被调查者多少时间和精力？设计者轻轻松松的一两句话，意味着被调查者多少艰苦的工作和劳动啊！这些情况设计者又考虑到了吗？另外，一个人每年的总收入，计算起来也许还不大困难，只问全家每月吃饭花多少钱也还算容易回答。可是，要计算三个人、四个人，甚至五个人每年的总收入呢？要每个被调查者计算出吃饭费用占总支出的百分比呢？也许就不很方便、不大容易，对有的被调查者来说甚至是不可能的了。还有，若问一个人最远到过哪里，这也许不难回答。可若是问这个距离是“多少公里”，却又能有多少人知道呢？让被调查者去查地图册？或是去查车站的里程表？

至于现象三，我建议读者亲自尝试一下：请你准备一支铅笔，把手表放在桌上，先记下开始的时间。然后认真地、仔细地、实事求是地填答这一张表格中的所有问题。填答完后再记下结束的时间，然后回答后面的几个问题。

好，现在请你开始填答问题——注意记下开始和结束的时间！

现在请你回答下列问题：

你觉得这个问题的填答方法容易看懂吗？（正确的结果是每个小格子中都填了数字。）

你填答这一个问题用了多长时间？（笔者估计不会少于 20 分钟。）

若是再有几个这样的问题，你还愿意填答吗？

当你在一份长达 20 页的问卷中遇到几个这样的问题，你愿意把问卷填答完吗？

从以上的分析中不难看出，造成上述各种现象的原因是问卷设计者在设计问卷时处处只想到自己，而没有考虑被调查者填答这些问题困不困难，方不方便，可不可能。这些不为被调查者考虑的做法，到头来都将影响到问卷的质量和调查的成功。

实际上，只要设计者头脑中时刻想着被调查者，这些现象都可改变成更为合理的形式。比如对于问卷的长度，如果我们想到被调查者是在个人的工作、学习、休息或娱乐时间被占用且无报酬的条件下来填答问卷时，我们就不会无限制地提问题了。如果我们注意为被调查者着想，就会尽可能使问题简单、易答，就会尽量把麻烦的工作留给自己，而不是为了能直接得到某一资料去加重被调查者的负担。比如现象二中有一个问题，设计者是想得到人们的“平均消费水平”这一资料。设计者想直接从答案中得到结果，而没有考虑到被调查者要多做许多计算工作。同时，由于问题中采用了“平均消费水平”这种专业化的语言，增加了被调查者理解问题的难度，所以他又不得不专门作了一番解释。这样既使问题复杂化了，被调查者又难以准确回答。如果事先为回答者考虑，把麻烦留给自己，就可以这样来设计这个问题：

你们家平常在一起吃饭的有几个人？ ________个。

你们全家每月大约花掉多少元钱？ ________元。

这两个问题对被调查者来说就容易回答得多，而研究者只要把这两个问题所得的资料稍加处理，立即可以得到人们的“平均消费水平”。关于百分比的那个问题也是这样，只要询问：

你家每月吃饭用多少钱？________元。

你家每月各种费用加在一起大约多少钱？________元。

处理资料时，这个百分比是很容易得到的。

综上所述，设计问卷时，我们不能只把注意力放在编制什么问题上，还要注意到调查过程中人的因素。要多为被调查者着想，多从被调查者的角度考虑，尽可能地为被调查者创造方便，减少他们填答问卷的困难和麻烦，减少他们填答问卷所需要的时间和精力。只有注意了这一点，才有可能设计出优良的问卷。

## 二、问卷调查面临哪些障碍

问卷调查实质上是调查者与被调查者之间的一种社会互动过程。一项问卷调查成功与否，关键在于被调查者能不能很好地同调查者合作。因此，明确问卷调查中阻碍被调查者同调查者合作的各种因素，了解问卷调查过程中可能出现的各种障碍，对于提高问卷调查的质量，取得良好的调查效果，有着十分重要的意义。它也是问卷设计者应记住的另一条原则。就像一个在复杂环境里驾船的水手必须熟悉航道中的各种暗礁险滩一样，问卷设计者必须对使用问卷收集资料过程中的各种障碍有一个明确的认识。下面我们从问卷设计的角度，对影响被调查者同调查者合作的各种障碍作一初步的分析。

1. 主观障碍

主观障碍是指被调查者心理上和思想上对问卷产生的各种不良反应所形成的障碍。在问卷调查这一社会互动过程中，调查者发到被调查者手中的问卷实际上就是一种作用于被调查者的刺激物，它必然会使被调查者在心理和思想上产生各种不同的反应 。设计不当的问卷往往会引起一些不良的反应，于是这些不良的反应构成了影响被调查者同调查者合作的主观障碍。它们包括：

（1）畏难情绪。当问卷内容太多，问卷表太厚，或者问卷中的开放式问题，特别是需要花较长时间思考、回忆、回答的问题太多时，这种不良反应最容易产生。它往往直接导致被调查者放弃答卷，或者导致被调查者填答不完整或采取应付态度，使得问卷的回收率大大下降，废卷增加，同时也使资料的真实性受到影响。

（2）顾虑重重。这是一种担心如实填写会给自己带来不利的影响，会有损于自己的利益的心理反应。问卷调查的内容越敏感，这种心理反应越容易产生。它往往导致被调查者从稳妥的考虑出发，以不会影响到自己的利益为标准来对待问卷中的问题和整个调查。比如对于个人收入或家庭存款等问题，有些人常常往少的方面填；对有关国家政策，或对某种事物的态度方面的问题，则常常按大多数人的看法填，或者按“正确”的看法填。另一种常见的现象是，有些被调查者为迎合调查者而违心地填写，还有些根本不填写，等等。造成这一不良反应的原因主要是调查者在问卷的封面信中对填答问卷的匿名性、抽取样本的随机性、所得资料的保密性解释不够，同时在问题编制方面，对某些敏感的问题设计不妥、安排不当造成的。这种心理反应最容易形成虚假的资料。

（3）漫不经心。如果调查者在设计问卷的封面信时对问卷调查的目的、意义，以及对被调查者如实填写问卷的重要性和作用说明不够，则容易使被调查者产生这种心理反应。也正是在这种心理反应的影响下，被调查者往往表现出对问卷调查不重视和缺乏同调查者进行积极合作的责任感，有的甚至根本不把调查当一回事，填写问卷时随随便便，马马虎虎，高兴怎样填就怎样填，有的还搞些恶作剧或乱开玩笑。所有这些显然都会极大地影响到资料的真实性。同时，这也是造成废卷的主要原因。

（4）毫无兴趣。这是被调查者对问卷的一种最平淡、最微弱的反应。问卷内容脱离被调查者的生活实际，或者所用语言与被调查者的社会文化背景极不协调，或者问卷设计呆板、杂乱，或者没有说明被调查者填写问卷的作用与意义，等等，往往使得问卷对被调查者的吸引力很小，丝毫不能引起他们的兴趣。在这种情形下，被调查者常常把问卷置于一旁，不予理会，甚至将问卷弃如废纸。这是影响问卷回收率的最重要的原因。由于人们被卷入调查一般都是非自愿的，因此，如何引起被调查者对问卷、对问卷调查的关注，如何提高他们的兴趣，鼓励他们合作，如何提高他们在问卷调查中的积极性，刺激他们尽可能真实地回答问题，是调查者在设计问卷时所应考虑的又一个问题。

2. 客观障碍

客观障碍是指被调查者受自身的能力、条件等方面的限制所形成的障碍。由于大多数问卷调查所使用的都是自填式问卷，所以客观上对被调查者的能力提出了一定的要求。调查者在设计问卷时若不考虑到被调查者的各种能力等客观因素，也会影响到被调查者同他们合作，造成问卷调查的失败。这些客观的障碍主要包括：

（1）阅读能力的限制。一个被调查者起码要能看得懂问卷才可能作出他的回答，在这方面，有些问卷对于那些文化程度较低的调查对象来说，不能说不是一种障碍。它们有的格式太复杂，有的设计不合理，有的问题太抽象，有的语言不规范、不通俗，使得那些文化程度较低、阅读能力较差的调查对象很难看懂问卷的内容和要求，根本谈不上同调查者合作。因此，调查者在设计问卷时，必须考虑调查对象总体的文化程度，以总体中的每个被调查者都能看懂为一条重要标准，尽可能使问卷与他们的知识水平和阅读能力相一致。

（2）理解能力的限制。显然，无论是对调查目的、调查意义的不理解，还是对问题的含义、填答问卷的方法的不理解，都会直接影响到被调查者填答问卷、同调查者合作的态度和效果。此外，我们还应该看到，一个人对某一事物的理解程度，除了受他的文化水平影响外，还会受到他的社会生活环境和个人成长经历等方面的影响。因此，调查者在设计问卷时，除了应尽量使所提的问题清楚明白，不含糊、不费解，语言通俗易懂外，还要考虑到调查对象总体的社会生活背景和时代特征等。

（3）表达能力的限制。对于封闭式问题来说，回答方式相对简单一些，对被调查者表达能力的要求不高；而对于回答开放式问题，或者回答访问员的提问来说，被调查者则常常受到其表达能力的限制。有的被调查者可能会把他的本意表达错了，有的则可能表达得很不完全、很不清楚，有的则可能完全表达不出来。所有这些，都会使问卷调查所得的资料存在缺陷，都会使调查的成果受到影响。因此，在设计问卷时，应该特别注意问题的提法，注意开放式问题的设计。同时，对开放式问题的内容和数量都应有一定的限制。若是结构式访问调查，则应对访问员的访谈技能作出一定的要求。

（4）记忆能力的限制。许多问卷中常常包含需要被调查者回忆的问题，换句话说，问卷调查中研究者常常希望得到有关调查对象经历的资料。然而，问卷设计者始终应该记住：并不是每个人对自己所经历的各种事情都能回忆得起来，同时，也并不是每个人都愿意去进行这种回忆的。研究者在设计问卷时，一定要设身处地地从被调查者的角度去考虑，要充分估计到调查对象回忆某件事情的可能性，以及他们所能回忆的准确程度。否则，问卷中的有些问题可能会使调查对象难以回答或不愿回答，从而促使他们放弃同调查者合作，放弃答卷。

（5）计算能力的限制。计算能力的问题与记忆能力的情况类似，除了有一个被调查者会不会计算的问题外，更有一个被调查者愿不愿意去算的问题。许多问题也许在设计者看来并不困难，可它们对有些被调查者来说却可能是相当的困难。如果一份问卷中需要计算的问题太多，或者计算太麻烦、太复杂，也会影响到被调查者完成问卷的信心，甚至导致被调查者放弃填答问卷。所以，调查者在设计问卷时应该注意，最好不要在问卷中列出需要计算，特别是需要比较麻烦、比较复杂的计算的问题，要做到尽可能只询问原始的、简单的、调查对象最容易回答的数字，而把计算的工作留给调查者自己。顺便指出一点，问卷的设计者应该对问卷资料的处理、统计分析等内容都比较熟悉。因为只有那样，他在问卷设计的工作中处理起类似的需要计算的问题来，才会更加得心应手。

除了上述障碍外，还有一些客观因素也阻碍着被调查者与调查者合作。比如调查对象工作繁忙、家务活重、有事外出或家中出现意外情况等，由于这些因素并不涉及问卷设计的问题，所以我们这里不进行讨论。

通过以上分析我们可以看出，调查者在设计问卷时，不能仅仅考虑提什么问题，还要考虑到如何消除和减少被调查者主观上和客观上可能存在的各种障碍。只有注意到这一点，才可能在问卷调查中收到良好的效果。这也正是我们把“明确阻碍被调查者合作的各种因素”作为设计问卷的一条原则的理由。

## 三、问卷设计应同时考虑多种因素

任何一份问卷都绝不是若干个问题的简单集合体。从第四章我们对问卷各个组成部分及其作用的介绍中，这一点是不难明白的。作为在社会调查中用来收集资料的工具，问卷是多种因素共同作用的产物。这一方面体现在问卷本身是一个由不同部分构成的有机整体，另一方面体现在它必须满足适合社会调查所涉及的各个环节、各种因素、各种过程的要求。因此，在问卷设计中，我们的头脑里一定要有一种整体的观点。这种整体的观点要求我们在设计问卷时，同时考虑到下述几个方面的因素。

1. 调查的目的

调查的目的是决定整个问卷的内容和形式的最重要因素之一。在不同目的的调查中，问卷设计的要求是不相同的。如果研究者利用问卷收集资料的目的，是想从总体上了解和描述研究对象在某一方面的现状和特征，那么，他只需要尽可能全面地询问被调查者在这一方面的各种客观事实，以此作为选择组成问卷的问题的标准。但是，如果研究者进行调查的目的不只是一般的描述，而是要对某种社会现象作出解释，即要探索社会现象之间的相互联系和因果关系，或者要收集验证某种理论的经验事实，那么设计问卷时，就不能一般地、泛泛地提出问题了。这时，问卷中必须提什么问题，不必提什么问题，都将受到理论假设、研究框架和主要变量的制约，整个问卷的编制都必须紧紧地围绕假设和研究变量来进行。除了有关个人背景的问题外，其他问题都要与所研究的主题、假设直接相关。

因此，在我们动手设计问卷之前，应该问问自己：这项调查的目的是什么？只有明确了总的目的，我们在问卷设计中才知道该怎样做。

2. 调查的内容

调查的内容也对问卷的设计工作有着较大的影响。对于被调查者来说，有的调查内容他们比较熟悉，而有的内容他们则比较生疏；有的调查内容他们可能比较敏感，有的内容他们则没有什么心理压力；有的调查内容他们可能会十分感兴趣，而有的内容则可能使他们感到枯燥、单调和平淡无味。所有这些差别都构成了进行问卷调查的有利的或不利的因素，它们要求问卷设计者充分认识到这种差别，并在具体设计时区别对待。对有利的因素要尽可能利用，对不利因素则应采取各种办法尽量加以弥补。

一般来说，在被调查者对调查内容比较熟悉，没有什么大的心理压力，比较感兴趣时，问卷设计就可以相对详细一些、深入一些，提的问题也可以直截了当一些，问题的数量也可稍多一点，还可适当增加开放式问题，以广泛收集被调查者的意见和看法。在问卷的封面信、指导语方面则可相对简单一些。比如向家长了解子女教育方向的情况，向市民了解闲暇生活方面的情况，向工人了解工厂的生产、业余生活、福利待遇等方面的情况等，就是这种类型的调查的例子。

但是，当被调查者对调查内容不大熟悉，或者调查的内容比较敏感，或者难以引起他们的兴趣时，问卷设计就会遇到许多困难。因为它无形之中受到了许多限制，要同样达到收集资料的目的，设计者就要在问卷设计的各个方面多动脑筋，多想办法。比如问卷的封面信和指导语就要十分详细，措辞要更加小心，问题的形式要更加恰当。问题就只能提得浅显一些、简单一些、婉转间接一些。问题的数量也要少一些，开放式问题更是要尽量少用。因为对于不熟悉的问题，人们是谈不出更多的东西的；而对于敏感的问题，或者不感兴趣的问题，人们则是不愿意多谈的。如在一般公民中进行社会分层方面的调查，或对离婚者进行离婚原因的调查等，就是这种类型的调查的例子。

总的来说，调查内容的不同，使得被调查者对调查的重视程度、敏感程度、熟悉程度等都存在不同的差别。有的调查相对说来容易开展一些，而另一些调查则相对困难一些。问卷的设计者要对这些情况有较明确的认识，并根据不同的情况采取不同的方法进行设计。

3. 样本的性质

样本的性质对问卷设计的影响是十分明显的。这里所说的“样本的性质”，指的是样本的构成情况，即被调查者是一些什么样的人（什么职业、什么年龄、什么文化程度、什么性别、什么社区、什么民族等），他们相互之间的差异程度如何。

我们知道，不同的人群有着不同的社会背景、不同的生活方式、不同的价值观念，对于同一件事情会有不同的反应。因此，在设计问卷之前，设计者必须对调查所抽取的样本有一个清楚全面的认识。只有做到这一点，才有可能设计出最合适的问卷。

如果调查的样本只是某个特殊群体的一部分，比如仅从工人中抽取的样本，或仅从大学生中抽取的样本，或仅从个体户中抽取的样本，那么，整个问卷的设计都要以这一群体的人们所具有的特征为依据。问卷设计越是紧紧围绕这一特定群体的文化程度、社会背景、生活方式、心理状态等特点，其效果就会越好。而同样内容的调查，当在不同的群体中进行时，所采用的问卷就要有所不同。比如用于大学生样本的问卷与用于工人样本的问卷，其形式和设计要求是不相同的。前者的语言可以书面化一些，后者则应该口语化一些；前者中问题的形式可以复杂一些，而后者中只能比较简单；前者中问题的数量可稍微多一些，而后者中则应尽量少一些；前者中可多用几个开放式问题，而后者中则应尽量少用，等等。这样做的目的，正是根据不同群体特征所带来的客观限制，通过问卷设计中的各种变化，使得问卷更好地适应被调查者，更有利于问卷调查的顺利进行。

然而，当调查的样本包含各种背景、各个层次、各种成分的人们时，问卷设计就更为复杂一些。因为这时的被调查者在各方面的特征都难以有统一的形式，而我们设计的问卷却要用一副完全相同的面孔，去面对那些相互间存在千差万别的被调查者。这的确不是一件容易的事情。它要求研究者在设计问卷时，充分考虑到各种身份、各种群体的人所可能产生的各种心理反应，“谨小慎微”地安排好每一个问题，写好每一句话，用好每一个字。

4. 财力、人力和时间

调查经费的多少、参加调查人员的多少，以及调查时间的长短等，都是制约调查方式、制约问卷设计目标的客观条件。主观上，我们可能希望把问卷设计得如何如何好，可是一到实际中，上述各种客观条件的限制又使得我们不得不在某些方面作出一些“妥协”和“退让”。

让我们举一个例子来说明这一点。多年前，许多由某研究者个人或一个小的研究单位进行的问卷调查往往用的是油印的问卷。（笔者在撰写本书第一版时所收集到的问卷中，约有三分之一是油印的问卷。）我们都知道，胶印、铅印以及复印的问卷既清楚、整洁，又显得十分正式，远比油印问卷的效果好。可是，为什么一些调查者却偏偏采用的是油印的问卷呢？这是因为，油印问卷比胶印、铅印和复印要省钱，而且也方便，时间上也比胶印或铅印要快。当你的调查经费十分有限，不能花钱去胶印、铅印或复印，或者整个调查的时间很紧迫，要求在很短时间内印好问卷，又或者由于你印的份数太少，印刷厂不愿承接时，都会迫使你放弃效果更好的胶印、铅印和复印问卷而改用效果较差的油印问卷。仅是问卷印刷形式的这一点差别，就会给问卷设计工作带来影响。胶印、铅印或复印问卷时，字可以比较小，且可双面印，故同样多的内容，它们占用的纸张页数较少；而油印时，一则字比较大，同时又只能印单面，因而它所占用的纸张页数较多。为了减少被调查者可能因此产生的畏难情绪，采用油印问卷时，我们只好相应地减少问题的数目。

5. 问卷的使用方式

问卷的使用方式指问卷的发送、回收及填写方式。使用方式不同，设计的要求也不一样。不仅自填式问卷与访问式问卷的设计要求不同，就是自填式问卷中的各种不同发送、回收方式，如集中分发、当场填写、当场收回，或登门发送，登门收回，或通过邮局，寄去寄回等，也都会影响到问卷的设计要求。

比如，若是设计用于集中分发、当场填写、当场收回的问卷，封面信就可十分简略甚至不要。因为调查者可以在分发问卷前，对被调查者作统一的解释和说明。但是，如果设计一份用于邮寄调查的问卷，则要对封面信倍加注意。因为被调查者在接到一封由陌生的调查单位或个人寄来的调查问卷时所可能产生的一切疑问，都必须由这封短信作出明确的、合情合理的解释。

以上我们简要地介绍了影响和制约问卷设计的各种主要因素。列举这些因素的目的，是想让读者明白：问卷作为社会调查中为调查目的服务、为调查者所用、并通过被调查者的合作而产生结果的一种工具，必然同调查的主体（调查者）和客体（被调查者）有关，同调查的全过程有关，同调查的各个方面有关，必然是调查过程中多种因素共同作用的产物。因此，我们在问卷设计时，必须对问卷有一种总体的、全局的观点，充分考虑到各个方面的因素。只有这样，我们才可能设计出适合调查目的，适合调查者要求，也适合被调查者情况，并能圆满完成调查任务的问卷来。

## 四、优良问卷的标准

什么样的问卷才是一份好的问卷？这是我们这一小节中要探讨的问题。评价一份问卷质量高低的标准，实际上就是我们设计问卷时应努力达到的目标。根据我们在前面一些章节中所介绍的问卷的性质和用途，我们可以从下述几个方面来评价一份问卷的质量。这些方面也是一份优良的问卷所应达到的目标。

1. 具有较高的效度和信度

问卷是我们在社会调查中用来测量人们的行为、态度和特征的工具。测量的信度与效度之间，存在着一定的关系。这种关系主要体现为三种情形。

有效度的测量一定是有信度的测量。简单地说，就是有效必可信。这一点从信度和效度的定义中很容易理解，当我们每次测量所得到的正是我们想要测量的概念或事物时，这种测量同时也一定是稳定的。“如果一种测量是有效的，则它将在任何时候都是正确的，从而也必定是可信的。”①

有信度的测量既可能是有效度的，也可能是无效度的。因为一种测量是可信的，只说明它具有稳定性，即多次重复测量的结果的一致性程度很高；但这种可信度并不涉及所测量的对象的准确性问题。当它所测量的的确是研究者所希望测量的对象时，它同时也是有效的；但当它所测量的并不是研究者所希望测量的对象时，它就是无效的。

无信度的测量一定也是无效度的。这个道理很简单，如果一种测量工具或手段的多次测量结果之间互不相同（即可信度很低），显然就无法保证这每一次的测量都准确地测出了同一个对象。

如果用打靶来形象地比喻测量，则信度与效度的这三种情形可以表示如下：

| 有效且可信的测量 | 可信但无效的测量 | 不可信且无效的测量 |
| --- | --- | --- |
| 靶心图 | 偏靶图 | 散靶图 |

而信度和效度则是评价任何一种测量工具的主要指标。要使我们所设计的问卷在整体上具有比较高的效度和信度，关键在于提高问卷中每一个具体问题的效度和信度。这就要求我们一方面要努力使问卷中的每一个问题都的确是在测量着我们所想要测量的变量，不能出现我们心里想的是要测量甲，但问卷中的问题实际测量到的却是乙的情况，即使得用来测量变量的问题具有效度；另一方面又要努力做到使这种测量不会受到时间、地点、对象变化的影响，不会因这些方面的不同而使得测量所得的结果也不同，即要使它具有信度。

2. 适合研究目的和内容

问卷作为收集资料的工具，其使命是尽可能圆满地为整个调查研究服务。因此，评价一份问卷的优劣，十分重要的一点就是看它是否适合研究目的的要求，看它所

① ［美］肯尼思·D·贝利：《现代社会研究方法》，92页，上海，上海人民出版社，1986。

包含的问题与所研究内容的关系是否密切。一份问卷中，与研究目的和内容不相关的问题越多，则调查结果中所得到的对研究有用的资料就会越少，因而这份问卷对研究的价值也就越小。

许多初学者和经验不足的调查人员在设计问卷时常犯的毛病之一，就是对他们列在问卷中的问题缺乏仔细的推敲和思考。有些问题并不适合他的研究目的，而另一些问题与他所研究的内容也只是一种似是而非的联系。这样的问题对于他的研究来说都是不必要的。一份问卷所包含的这样的问题越少，它的质量就会越高。

要使问卷中的每一个问题都紧紧围绕研究目的，都与研究内容密切相关，除了在设计前必须明确研究目的的要求，并根据研究假设确定所需资料的内容和范围外，在问卷设计出来后还必须逐题进行检查，看看这每一个问题要得到的是什么资料，这些资料是不是研究所必需的，它们对研究有多大的用处，等等。

3. 适合调查对象

由于我们设计的问卷总是给被调查者看的，它是被调查者的阅读对象。所以在某种意义上，我们可以说，问卷是为被调查者而设计的，是为他们愿意看，也为他们能够看而设计的。要做到这一点，常常不是一件容易的事情。尤其在被调查者的构成十分复杂时，就更是如此。因为在一个成分复杂的样本中，人们在职业、经济状况、文化程度、生活方式、心理状态、价值观念等多方面都存在着差别，这些差别既会在对问卷调查的态度上反映出来，也会在完成问卷的能力上反映出来。同一份问卷，一些调查对象视之为“档案表”，从而填表时如临大敌，过分紧张；另一些调查对象则视之为废纸，从而不屑一顾，过分轻视。填写同样一份问卷，有的被调查者可能不费吹灰之力，而另一些被调查者却可能不知如何动笔。所有这些都告诉我们，要使一份问卷适合样本中的每一个被调查者，的确需要设计者在各方面都动脑筋、下功夫。

一份问卷是否适合调查对象，还可从回收问卷的数量和质量中得到检验。回收率越高，越接近100%，说明该问卷适合调查对象的可能性越大，反之则越小。注意，这里我们之所以只说回收率越高，说明适合调查对象的“可能性”越大，是因为问卷的回收率受着多种因素的影响，而“是否适合调查对象”，只是影响回收率的因素之一，尽管是比较重要的因素。另外，我们还可看其有效回收率。所谓有效回收率，就是收回的问卷中，剔除各种无效的废卷后所剩下的部分与发出问卷总数的百分比。用公式表示即：

$$有效回收率=\frac{回收的有效问卷数}{发出的问卷总数}\times 100\%$$

同样，有效回收率越高，说明问卷适合调查对象的可能性越大，反之则越小。

4. 问题少而精

我们这里的“少”，当然不是无条件的越少越好，而是指在获得必要的资料的前提下，问卷中所包含的问题数目越少越好。因为，在问卷设计中人们最常犯的毛病就是问题太多，问卷太长。研究者想问的问题总是比该问的问题要多。特别是初学者，往往是想及就问，贪多求全。然而，到分析结果时，又发现许多资料毫无用处，白白浪费了人力、物力和时间。美国社会学家肯尼斯·D·贝利曾指出：“实际上，所有的问卷中都含有一些多余的问题。”[①] 因此，一份好的问卷，首先应该是没有多余的问题的，也即是说，优良问卷中的每一个问题，都要对调查有着不可缺少的作用。

我们这里所说的“精”，指的是问题的质量高。它体现在问题的含义明确、概念具体、答案恰当、形式简单、语言通俗易懂、填答方便等方面。正是在这种意义上，我们可以说，一份好的、高质量的问卷应该具备法律条款那样的性质：清楚、明确、统一、易做、适于所有对象。同时，这样的问卷对于被调查者、调查员，以及编码员、录入员来说，潜在的偏差和错误都最少。在实际设计中，要使某一个问题在所有这些方面都符合要求，或者使所有问题都在某一个方面符合要求并不很难。但是，要使问卷中的每一个问题在所有这些方面都符合要求，就并不那么容易了。按少而精的标准来设计问卷，就像组织一支短小精悍的小分队那样，需要严格地挑选组成问卷的每一个问题。只有队员个个精干，小分队才会有战斗力；而只有每个问题都有不可替代的作用，这份问卷才会完成收集特定研究资料的任务。

① ［美］肯尼思·D·贝利：《现代社会研究方法》，150页。

# 第七章　问题和答案的设计

问题及其答案是问卷的主体。关于问题的内容，我们在第四章中已作过介绍，这里我们将主要介绍问卷中问题和答案的各种形式及其编制要求。这是问卷设计工作中最具体、最直接，也是最重要的内容。

## 一、问题的形式

开放式问题由于不需要列出答案，所以，其形式很简单。在设计时，只需在问题下面留出一块空白即可。唯一要考虑的是这块空白留多大比较合适。空白太大，往往增加整个问卷的篇幅，同时也意味着希望或要求被调查者多写一些。空白太小，客观上就限制了被调查者的回答内容，因而可能导致被调查者填答不全或简单应付，达不到收集详细、全面的资料的目的。因此，在决定留多大的空白时，要依据问题的内容、被调查者总体的文化程度、研究者提出此问题的目的等各种因素进行综合考虑，不能随心所欲，轻率行事。比如说，如果问题的内容比较简单，被调查者总体的文化程度比较低，研究者提出此问题的目的仅仅是想一般地了解被调查者对此问题的主要看法，那么空白就可以留得相对小一些；反之，若问题的内容包括的范围较广、涉及的方面较多，被调查者总体的文化程度较高，研究者提出此问题的目的是想详细了解被调查者对这一问题的各种考虑、各种看法，那么空白就要留得相对大一些。

封闭式问题及答案的形式就复杂得多。下面我们对问卷中常用的几种问题形式及其特点、作用等逐一介绍。

### 1. 填空式

填空式即在问题后画一短横线，让被调查者直接在空白处填写。填空式一般只用于那些对被调查者来说既容易回答、又容易填写，通常只需填写数字的调查问题。比如被调查者的年龄、家庭人口、子女数目、收入、从事某项活动的时间以及对事物的评分等。如下例：

**例 1** 请问您家有几口人？ ________口

**例 2** 您的年龄多大？ __________周岁

**例 3** 您每天上班在路上需要多少时间？ __________分钟

**例 4** 如果以 10 分为满分，那么你觉得我市的环境卫生可以打几分？__________分

这类问题的最大优点是所得结果的测量层次高（定比测量），包含的信息最充分，统计分析十分方便。因而，只要有可能，这类问题应尽量采用填空式设计。

2. 列举式

列举式问题即在问题后不提供具体答案，而只提供回答的方式，要求被调查者根据实际情况自己列举出若干回答。之所以采用这种问题形式，主要是因为有时我们的问题所能够列举出的答案类别实在太多。例如，当我们调查青年人的择偶标准时，就会遇到这种情况。如果要将各种可能的答案类别都列出来，那么可能会有二三十个，甚至更多。比如个人客观条件方面的有身材、相貌、年龄、收入、职业、文化程度、健康状况等，个人性格、人品等，主观条件方面的有老实、善良、孝顺、贤惠、温柔、有教养、活泼、开朗、上进、能干等，家庭背景方面的有民族、城乡户口、所在地区、有无住房等。此时要将各种条件全部列举在问卷中，一是容易漏掉某些重要的条件，二是设计起来也会占去问卷中大量的篇幅。因而最好采用下例所用的列举方式：

**例 5** 请问你找对象时最看重什么条件？（请列举你最看重的两个条件）

条件一：__________ 条件二：__________

需要说明的是，严格说来，列举式问题应属于开放式问题的一种，因为它也没有为被调查者准备具体的答案。之所以把它看作封闭式问题，是考虑到它所要求列举的回答往往是简单的、明确的、可以事先预料的，只是由于其数量太多，不便事先全部列出而已。正因为列举式问题没有事先为被调查者准备答案，因而设计者也无法对它进行预编码。这种问题所得的结果只有等问卷收回后再进行单独的编码工作。

3. 二项选择式

即问题的答案只有“是”和“不是”（或其他肯定形式和否定形式）两种。被调查者根据自己的情况选择其一。这种形式的问题有两种不同的情形。一种是问题所能列举的答案本身就只有两种可能的类别。比如询问人们的性别时，答案只可能有“男”、“女”两种。下列例 6、例 7、例 8 就是这种情形的例子。另一种是在询问人们的态度或看法时所进行的两极区分，下面的例 9、例 10 就是这种问题的例子。

**例 6** 您是共青团员吗？ 是 □ 不是 □

**例 7** 您是否住在本市？ 是 □ 不是 □

**例 8** 您家有电视机吗？ 有 □ 没有 □

**例 9** 您是否同意民主选举厂长？

同意 □ 不同意 □

**例 10** 您是否同意“主观为自己，客观为他人”的说法？

同意 □ 不同意 □

二项选择式这一问题形式在民意测验、市场调查所用的问卷中用得最多。其优点是答案简单明确，可以严格地把被调查者分成两类不同的群体，可以简化人们的回答分布，便于集中、明确地从总体上了解被调查者的看法。它的缺点是：一方面，对于态度问题它所得到的信息量太少，两种极端的回答类型不能很好地测量出人们在态度上的程度差异，因而不便于了解和分析被调查者中客观存在的不同的态度层次。另一方面，这种问题形式也会使得原本处于中立状态的被调查者唯心地偏向一方，因而它在一定程度上带有强迫选择的性质。

4. 多项单选式

即给出的答案至少在两个以上，被调查者根据自己的情况选择其中之一作为回答。这是各种社会调查问卷中采用得最多的一种问题形式。其答案特别适合于进行频数统计和交互分析。在设计上，这种问题类型的关键之处是要保证答案的穷尽性和互斥性。在具体表达形式上，多项单选式可以有几种不同表达方式。见下例：

**例 11** 您的文化程度是：（请在合适答案号码上打√）

（1）小学以下 （2）初中 （3）高中或中专 （4）大专以上

**例 12** 您的婚姻状况是：（请在合适答案后的方框中打√）

（1）未婚 □　（2）已婚 □　（3）离婚 □

（4）丧偶 □　（5）其他 □

**例 13** 您最喜欢看哪一类电视节目？（请在合适的答案后的括号里打√）

（1）新闻节目（ ）　（2）电视剧（ ）　（3）体育节目（ ）

（4）广告节目（ ）　（5）其他（请写明）______

5. 多项多选式

与多项单选式有所不同，多项多选式是要求被调查者在问题所给出的全部答案中，根据自己的情况从中选择若干个。比如，将例 13 改成多项多选式如下：

**例 14** 您最喜欢看哪些电视节目？（请从下列答案中选择三项打√）

（1）新闻节目（ ）　（2）电视剧（ ）　（3）体育节目（ ）

（4）广告节目（ ）　（5）教育节目（ ）　（6）歌舞节目（ ）

（7）少儿节目（ ）　（8）其他节目（请写明）______

又如：

**例 15** 请问您生育孩子的主要动机是什么？（请从下列答案中选择三项打√）

（1）传宗接代　（2）完善人生　（3）增加夫妻感情

（4）养儿防老　（5）扩大家族势力　（6）体验做父母的乐趣

（7）增加劳动力　（8）没考虑过　（9）其他（请写明）______

多项多选式的优点是，对于有些问题来说，它比多项单选的方式更能反映被调查者的实际情况。即有很多方面人们实际上是存在着不止一种情形的。比如例 15，人们的生育行为往往是多方面因素共同作用的结果，虽然我们可以要求回答者从中选择一个答案来回答，但那样可能会使得有的回答者感到没有很好表达他的真实情况。（在实际调查中，笔者常常碰到这样的问卷调查结果：虽然问卷中要求被调查者只选择一个答案，但一些被调查者却“主动地”、“自发地”选择了一个以上的答案。）在这种情况下，多项多选式的形式就给了被调查者更充分地表达自己情况的机会。

但需要注意的是，多项多选式的问题编码已不是一个，而是三个。即这一个问题的回答结果就相当于三个不同问题的回答结果。对这种问题的答案，我们可以作频数统计，即将被调查者选择每一个答案的频数汇总起来，计算出其百分比，以比较不同答案被选择的比例。但是，我们却无法从这种形式的问题回答中看出被调查者选择的程度差别，即当统计结果显示选择答案（1）和答案（3）的比例均为25%时，我们只能得出这两个动机在被调查者中同等重要的结论，而无法区分和比较它们之间实际存在的程度上或先后顺序上的差别。

6. 多项排序式

有时研究者除了希望了解被调查者所选择的答案类别，同时还希望了解他们对这些类别的看重程度，此时就可以采用多项排序式。这种方式可以说是针对多项多选式的不足而发展出的一种问题类型。它在一定程度上可以看成多项单选式和多项多选式的一种结合。它一方面要求被调查者在所给出的多个答案中，选择一个以上（但数量上有限）的答案；另一方面又要求被调查者对他所选择的这些答案按某种标准进行排序。比如下例：

**例16** 您认为作为一名企业领导最重要的三种素质是什么？（请将答案号码填入下表中）

| 第一重要 | 第二重要 | 第三重要 |
|---|---|---|
| | | |

（1）大公无私　（2）坚持原则　（3）敢想敢干
（4）以身作则　（5）团结群众　（6）思想敏锐
（7）业务熟悉　（8）文化程度高　（9）其他（请写明）______

多项排序式的结果既可以像多项多选式那样按三个变量分别进行统计，也可以将这三个变量的结果合并成类似多项单选式那样的一个单一的结果进行统计分析。在将此表的三项回答结果进行合并分析时，需要对答案进行加权平均。具体做法是（以上面例16为例）：给第一重要的结果加权数3，给第二重要的结果加权数2，给第三重要的结果加权数1。将每一答案的各种频率（被选为第一或第二或第三重要的频率）分别乘以加权值，然后相加并除以6（总的加权数=3+2+1=6），就得到该答案的相对频率p；用这一相对频率就可以进行类似多项单选式那样的统计分析了。

比如，假设例16中选择答案（1）为第一重要的频率是30%，第二重要的频率是20%，第三重要的频率也是20%；而选择答案（2）为第一重要的频率是20%，第二重要的频率是10%，第三重要的频率是10%。那么，这两个答案的相对频率分别为：

答案（1） p1=（30%×3+20%×2+10%×1）/ 6 = 25%

答案（2） p2=（20%×3+10%×2+10%×1）/ 6 =15%

当可供选择的答案数量过多时，我们也可以不列出具体答案，而采取前面所介绍的列举式的方法，让被调查者直接列举并按要求排序。同样应注意的是，被调查者所填写的答案应该是十分简单、字数不多且易填写的。

7. 多项任选式

多项任选式则是在问题所提供的全部答案中，被调查者根据实际情况可以任意选择各种不同数目的答案的一种问题形式。比如下例：

**例17** 您家里有下列哪些家用物品？（请在您家有的物品答案号码上打√）

| | | |
|---|---|---|
| （1）彩色电视机 | （2）录像机 | （3）影碟机 |
| （4）空调器 | （5）洗衣机 | （6）电冰箱 |
| （7）计算机 | （8）微波炉 | （9）电话 |

**例18** 您的孩子上过下列哪些培训班？（请在上过的答案号码上打√）

| | | |
|---|---|---|
| （1）音乐舞蹈班 | （2）电子琴班 | （3）美术班 |
| （4）计算机班 | （5）英语班 | （6）书法班 |
| （7）作文班 | （8）游泳班 | （9）足球班 |

需要特别注意的是，这种形式的问题已不再是“一个”问题了，它在某种意义上已经变成了“多个”类似的问题。即针对多个具体答案而提出的多个问题。因此，在对问题进行编码的时候，不能像多项单选式那样只给一个码，而是要将每一个答案都看成一个变量，都给一个编码。这样，上面两例中的“变量”都有9个，编码时也就要给9个变量码了。即有v1301、v1302、v1303…… v1309这9个变量，而每个变量编码的宽度均为一位数，变量的取值均为两个同样的数字：0或者1。

举例来说，假设一个被调查者家里有彩电、冰箱、洗衣机、空调器以及电话，那么，他会在这几项答案的号码上打钩，因而他在变量 v1301 到变量 v1309 上的编码值就为 1、0、0、1、1、1、0、0、1。同样，如果他的孩子上过美术班、书法班、作文班，那么，他在例 14 中的 9 个编码值就为 0、0、1、0、0、1、1、0、0。

8. 矩阵式

即一种将同一类型的若干个问题集中在一起，构成一个问题的表达方式。比如下例：

**例 19** 你觉得下列环境问题在你居住的城市里是否严重？（请在每一行适当的方框内打√）

| | 很严重 | 比较严重 | 不太严重 | 不严重 | 不知道 |
|---|---|---|---|---|---|
| (1) 噪声 | □ | □ | □ | □ | □ |
| (2) 烟尘 | □ | □ | □ | □ | □ |
| (3) 污水 | □ | □ | □ | □ | □ |
| (4) 垃圾 | □ | □ | □ | □ | □ |
| (5) 有害气体 | □ | □ | □ | □ | □ |

这种矩阵式的优点是节省问卷的篇幅，同时由于同类问题集在一起，回答方式也相同，因此也节省了被调查者阅读和填写的时间。但要注意的是，矩阵形式（以及下面的表格式）虽然具有简明、集中的优点，但它们却并不减少实际问题的数目。比如，例 19 在问卷中虽然只是一个问题，但实际上却是五个问题。只不过它是使用同一种提问方式和同一种答案类型来提出这五个问题的。同时，在设计这样的问题时，一定要给出专门的填写说明或填答指导，以免有的被调查者不会填写。

9. 表格式

表格式其实是矩阵式的一种变体，其特点和形式都与矩阵式十分相似。比如，与上述矩阵式问题对应的表格式问题就是：

**例 20** 你觉得下列环境问题在你居住的城市里是否严重？（请在每一行适当的格中打√）

| | 很严重 | 比较严重 | 不太严重 | 不严重 | 不知道 |
|---|---|---|---|---|---|
| 1. 噪声 | | | | | |
| 2. 烟尘 | | | | | |
| 3. 污水 | | | | | |
| 4. 垃圾 | | | | | |
| 5. 有害气体 | | | | | |

表格式的问题除了具有矩阵式的特点外，还显得更为整齐、醒目。但是应当注意的是，这两种形式虽然具有简单集中的优点，但也容易使人产生呆板、单调的感觉。在一份问卷中这两种形式的问题不宜用得太多。另外，设计表格式问题时，要注意横标题与纵标题的安排：询问和了解的内容（或被评价的事物）应放在表的左边，即作为纵标题；而问题的答案类别则放在表的上边，即作为横标题。两者的位置不要搞颠倒了。举例来说，对于“你们家庭中主要成员的文化程度如何?”这样的问题，我们给出了两个表格（见表 7—1 和表 7—2），请读者判断一下哪个正确，哪个错误。

**表 7—1　　你们家庭中主要成员的文化程度如何**

| | 你自己 | 你爱人 | 你父亲 | 你母亲 |
|---|---|---|---|---|
| 小学 | | | | |
| 初中 | | | | |
| 高中 | | | | |
| 大专以上 | | | | |

**表 7—2　　你们家庭中主要成员的文化程度如何**

| | 小学 | 初中 | 高中 | 大专以上 |
|---|---|---|---|---|
| 你自己 | | | | |
| 你爱人 | | | | |
| 你父亲 | | | | |
| 你母亲 | | | | |

人们填写表格的习惯是与人们的阅读方式、书写方式一致的，即都是从左到右，按行进行的。因此，表 7—1 是不恰当的，表 7—2 则是正确的。有些研究人员对于这一点注意不够，他们往往只从印刷方便考虑，结果在设计表格形式时出现了这种错误。（详见第九章“八、表格中的错误”。）

## 二、答案的设计

由于社会调查中的大多数问卷主要由封闭式问题构成，而答案又是封闭式问题中非常重要的一部分，如何设计答案，不仅关系到被调查者能否回答、是否容易回答，同时还关系到问卷调查所得资料的价值大小，因此，答案设计得好坏将直接影响到调查成功与否。

1. 答案设计的基本要求

答案设计的工作可以概括为两个主要的方面：预测所有可能的回答，并将它们严格分类。所谓“预测”，即预先确定，这种预先确定并不总是十分容易的事情。对于有的问题来说，答案是明确的、具体的，是研究者完全知道的，设计起来也十分容易，如被调查者的性别、职业、文化程度等。但对于更多的问题来说，其答案往往是不明确的，是研究者并不清楚、也不完全知道的，这时设计起来就会比较困难，比如被调查者对当前形势的看法、对计划生育政策的态度、离婚的原因等。所谓“所有可能的”，指的是答案必须是穷尽的；而所谓“严格分类”，则指的是答案必须是互斥的。这两条可以说是答案设计的基本要求。

对于问卷中最常见的选择式问题来说，研究者所提供的答案实质上是对问题回答类别的一个分类系统。正是通过这种分类系统，问卷很好地将各种不同的人们区分开来。也正因为研究者所设计的答案是一种分类系统，因而它必须满足分类系统的两个基本特征：穷尽性和互斥性。

所谓答案的穷尽性，指的是答案包括了所有可能的情况。比如说下例的答案就是穷尽性的。

**例 21** 您的性别：（请选一项打√）

（1）男　　　　　（2）女

因为对于任何一个被调查者来说，问题的答案中总有一个是符合他的情况的，或者说每个被调查者都一定是有答案可选的。但是，如果有某个被调查者的情况不包括在某个问题所列的答案中，那么这一问题的答案就一定不是穷尽的，或者说是有所遗漏的。比如下例的答案就不是穷尽的。

**例 22** 您最喜欢看哪类电视节目？（请在合适的答案编码上打√）

（1）新闻节目　（2）体育节目　（3）电视剧　（4）教学节目

之所以说它是不穷尽的，是因为所列的答案并不是全部电视节目种类。因此，肯定会有许多被调查者无法填答这样的问题。因为答案中并没有包括他们最喜欢的节目，比如有的人喜欢广告节目，有的人喜欢少儿节目，等等。解决这类问题的办法是，在所列举的若干个主要答案后面，再加上一个“其他”类，这样，那些无法选择所列举答案的人，总是可以选择这一答案的。

所谓答案的互斥性，指的是答案互相之间不能交叉重叠或相互包含。即对于每个被调查者来说，只能有一个答案符合他的情况。如果一个被调查者可同时选择属于某一个问题的两个或更多的答案，那么这一问题的答案就一定不是互斥的。例如下例的答案就不是互斥的。

**例 23** 您的职业是什么？（请在合适的答案编码上打√）

| | | | | | |
|---|---|---|---|---|---|
| (1) | 工人 | (2) | 农民 | (3) | 干部 |
| (4) | 商业人员 | (5) | 医生 | (6) | 售货员 |
| (7) | 专业人员 | (8) | 教师 | (9) | 其他 |

答案中的“商业人员”与“售货员”、“专业人员”与“医生”和“教师”都是不互斥的。

2. 答案设计中应注意的问题

除了穷尽性和互斥性的要求外，我们在答案的设计中还应注意以下几个方面的问题。

第一，答案要与所提的问题相互呼应，内容上应协调一致。我们为每一个问题所提供的答案必须属于这一问题所涉及的特定的现象领域，要做到预先设计的“所答”，正是针对着问题的“所问”，而不能出现“答非所问”的情况。这就要求问卷的设计者对问题所涉及的内容范围有十分清楚的认识，并能很好地把握住这一范围中最基本、最主要、最有代表性的方面，恰当地设计问题的答案。

第二，要注意根据研究的需要来确定变量的测量层次。不同测量层次的变量具有不同的性质，高层次的变量可以转化为低层次的变量来使用。因此，我们在设计问题的答案时，先要看问题所测量的变量是哪个层次的变量，即看这个变量是定类层次的、定序层次的，还是定比层次的。然后再根据研究的要求和变量的层次来确定答案所应具备的特征，并根据这种特征来决定答案的形式。

比如，我们要设计问题“您每月的工资收入是多少？”的答案。这是一个定比层次的变量，即最高层次的变量，因而它可以用于任何一种测量层次。如果我们希望准确了解每一个被调查者相互之间的差别和比例关系，就可以采用填空形式，即“您每月的工资收入是多少？ ____________元”，以得到定比层次的测量结果。如果我们主要想了解的是调查总体中人们工资收入处于不同等级的分布情况，那么，我们就可以把这一变量转化为定序层次来进行测量。即：

您每月的工资收入处在下列哪个范围中？

(1) 200 元及以下　　(2) 201～400 元

(3) 401～600 元　　(4) 601～800 元

(5) 801～1000 元　　(6) 1 001 元以上

如果研究者仅仅想了解所调查总体中的人们月工资收入水平处于全国平均水平（假定为 580 元）之上和之下的比例，那么，他就可以把月工资收入转化为定类变量来测量。即：

您的月工资收入属于下列哪一类？

(1) 580 元及以下　　(2) 581 元以上

一般情况下，建议问卷的设计者尽量对变量进行高层次的测量，因为利用计算机很容易将高层次的测量结果转化为低层次的结果，但反之却不行。

第三，“其他”类答案的问题。在实际问卷设计中，设计者常常遇到这样的情况：有些问题的答案数量太多，如果要将它们全部列出，即使不是不可能的也是十分困难的。比如我们前面曾举过的“选择对象的条件”或者说“人们的择偶标准”的问题，就是一个这样的例子。现实生活中，人们选择对象的条件是多种多样的，要一个不漏地列出它们，一方面不太可能，另一方面也不合适。因为，即使有 100 种不同的条件，绝大部分人的选择也往往会集中到若干个主要的条件上。选择其他条件的人虽有，但人数却不会很多，即人们的选择不会十分平均地分散到所有这 100 种条件上。在这种情况下，我们一般采取列出几个最主要的条件，然后加上一项“其他”的答案的方法。这一项“其他”虽然对研究者来说所提供的信息很少，但它却能起到使每个人都能有所答，都能归入一类的作用，即起到了“保证答案具有穷尽性”的作用。

设计“其他”这种答案时，应该注意这样一种情况：当问卷收回后，如果我们发现，选择“其他”这一类的被调查者非常多，在总体中占的比例相当大，或者远远大于所列的另外几类（见表7—3），就说明我们对这一问题的整个答案设计有毛病，我们所列出的答案是不恰当的，有些比较重要的答案类别没有单独列出。

**表7—3　　人们的择偶条件（假设的回答结果）统计表（%）**

| 相貌 | 收入 | 年龄 | 职业 | 地区 | 身材 | 其他 |
|---|---|---|---|---|---|---|
| 19 | 18 | 5 | 14 | 3 | 9 | 32 |

上述结果说明，我们所列举的那几类“主要的”答案还不恰当，有些更重要的类别（比如说性格、人品、文化程度、感情等）没有单列出来，而是并入了“其他”这一类中。同时，一些相对不太重要的答案，比如此例中的地区、年龄等却单独列了出来。避免出现这种失误的方法，一是要在探索性工作中，广泛了解人们对这一问题的回答情况，并根据这种事先的了解来设计答案类型，而不能仅仅坐在屋里凭自己的主观判断去“想”出答案类型。二是要认真地进行问卷的试用。一般来说，只要有20～30个人的试用结果，这种明显的失误是可以及时发现和避免的。

第四，要注意答案的排列方式所可能带来的系统偏差。比如，对于一般的陈述性问题，一些被调查者常常倾向于选择第一个或最后一个答案。对于具有程度差别的答案类别，大多数被调查者往往倾向于选择非极端的答案。特别是对于收入、消费额等数量答案，被调查者往往倾向于选择偏少的或居中位置的答案。为了防止这类问题的出现，我们可以采取一些补救的办法。比如，对于一般性的类别答案，我们可以采用随机化的方法。即将问卷分成几类，每一类问卷中答案的排列顺序是不同的。而对于具有程度差别的答案，特别是收入等数量分组答案，则可以通过扩大类别的范围、增加分组的数量来补救。举例来说，如果我们了解到大多数居民的收入范围大约在400元至1 000元之间，按正常的情况，我们可能会将答案分成400元以下、400～599元、600～799元、800～999元、1 000元及以上5个类别。如果每一个被调查者都如实回答的话，可能这种收入的分布会接近一个以600～799元为中心的正态分布。但由于被调查者倾向于选择偏少的答案类别的缘故，调查的结果可能会形成一个以400～599元为中心的偏正态分布。为了减少被调查者的倾向对实际结果的影响，我们可以将答案类别增加，比如说可以分为400元以下、400～599

元、600～799元、800～999元、1 000～1 199元、1 200～1 399元、1 400元及以上7个类别。尽管调查结果中最后两类的人数会很少甚至完全没有，但这并不重要，重要的是通过这样的处理，被调查者的倾向性偏差得到了纠正。

第五，注意等级答案的明确性。在问卷中经常会有大量的等级答案，比如“经常”、“有时”、“偶尔”、“从不”，“很好”、“比较好”、“一般”、“不太好”、“很不好”，“十分赞同”、“比较赞同”、“不太赞同”、“很不赞同”等。只要有可能，应该尽量将这些等级类型的答案明确化，以便反映被调查者的实际情况。比如，问到被调查者每周收看电视的情况或每月到电影院看电影的情况时，尽管我们也可以用“经常看”、“有时看”、“偶尔看”、“从不看”来作为答案，被调查者也容易回答，但由于每个人的参考框架是不一样的，因此有可能同样的频数在不同人的眼里会被当作不同的等级。比如说，每周看三次电视对于张三来说可能已算是“经常”了，但对于李四来说，每周看三次只能算“有时”，而对于王五来说，每周三次就只能算是“偶尔”了。完全类似的，每月看三次电影，既可能被张三回答为“经常”，也可能被李四回答为“有时”，还可能被王五回答为“偶尔”。因此，统计得到的各种比例并不能真正反映实际情况。对于这样的问题，最好能够给出具体数字或范围的答案。比如将上述两例的答案分别改为：

（1）每周5天以上　（2）每周3～4天　（3）每周1～2天　（4）完全不看

（1）每月5次以上　（2）每月3～4次　（3）每月1～2次　（4）完全不看

这样就可以消除回答中所存在的含糊性。

## 三、问题的语言及提问方式

语言是问卷设计的基本材料，要设计出含义清楚、简明易懂的问题，必须注意问题的语言。问题措辞的基本原则是简短、明确、通俗、易懂。我们在这里用提问的方式列出11条要求，如果读者在设计问卷时能记住我们对这些问题的回答，就能有效地避免一些最常见的错误。

1. 问题所用的语言简单吗？

无论是设计问题还是设计答案，所用语言的第一标准应该是简单。要尽可能使用简单明了、通俗易懂的语言。问题中的词汇或用词，也应该是所有被调查者都能明白的、日常生活中的词汇。不要使用专业术语、行话，如“核心家庭”、“社会分层”、“科层制”等。也要避免使用复杂的、抽象的概念，如“政治体制”、“社会地位”、“开拓精神”等。实际上，每个被调查者都具有三个层次的词汇：“一是他们十分熟悉的‘核心词汇’，即他们日常生活中所用的那些词汇；二是他们听到或看到时‘认识’的词汇，他们能理解这些词汇的含义，但他们在日常生活中很少使用它们，这类词汇比新词汇要广泛；三是还有一些他们不认识和不理解的词汇，这些词汇对他们来说几乎没有什么意义。”[①] 设计问题所用的词汇应该是第一个层次的词汇。

2. 问题的陈述可以再缩短一些吗？

问题的陈述越长，就越容易产生含糊不清的地方，被调查者的理解就越有可能不一致。而问题越短小，产生这种含糊不清的可能性就越小。有的社会学家提出，短问题是最好的问题。我们在陈述问题时，最好不要用长句子，因为被调查者往往不愿意花时间去阅读太长的问题。要使问题尽可能地清晰、简短，使被调查者能很快看完，很容易看懂。那种啰唆的、长的问题只会引起被调查者的反感，只会影响调查的顺利进行。记住：短一些的问题总比长一些的问题要好，简单一些的问题总比复杂一些的问题要好。

3. 问题具有双重或多重含义吗？

双重（或多重）含义的问题就是在一个问题中，同时询问了两件（或几件）不同的事情。或者说，在一句问话中同时询问了两个（或几个）问题。应记住，每个问题只应涉及一种事实行为，要避免问题内容的多维性。以下是几个双重含义问题的例子：

**例 24** 您的父母退休了吗？

（1）退休了　　　　（2）没退休

**例 25** 有人认为，应该提高工资收入，降低福利待遇。你同意吗？

（1）同意　　　　（2）不同意

---

① Pamela L. Alreck & Robert B. Settle, *The Survey Research Handbook*, Homewood, R. D. Irwin, 1985, pp. 90－91.

**例 26** 你是否认为在自己家里吸烟或在公共场所吸烟是不道德的？

（1）是道德的　　　　（2）是不道德的

例 24 实际上同时询问了“您的父亲退休了吗？”和“您的母亲退休了吗？”两个问题。例 25 中实际上包含了“提高工资待遇”和“降低福利待遇”两件事情。例 26 中则包含了“在家里吸烟是否道德？”和“在公共场所吸烟是否道德？”两个问题。这样的双重含义问题往往使得一部分被调查者无法填答。比如那些父母中只有一个退休的被调查者就无法回答第一个问题，那些认为“工资待遇要提高，福利待遇也不能降低”的被调查者就无法填答第二个问题。而那些认为“在家里吸烟是道德的，而在公共场所吸烟则是不道德的”，或者认为“在公共场所吸烟是道德的，在家里吸烟是不道德的”的人就无法回答第三个问题了。

4. 问题带有倾向性吗？

人们对问题的回答在一定程度上受到问题措词所表现出来的倾向性的影响。因此，问题的提法和语言不能带有倾向性，应保持中立的提问方式，使用中性的语言。要避免提问方式对被调查者形成诱导；避免使被调查者感到研究者提出这一问题是想得到某种特定的回答，或者说是在鼓励他、期待他作出某种回答。比如，同样是询问人们是否抽烟，一般我们问：“你抽烟吗？”但如果问：“你不抽烟，是吗？”就有所不同。前者是人们日常生活中习惯的问法，而后者则带有一种希望被调查者回答“是的，我不抽烟”的倾向。在问题中引用或列举某些权威的话，比如：“医生认为抽烟有害健康，你的看法如何？”也会使问题带有倾向性。

在提问时附加一些修饰和说明的成分，也会形成对回答的诱导。试比较下列两个问句：

问句 1：“你看过《泰坦尼克号》这部影片吗？”

问句 2：“《泰坦尼克号》这部影片引起了很大的轰动，很多人都看过这部影片。请问你看过这部影片吗？”

问句 1 是一种普通的、正常的提问方式，问题的含义简单明了。而问句 2 则对所询问的影片进行了一定的描述和修饰。尽管这些描述和修饰是客观的、真实的，但却无法改变它们会对被调查者形成影响的事实。它对被调查者有一种潜在的期待：

“是的，我也看过这部影片。”类似的，在问题或答案上运用贬义或褒义的词语，也会使问题带有倾向性，也会对被调查者形成诱导。各种形式的诱导性问题都隐含着假设和期望的结果，它们必然导致有偏向性的回答。

此外，在问题中提到某一具体的对象时，有可能起到强化这一特定对象印象的作用，应尽可能避免这种做法，尽量将所希望了解的对象放到同类对象中，由被调查者自己来辨识和评价。比如，假设我们想了解人们对长虹电视机的评价，如果我们直接问：“长虹是你喜欢的电视机品牌吗？”就可能导致偏向“喜欢长虹”的回答。而如果我们问：“在各种品牌的电视机中，你最喜欢哪一个品牌？”就能更真实地反映人们的实际看法。

5. 问题是用否定形式提出的吗？

在日常生活中，除了某些特殊情况外，人们往往习惯于肯定形式的提问，而不习惯于否定形式的提问。比如说，人们往往习惯于：“您是否赞成进行物价改革？”而不习惯于：“您是否赞成不进行物价改革？”当以否定形式提出问题时，由于人们不习惯，因而许多人常常容易漏掉问题中的“不”字，并在这种理解的基础上来进行回答，这样就恰恰与他们的意愿相反了。即那些明明是赞成进行物价改革的人选择了“赞成”（不进行物价改革），而那些实际上不赞成进行物价改革的人却选择了“不赞成”（不进行物价改革）。而且这种实际态度和答案选择正好相反的情形，在问卷的回答结果中常常丝毫体现不出来，研究者无法知道谁是真的赞成进行物价改革，而谁是误填的赞成。由于否定形式提问容易产生误解，所以问卷设计中要避免采用否定形式提问。

6. 被调查者具有必要的知识吗？

要使我们在问卷中提出的每一个问题都有意义，十分重要的一点就是我们所问的问题都应该是被调查者能够回答的，他们确实具有回答这些问题的知识和能力。比如，如果我们提出的问题是：“您对我国的公费医疗制度是否满意？”那么，普通公民中的大部分人将无法回答。因为他们并不具备公费医疗制度方面的知识，他们可能不知道什么是公费医疗制度，也可能不清楚我国现行的公费医疗制度究竟是怎样的。人们对自己不知道、不了解、不熟悉的事物怎么可能作出客观的评价呢？如果一定要询问这样的问题，必须先提一个过滤性问题，比如：“您了解我国现行的公费医疗制度吗？”然后仅对那些回答“了解”的被调查者提出上面的问题。在实际调查中，被调查者可能对有些调查内容不了解，也可能对有些调查内容回忆不起来。因此，要防止出现被调查者无法回答的问题，设计者可以先问问自己：你能回答这样的问题吗？你能回忆起家中每月花费的具体数额吗？

7. 问题是被调查者愿意回答的吗？

研究者所提出的问题中有些可能是被调查者所不愿意回答的。不愿意回答的原因有多种，有的被调查者可能感到填答问卷太麻烦了，或者感到问卷调查所需要的信息过于敏感，也有可能是感到调查的合法性或者研究者在问卷中询问某些问题的正当性不足。比如，当我们在一项有关饮料品牌的问卷调查中问及被调查者的年龄、职业、收入等情况时，有可能会使一些被调查者感到不明白：“为什么调查饮料品牌要问这些有关个人的问题呢？”因此，我们需要对这样的问题作一些解释：“为了了解不同年龄、不同收入层次和不同职业的消费者在购买行为和爱好方面有什么不同，我们需要知道您的……”这样就可以使索取个人信息的要求显得比较合理，从而增加被调查者的合作性。[①]

8. 需要采取间接的方式提问吗？

在社会调查中，有时需要询问一些相对敏感的问题，比如那些涉及个人隐私的问题或人们对顶头上司的看法等。当问及这样一些问题时，人们往往具有一种本能的自我防卫心理。因此，如果直接提问，则会引起很高的拒答率。所以对这些问题最好采取某种间接询问的形式，并且语言要特别委婉；或采取投射的方式进行，即运用第三者技术，似乎问题所涉及的是其他人而不是被调查者本人。比如：

**例 27** 谈到养老金的管理问题，老张认为：“养老金还是由各个单位各自管理比较好。”老李认为：“养老金集中到政府民政部门管理比较好。”请问您同意谁的意见？

（1）同意老张的意见　　（2）同意老李的意见　　（3）其他

**例 28** 在谈到国家的物价改革问题时，人们有两种不同的意见或看法。一种认为，国家物价改革的结果将有利于国家经济的发展。另一种认为，国家物

① 参见柯惠新等编：《民意调查实务》，272 页，北京，中国经济出版社，1996。

价改革的结果将导致国家经济秩序的混乱。您比较倾向于哪一种看法?

(1) 前一种看法　　(2) 后一种看法　　(3) 其他

这样的问题实际上是通过将被调查者的看法或观点转移到其他人身上，来减轻被调查者的心理压力。通过将直接询问改变成间接地询问，可以将被调查者的看法投射在其他人身上，从而获得相对真实的结果。

此外，我们还可以通过以下方法来减少或消除问题敏感性所带来的影响。方法之一是尽可能将敏感性问题放到问卷的最后。因为到那时候被调查者有可能已经消除了疑虑，与调查者的友善关系已经建立。方法之二是将所询问的行为或态度“大众化”。即在询问被调查者时，先说明这种行为或态度为许多人所具有，而非只为很少数的人所具有。当人们觉得自己是众多的人中的一员时，回答真实情况的心理压力会小一些。方法之三是采取“模糊化”技术。即适当牺牲信息的精确性以获得信息的真实性。比如收入是人们普遍比较敏感的内容，我们可以问人们的收入在哪一个具体的区间或等级中（400 元以下，400～800 元，800～1 200 元，等等），而不要求被调查者回答出确切的钱数。

9. 问题是含糊的吗?

含糊性是问卷设计中最容易出现的错误。含糊的问题常常由句子不通顺、使用具有多种含义的词语、问题范围过于笼统、运用否定形式和双重否定形式提问等原因造成。尤其是常常由于指示不明确造成。比如：

**例 29**　你的孩子在上哪一类学校?

(1) 小学　　(2) 初中　　(3) 高中　　(4) 中专　　(5) 大学

如果有的家长不止一个孩子，他该如何回答？这一问题的错误在于，它暗含了“所有的家长都只有一个孩子”这样一种假设。应该在问题中明确指出所询问的具体的孩子，比如“你的这个孩子”、“你的最大的孩子”、“你的最小的孩子”等。又如：

**例 30**　你对你的生活满意吗?（或者“你对你的工作满意吗?”）

(1) 非常满意　　(2) 比较满意　　(3) 一般　　(4) 不太满意

(5) 很不满意

严格说来，这两个问题的提法都过于笼统、含糊，指示不明确。因为无论是

“生活”还是“工作”，它们所包含的内容都实在是太多了。是物质生活还是精神生活？是家庭生活还是闲暇生活？同样的，是对工作单位的条件满意还是对工作性质满意？除非调查者确实是想了解人们对生活（或工作）的总的感受（那样的话，就应该在问题的前面加上“总的来说”几个字），否则就应该将问题的内容限制得更为明确具体。如下例：

**例 31** 你对你目前的物质生活状况满意吗？（或者“你对你们单位的福利待遇满意吗？”）

(1) 非常满意　(2) 比较满意　(3) 一般　(4) 不太满意　(5) 很不满意

10. 问题的参考框架是清楚的吗？

所谓参考框架，是指问题相对于什么背景而言，或是指在什么范围内、就什么方面而言。在人们的日常交流中，各种问题总是在一定的语义背景、前后联系的背景中提出的。这种背景是交流的双方相互理解的基础。在问卷调查中，也存在着这种提问背景。被调查者对问题的正确理解和回答，一方面取决于被调查者具有什么样的实际知识，另一方面也取决于这种提问的背景。如果一个问题的参考框架不清楚，被调查者往往难以回答。比如，如果我们提出的问题是：“请问你所在的城市属于哪种类型？”那么，当你作为被调查者时，你会怎么回答呢？我们也可以说，你从下面任何一个方面给出的回答都是合理的：人口规模、气候风景、舒适程度、生活消费、就业机会、政府的效率、社会治安、现代化程度等。只有当问题给出了明确的背景或参考框架，比如说：“就人口规模而言，你所在的城市属于哪种类型？”或者：“在劳动就业机会方面，你所在的城市属于哪种类型？”问题的含义才是清楚的，被调查者也才能给出正确的回答。

11. 问题强迫那些无看法的被调查者作出回答了吗？

在一些研究者的眼里，似乎被调查者对各种问题都会有自己的意见和看法。下面两个具有相同内容，但提法不同的问题的回答结果告诉我们，情况常常不是如此。[1]

---

① 参见［德］阿特斯兰德：《经验性社会研究方法》，118～119 页，北京，中央文献出版社，1995。

问题 1：您同意还是不同意下面的说法："俄国的统治者基本上愿意与美国达成火箭协议。"

| | | |
|---|---|---|
| 调查结果： | 同意 | 49.9% |
| | 不同意 | 34.9% |
| | 没回答 | 15.2% |

问题 2：并不是每个人都已对下述的问题有固定的意见。如果您还没有形成意见，也请您给一个简单的回答。这里的问题是："俄国的统治者愿意同美国达成火箭协议。"对此您有一个看法吗？

| | | |
|---|---|---|
| 调查结果： | "有，是这样的" | 22.9% |
| | "有，不是这样的" | 20.9% |
| | "没有"，"没有看法"，没有回答 | 56.2% |

两种回答结果的比较表明，问题 2 的提法明显唤起了被调查者不同于问题 1 的期待想象。"由于指出许多人现在还没有固定的意见，使得人们在作决定时经常碰到的、只能表示臆测的心理压力远远小于问题 1。"[①] 因而，我们在设计问卷时，应随时提醒自己：被调查者对这一问题是否了解？他们对这一问题是否具有一定的看法？

① ［德］阿特斯兰德：《经验性社会研究方法》，119 页。

# 第八章　问卷设计中的其他问题

除了第七章中提及的问题及答案设计的相关内容外，问卷设计中还包括若干其他方面的设计任务。在本章中，我们将对态度量表的设计、相倚问题的设计、问题数量的确定与问题顺序的安排、访问问卷的设计等内容进行介绍。

## 一、态度量表的设计

在社会调查中，研究者常常需要测量一些抽象层次较高的概念，以及测量人们的态度、看法、意见、性格等主观性较强的内容。由于这些抽象概念和这些主观性的内容一方面具有潜在性的特征，另一方面其构成也往往比较复杂，所以它们一般很难用单一的指标进行测量。因此，在许多社会调查所用的问卷中，常常可以看到以量表形式出现的复合测量。由于这种复合测量可以将多项指标概括为一个数值，因而可以有效地缩减资料数量，并有效地区分出人们在这些概念或态度上的程度差别。下面我们主要对量表的建构方法以及社会调查中常用的几种量表形式，比如总加量表、李克特量表、鲍格达斯社会距离量表、语义差异量表进行介绍。

### 1. 总加量表

所谓总加量表（Summated Rating Scale），简单地说，就是由多个不同的回答所构成的一个简单累加的分数。它由一组反映人们对事物的态度或看法的陈述构成，被调查者分别对这些陈述发表同意或不同意的意见，然后按某种标准将被调查者在全部陈述上的得分加起来，就得到了该被调查者对这一事物态度的量化结果。在总加量表中，每一个具体的陈述（也称作一个项目）在对概念的测量中都具有同等的地位，占有同等的比重，彼此间也不存在特定的顺序结构。下页表 8—1 就是总加量表的一个例子。

表 8—1 测量的是人们对生育子女所持的态度。它由在同一方向（强调生育）的 10 个陈述句构成，每一陈述句后都有两种答案。凡回答“同意”者，记 1 分；回答

“不同意”者，记 0 分。这样，将一个被调查者对这 10 个陈述的记分相加，就得到他在这一问题上的态度的总得分。在此例中，总分最高者为 10 分，它表明被调查者对生育孩子有强烈的义务感；总分最低者为 0 分，它表明被调查者感到没有义务生孩子。需要注意的是，表中每个陈述所表达的态度方向与记分的方向应保持一致。如果上例中出现了与这 10 个态度陈述的方向相反的陈述，比如“只生一个孩子是最明智的选择”，则此时对它的记分方法应与其他 10 句相反，即回答“同意”者记 0 分，回答“不同意”者记 1 分。

这样的量表有一个潜在的假设或前提：每一个态度陈述都具有同等的效果。即它们在反映人们的态度方面是“等值”的，不同的陈述之间不存在数量的差别（它们的“分值”都一样）。只有在这样的假定下，我们才能说，那些总得分为 2 的被调查者具有同样程度的不主张生育的态度；同样，也只有在这样的假定下，我们才能分辨出同意其中 8 条陈述的被调查者比同意其中 2 条陈述的被调查者有更强烈的生育义务感。

**表 8—1　　贝利生育意愿指数**

| | 同意 | 不同意 |
|---|---|---|
| 1. 结婚的主要原因之一是要生孩子。 | 1 | 0 |
| 2. 只生一个孩子是错误的，因为独生子女在孤独中成长，且由于无兄弟姐妹而忧郁。 | 1 | 0 |
| 3. 生育孩子是一个妇女所能具有的最深刻的经历之一。 | 1 | 0 |
| 4. 男孩女孩至少都有一个，比只有男孩或只有女孩好。 | 1 | 0 |
| 5. 没有孩子的妇女绝不会感到完全的满足。 | 1 | 0 |
| 6. 男人直到业已成为孩子的父亲时，才算是“真正的男人”。 | 1 | 0 |
| 7. （由于生育控制、绝育或年老等因素）不能导致怀孕的性活动是不道德的。 | 1 | 0 |
| 8. 未结婚的或者结了婚而没有孩子的男人可能是同性恋者。 | 1 | 0 |
| 9. 妇女的首要职责是做母亲，只有在不影响其母亲职责时，才谈得上她的事业。 | 1 | 0 |
| 10. 没有孩子的夫妇实在可怜。 | 1 | 0 |

资料来源：Kenneth D. Baily, *Methods of Social Research*, 3rd Edition, New York, Free Press, 1987, p. 344.

### 2. 李克特量表

李克特量表（Likert Scale）可以说是前述指数的一种特定形式，它是由美国社会心理学家李克特（R. A. Likert）于 1932 年在原有的指数形式的基础上改进而成的。李克特量表也由一组对某事物的态度或看法的陈述组成，与前述指数所不同的是，被调查者对这些陈述的回答不是被简单地分成“同意”和“不同意”两类，而是被分成“非常同意”、“同意”、“不知道”、“不同意”、“非常不同意”五类，或者“赞成”、“比较赞成”、“无所谓”、“比较反对”、“反对”五类。由于答案类型的增多，人们在态度上的差别就能更清楚地反映出来。李克特量表是社会调查中用得最多的一种量表形式。表 8—2 是这种量表的一个例子。

**表 8—2　　请你对下列看法发表意见（在每一行选一个方框打√）**

| | 非常同意 | 同意 | 无所谓 | 不同意 | 很不同意 |
|---|---|---|---|---|---|
| 1. 婚事应该尽量办得简单一些 | □ | □ | □ | □ | □ |
| 2. 结婚是人生一件大事，婚事应该办得隆重、热闹、花再多钱也值得 | □ | □ | □ | □ | □ |
| 3. 就是有钱，婚事也不应大操大办 | □ | □ | □ | □ | □ |
| 4. 为了不让别人笑话，就是借钱也要把婚事办得像个样子 | □ | □ | □ | □ | □ |

表中 4 条陈述所代表的态度倾向是不同的，可按下列方式计分：对于赞同节俭办婚事的看法，我们按“1＝非常同意，2＝同意，3＝无所谓，4＝不同意，5＝很不同意”来赋值；而对赞同婚事大操大办的看法，我们则按“5＝非常同意，4＝同意，3＝无所谓，2＝不同意，1＝很不同意”来赋值。这样，上例中 4 种看法的具体赋值情况如表 8—3 所示。

**表 8—3　　四种看法的赋值**

| | 非常同意 | 同意 | 无所谓 | 不同意 | 很不同意 |
|---|---|---|---|---|---|
| 看法 1 | 1 | 2 | 3 | 4 | 5 |
| 看法 2 | 5 | 4 | 3 | 2 | 1 |
| 看法 3 | 1 | 2 | 3 | 4 | 5 |
| 看法 4 | 5 | 4 | 3 | 2 | 1 |

每一个被调查者在这一量表上的 4 个得分（每行一个答案所对应的码值）加起来，就构成他对婚事操办方式的态度得分。按上述方式赋值，则一个被调查者在该量表上的得分越高，表明他的态度越倾向于婚事大操大办。

李克特不仅改进了指数的形式，更重要的是他还提出了一种帮助研究者从量表中消除有问题的项目（即陈述）的方法。这种方法成为研究者设计量表时确定量表项目的主要依据。其基本程序如下。

（1）围绕要测量的态度或主题，以赞成或反对的方式写出与之相关的看法或陈述若干条（一般为 20～30 条）。对每一陈述都给予 5 个答案：“非常同意”、“同意”、“无所谓”、“不同意”、“很不同意”。并根据赞成或反对的方向分别赋以 1、2、3、

4、5 分。

（2）在所要测量的总体中，选择一部分对象（一般不能少于 20 人）进行试测。

（3）统计每位受测者在每条陈述上的得分以及每人在全部陈述上的总分。

（4）计算每一条陈述的分辨力，删除分辨力不高的陈述，保留分辨力高的陈述，形成正式的量表。

分辨力的计算方法是：先根据受测对象全体的总分排序；然后取出总分最高的 25％的人和总分最低的 25％的人，并计算这两部分人在每一条陈述上的平均分；将这两个平均分相减，所得出的就是这一条陈述的分辨力系数。该系数的绝对值越大，说明这一陈述的分辨力越高。表 8—4 是计算分辨力的一个例子。

**表 8—4　　分辨力的计算**

| 被调查者 \ 题目 | | (1) | (2) | (3) | (4) | (5) | (6) | (7) | (8) | (9) | (10) | (11) | (12) | 个人总分 |
|---|---|---|---|---|---|---|---|---|---|---|---|---|---|---|
| 总分高的25％的人 | 工人 1 | 4 | 5 | 5 | 4 | 3 | 5 | 4 | 4 | 3 | 5 | 2 | 5 | 49 |
| | 工人 2 | 3 | 4 | 4 | 5 | 5 | 4 | 3 | 2 | 5 | 4 | 1 | 4 | 46 |
| | 工人 3 | 5 | 4 | 3 | 3 | 4 | 5 | 4 | 3 | 4 | 4 | 2 | 5 | 45 |
| | 工人 4 | 4 | 4 | 4 | 4 | 5 | 3 | 3 | 3 | 4 | 5 | 1 | 4 | 45 |
| | 工人 5 | 5 | 5 | 3 | 2 | 4 | 4 | 3 | 4 | 5 | 2 | 2 | 4 | 43 |
| | 工人 6 | 4 | 3 | 2 | 5 | 4 | 5 | 4 | 4 | 2 | 3 | 1 | 5 | 42 |
| | 工人 7 | 4 | 4 | 4 | 4 | 2 | 3 | 3 | 4 | 4 | 3 | 2 | 4 | 41 |
| | 工人 8 | 3 | 3 | 4 | 4 | 2 | 3 | 5 | 4 | 2 | 3 | 2 | 5 | 40 |
| | …… | …… | …… | …… | …… | …… | …… | …… | …… | …… | …… | …… | …… | …… |
| | 工人 14 | 2 | 3 | 2 | 3 | 3 | 2 | 3 | 4 | 4 | 3 | 2 | 4 | 36 |
| | 工人 15 | 2 | 4 | 2 | 3 | 2 | 2 | 3 | 4 | 4 | 3 | 1 | 4 | 34 |
| 总分低的25％的人 | 工人 16 | 2 | 2 | 4 | 2 | 3 | 3 | 2 | 1 | 4 | 2 | 2 | 5 | 32 |
| | 工人 17 | 2 | 2 | 2 | 3 | 4 | 2 | 4 | 1 | 3 | 3 | 2 | 4 | 32 |
| | 工人 18 | 1 | 3 | 2 | 4 | 1 | 3 | 3 | 2 | 1 | 2 | 2 | 5 | 29 |
| | 工人 19 | 1 | 1 | 2 | 2 | 2 | 3 | 2 | 3 | 4 | 1 | 1 | 4 | 26 |
| | 工人 20 | 1 | 1 | 1 | 2 | 1 | 2 | 1 | 2 | 3 | 2 | 2 | 3 | 21 |
| 总分高的 25％的人的平均分 | | 4.6 | 4.4 | 3.8 | 3.6 | 4.2 | 4.2 | 3.4 | 3.2 | 4.2 | 4.0 | 1.6 | 4.4 | |
| 总分低的 25％的人的平均分 | | 1.4 | 1.8 | 2.2 | 2.6 | 2.2 | 2.6 | 2.4 | 1.8 | 3.0 | 2.0 | 1.8 | 4.2 | |
| 分辨力系数 | | 3.2 | 2.6 | 1.6 | 1.0 | 2.0 | 1.6 | 1.0 | 1.4 | 1.2 | 2.0 | —0.2 | 0.2 | |

资料来源：袁方主编：《社会研究方法教程》，302 页，北京，北京大学出版社，1997。

从表 8—4 最下面一行结果中可以看出，第（11）、（12）条陈述的分辨力很小，故在制作正式的量表时，应将这两条陈述删除。

3. 鲍格达斯社会距离量表

如果研究者希望定量地测量人们相互间交往的程度、相互关系的程度，或者对某一群体所持的态度及所保持的距离，则可采用鲍格达斯社会距离量表（Bogardus Social Distance Scale）。这种量表是由在内容上具有某种趋强的逻辑结构的一系列陈述所构成的。不同的陈述代表了人们在态度上的不同程度。例如，要测量人们对黑人的态度，可用表8—5。

表8—5　鲍格达斯社会距离量表

| 愿意 | 不愿意 | |
|---|---|---|
| □ | □ | 1. 你愿意让黑人生活在你的国家吗？ |
| □ | □ | 2. 你愿意让黑人生活在你所在的城市吗？ |
| □ | □ | 3. 你愿意让黑人住在你们那条街吗？ |
| □ | □ | 4. 你愿意让黑人做你的邻居吗？ |
| □ | □ | 5. 你愿意与黑人交朋友吗？ |
| □ | □ | 6. 你愿意让你的子女和黑人结婚吗？ |

在上表中，不同的问题所表示的人们相互间的距离不同，越往后，相互间的距离越近。显然，能接受高强度内容的人必定能接受低强度内容。比如，一个愿意让他的子女与黑人结婚的人，绝不会反对前面五项内容。同样的，一个连让黑人生活在他的国家都不愿意的人，也肯定不会愿意后面的五项内容。而那些愿意让黑人住在他那条街的人，肯定愿意黑人生活在他所在的城市和他的国家，但却不一定愿意和黑人做邻居、做朋友、做亲家。因此，用这种具有逻辑结构的量表，可以测得不同的人或不同的群体对某一群体的态度。

4. 语义差异量表

语义差异量表（Semantic Differential Scale）也称为语义分化量表，它主要用来研究概念对于不同的人所具有的不同含义。这种量表最初是美国心理学家奥斯古德（C. E. Osgood）等人在他们的研究中使用的。它“在研究小政治群体、态度或更一般性的政治问题时特别有用”①。在社会学、社会心理学和心理学研究中，语义差异量表主要用于文化的比较研究、个人及群体间差异的比较研究，以及人们对周围环境或事物的态度、看法的研究，等等。

① ［美］贝蒂·H·齐斯克：《政治学研究方法举隅》，321页，北京，中国社会科学出版社，1985。

语义差异量表由处于两端的两组意义相反的形容词构成，每一对反义形容词中间分为七个等级。每一等级的分数从左至右分别为7、6、5、4、3、2、1，也可以计为+3、+2、+1、0、−1、−2、−3。被测量的概念或事物（比如某一群体、某种问题、某个国家等）放在量表的顶端，调查时要求被调查者根据自己的感觉，在每一对反义形容词构成的量尺中的适当位置画记号，比如×号。研究者通过对这些记号所代表的分数的统计和计算，来研究人们对某一概念或事物的看法或态度，或者进行个人或团体间的比较分析。比如，要了解人们对女性角色的理解或看法，可用语义差异量表对若干反映女性角色的概念，如母亲、妻子、姐妹、女同学、女朋友、女强人等进行测量。表8—6就是这种测量的一个例子。

**表8—6　语义差异量表例**

女同学

| | | | | | | | | |
|---|---|---|---|---|---|---|---|---|
| 热情的： | ____ | ____ | ____ | ____ | ____ | ____ | ____ | ：冷漠的 |
| 主动的： | ____ | ____ | ____ | ____ | ____ | ____ | ____ | ：被动的 |
| 大方的： | ____ | ____ | ____ | ____ | ____ | ____ | ____ | ：拘谨的 |
| 强的： | ____ | ____ | ____ | ____ | ____ | ____ | ____ | ：弱的 |
| 快的： | ____ | ____ | ____ | ____ | ____ | ____ | ____ | ：慢的 |
| 善的： | ____ | ____ | ____ | ____ | ____ | ____ | ____ | ：恶的 |

语义差异量表所采用的数对形容词，要能够考察被调查者对研究对象的感觉和态度的各种要素或各种维度。许多研究者认为，这种形容词中通常包括三个一般的维度，即评价（如好与坏、善良与残酷、重要与不重要等）、力量（如强与弱、硬与软、刚与柔等）和行动（如主动与被动、快与慢等）。

对于社会调查中经常需要了解的态度问题，比如"你认为……是否重要？""你觉得……如何？"等，通常的做法是列出"非常重要"、"比较重要"、"一般"、"不大重要"、"很不重要"或"非常赞成"、"比较赞成"、"一般"、"不大赞成"、"很不赞成"这样的答案来进行测量。如果改用语义差异量表来测量，其效果是一样的，而且往往会显得十分经济。奥斯古德等人在其研究报告中还指出，这种方法具有很高的再测信度和表面效度。

## 二、相倚问题与跳答指示

在问卷设计中，常常会遇到这样的情况：有些问题只适用于样本中的一部分调查对象。比如，“你有几个孩子?”这一问题，就只适用于那些已结婚的调查对象；“你对电视剧《渴望》中的刘慧芳这一人物如何评价?”这一问题，就只适用于那些看过电视剧《渴望》的调查对象。因此，为了使我们设计的问卷适用于每一个调查对象，我们在设计时必须采取相倚问题（或称为后续性问题）的办法。

所谓相倚问题，指的是在前后两个（或多个）相连的问题中，被调查者是否应当回答后一个（或后几个）问题，要由他对前一个问题的回答结果来决定。前一个问题被称作过滤性问题，后一个问题则被称作相倚问题。下面是过滤性问题与相倚问题的例子。

**例 1** 你是个体经营者吗?

1\. 是→

> （1）请问你是哪一年开始从事个体经营的?
>
> 19 ________ 年
>
> （2）一般情况下，你每天工作多长时间?
>
> ________小时

2\. 不是

**例 2** 你有孩子吗?

1\. 没有

2\. 有→

> （1）请问你有几个孩子? ______________个
>
> （2）你最小的孩子上学了吗?
>
> A. 上了→
>
> > 他在上哪级学校?
> >
> > a. 小学
> >
> > b. 中学
> >
> > c. 大学
>
> B. 没上

在箭头的帮助下，我们能够较好地将具有不同情况的被调查者区分开，并询问相应的问题。这种通过箭头和方框来帮助询问不同情况的方法，常常用于后续性问题只有一个或两个的情形。当需要某一类人回答的问题超过两个时，设计者往往采用另一种被称作跳答指示的方法。如下例：

**例 3** 请问你的婚姻情况是：

（1）未婚→请跳过问题 12～18，直接从问题 19 开始回答；

（2）已婚

（3）离婚

（4）丧偶

与这一跳答指示相对应的是，该问卷的第 12 个问题至第 18 个问题都是有关已婚者或离婚、丧偶者的。

## 三、问题的数量与顺序

1. 问题的数量

一份问卷应该包括多少个问题，这要依据调查的内容，样本的性质，分析的方法，拥有的人力、财力、时间等各种因素来决定，没有固定的标准。但一般来说，问题不宜太多，问卷不宜太长。通常以被调查者在 20 分钟以内完成为宜，最多也不要超过 30 分钟。问卷太长往往引起被调查者心理上的厌倦情绪或畏难情绪，影响填答的质量和回收率。当然，若是研究的经费和人员相当充足，能够采取结构式访问的方式进行，并付给每一位被调查者一份报酬或赠送一点纪念品，问卷本身的质量又比较高，调查的内容又是被调查者熟悉的、关心的、感兴趣的事情的话，那么，此时问卷长一点也无妨。反之，当调查的内容是被调查者不熟悉、不关心、没有兴趣的事情，采用的是自填式问卷的方式，研究者的经费又相当有限，除了两句感谢的话以外，不可能给被调查者更多的东西，而只可能占用被调查者的休息和娱乐时间，那么，此时的问卷一定不能长，一定要尽可能简短。

2. 问题的顺序

问卷中问题的前后顺序及相互间的联系，既会影响到被调查者对问题的回答结果，又会影响到调查的顺利进行。如何安排问卷中问题的次序呢？一般来说，有下列常用的规则。

（1）把简单易答的问题放在前面，把复杂难答的问题放在后面。问卷最开头的几个问题一定要相当简单，被调查起来一定要非常容易。这样可以给被调查者一种轻松的、方便的感觉，以便于他们继续填答下去。如果一开始填写，被调查者就感到很费力，很难填写，那么就会影响他们的情绪和积极性。

（2）把能引起被调查者兴趣的问题放在前面，把容易引起他们紧张或产生顾虑的问题放在后面。如果开头的一批问题能够吸引被调查者的注意力，引起他们对填答问卷的兴趣，那么调查便可能较顺利地进行。相反，如果开头部分的问题比较敏感，一开始就直接触及人们的心灵深处，触及有关伦理、道德、政治态度、个人私生活等方面的问题，那么，往往很容易导致被调查者产生强烈的自我防卫心理。被调查者的这种自我防卫心理将会引起他们对问卷调查的反感，有碍他们对调查的合作，阻碍调查的顺利进行。

（3）把被调查者熟悉的问题放在前面，把他们感到生疏的问题放在后面。这是因为，任何人对自己熟悉的事物总能谈些看法，说出些所以然来；而对不熟悉的事物，则往往难以开口，说不出什么来。如果以被调查者熟悉的内容开头，就不至于使调查一开始就卡住而无法进行。

（4）一般先问行为方面的问题，再问态度、意见、看法方面的问题。这是由于行为方面的问题涉及的只是客观的、具体的事实，因此往往比较容易回答。而态度、意见方面的问题则主要涉及被调查者的主观因素，多为被调查者思想上的东西，内心深处的东西，更不易在陌生人面前表露的东西。如果一开始就问这方面的问题，常常会引起被调查者心理上的戒备情绪和反感情绪，引起较高的拒答率。

（5）个人背景资料一般放在结尾，但有时也可以放在开头。这是因为，个人背景资料虽然也是事实性的，也十分容易被调查，但由于它们是除被调查者姓名以外的其他主要个人特征（如年龄、性别、文化程度、婚姻状况、职业等），也属较敏感的内容，容易造成心理压力，所以不宜放在开头，而适合放在末尾。但是，另一方面，由于个人背景资料通常都是社会调查中最常用、最主要的自变量，如果一份资料缺少这些变量，实际上也就成了废卷。同时，即使把它们放在最后，也还是会使被调查者产生一定的心理压力。因此，只要调查的内容不涉及比较敏感的问题，并在封面信中作出较好的说明和解释，这一部分问题也可以放在问卷的开头。关键是要用指导语进行说明，应该强调，若不填答这些问题，我们的调查就不知道你的意见代表哪一类人；还应说明，我们并不需要了解具体个人的情况，而是要对多个个人的情况进行统计。

（6）若有开放式问题，则应放在问卷的最后。这是因为回答开放式问题要比回答封闭式问题需要更多的思考和书写。无论是把它放在问卷开头，还是放在问卷的中部，它都会影响被调查者填完问卷的信心和情绪。而将它放在问卷的结尾处时，由于仅剩这一两个问题了，绝大多数被调查者是能够完完整整地填答完它们的。退一步说，即使被调查者不愿意填答开放式问题，放弃了被调查，也不会影响到前面的问题和答案。

## 四、访问式问卷的设计

到目前为止，我们在前面所介绍的问卷设计方法，基本上都是以自填式问卷为例的。虽然在基本内容和形式上，访问式问卷与自填式问卷没有什么大的不同，但在许多具体的细节上，二者却有一定差别。由于结构式访问调查也是社会调查中经常采用的一种形式，因此，我们在这一部分专门谈谈有关结构式访问式问卷的设计问题。

第一，设计者要明确一个根本的差别：自填式问卷的阅读者是被调查者，而访问式问卷的阅读者却是访问员。在自填式问卷中，我们的对象是被调查者，设计中要考虑的是文字如何有利于被调查者看懂，如何有利于他们填答。而在访问式问卷中，我们的对象既有访问员，又有被调查者。既要考虑便于访问员看懂，又要考虑便于被调查者听懂，还要考虑便于访问员记录回答。正是由于有了这种差别，所以设计访问式问卷时要特别注意从各方面考虑，统筹安排。

第二，访问式问卷在印刷上要将对访问员的指导语与对被调查者提出的问题明确区分开。虽然同被调查者相比，访问员在文化程度、对研究内容的熟悉和了解程度、对填答问卷的方法和要求等方面都强得多，因而问卷相对可以长一些，问题形式也可以复杂一些，但是，由于问卷上既有对被调查者提出的问题，又有对访问员的指导语，还有答案，往往密密麻麻，不易分清。所以，印刷时最好用不同的字体进行区分。比如用黑体字打印对访问员的指导语，用普通的宋体字打印问题和答案。

这样就可以使访问员在使用时一目了然。另外，访问式问卷的打印应该以便于区分、便于记录为重要标准，比如问题与问题之间的间隔可以稍大一点，对访问员的指示应醒目一点，记录答案的方式应特别方便，等等。

第三，要为被调查者提供必要的目录单。由于问卷中的多项选择式问题常常要求被调查者在一大串答案中进行选择，或者对若干个不同的事物发表看法，所以，它会带来一些在自填式问卷调查中不曾出现的问题。自填式问卷中，只要被调查者在阅读和理解上无困难，那么，列举的答案或评价的事物再多也没什么问题。而在访问式问卷中，这种选择将会面临实际困难，特别是当所列的答案超过 6 个时，这种困难就十分明显。比如：

**例 4** 您觉得下列各种职业中，哪种职业的社会地位最高？

| | | |
|---|---|---|
| (1) 工人 | (2) 农民 | (3) 新闻记者 |
| (4) 医生 | (5) 律师 | (6) 政府官员 |
| (7) 大学教师 | (8) 中学教师 | (9) 小学教师 |
| (10) 科研人员 | (11) 银行管理人员 | (12) 企业管理人员 |

这样的问题在自填式问卷中是十分常见的。被调查者填答也十分方便。但在访问式问卷中就有些困难了。因为我们如果按上面那样提问的话，被调查者并不能看到所列出的各种答案，因此他们不可能把访问员念的一大串供选择的答案或列举的事物清楚全面地记住。我们必须采取一定的措施来弥补这种不足。常用的方法就是专门为被调查者准备一份目录单。目录单上按问卷中问题的顺序和题号，列出某些问题所列举的项目或答案。这样，被调查者在听访问员提问的同时，就能按照访问员的提示（比如："请对照目录单中的第 5 题"），比较容易、也比较方便地根据目录单在给出的答案中进行选择回答。每一个多项选择问题的答案按照问题的题号逐一列在目录单上。比如对于上面的例 4，我们在事先准备的目录单中就应相应地列出该问题下面的 12 个答案。当然，在实践中，也可以将这组目录单制成一叠印好答案的卡片，每一个多项选择问题的答案按照问题的题号分别列在一张张卡片上。

如果所调查的对象文化程度很低，连目录单也无法使用，那我们就只能改变提问的方式，并逐一念出答案让回答者回答了。比如，我们可将例 4 改为：

**例 5** 我们知道，不同职业的社会地位不同。下面我一个个地念出 12 种不同的职业，您觉得哪一种职业的社会地位最高，请告诉我。（逐一慢慢地念出答案，必要时可以重复一遍）

第四，注意表格式问题的设计。在自填式问卷中，以表格形式设计的问题很普遍。这种问题到了访问式问卷中，则会出现一定的困难，因而在设计时也应给予一定的注意。

比如，我们在自填式问卷中可能会提出设计成下列表格式的问题：

**例 6** 请指出您对下列媒介中的广告的信任程度（请在每一行中选择一格打√）

| | 非常信任 | 比较信任 | 不太信任 | 很不信任 |
|---|---|---|---|---|
| 中央电视台 | | | | |
| 江汉电视台 | | | | |
| 人民日报 | | | | |
| 长江日报 | | | | |
| 武汉晚报 | | | | |

此题如果一点都不改变地用到访问式问卷中，那么，调查将无法进行。我们必须改变提问的方式。比如，将上例改为：

**例 7** 您信任……（分别念出下列媒体的名称）的广告节目吗？

| | 非常信任 | 比较信任 | 不太信任 | 很不信任 |
|---|---|---|---|---|
| 1. 中央电视台 | | | | |
| 2. 江汉电视台 | | | | |
| 3. 人民日报 | | | | |
| 4. 长江日报 | | | | |
| 5. 武汉晚报 | | | | |

或者将这一问题改变为几个独立的、类似下列形式的问题：

问题 1：您信任中央电视台的广告节目吗？

（1）非常信任　（2）比较信任　（3）不太信任　（4）很不信任

第五，访问式问卷的封面信与自填式问卷的封面信也有较大差别。第四章中我们曾介绍过，自填式问卷的封面信对整个调查能否顺利进行有着关键作用。与调查有关的各种问题要尽可能地通过封面信进行解释。正因为如此，自填式问卷的封面信相对来说要长一些。但是，设计访问式问卷的封面信时就要注意，我们不能让访问员在被调查者的家门外发表“长篇演说”，首先要使访问员能很顺利、很自然地进门。所以，访问式问卷的封面信最好设计成两部分：一部分是在门外说的，要尽量简短，其目的是使访问员能进入被调查者的家门；另一部分则是进门后坐下来开始正式访问以前说的，此时可以详细一些，其目的是为访问的顺利进行、为被调查者的积极合作打下基础。下面是访问式问卷封面信的一个例子。

> 同志，您好！我是××大学社会学系的学生，我们正在××市进行城市住房建设问题的调查。如果能占用您半个小时的时间，同您谈谈这个问题，我们将十分感谢。我可以进来吗？（得到允许后回答：谢谢！）
>
> （进入被调查者家中）
>
> （进屋坐下后，进一步解释）我们这次调查根据科学的方法抽选了一部分居民作为调查对象，您是其中的一位。所以，您所谈的情况将代表许多与您一样的居民。对于您所谈的一切，我们都只作为统计数据来使用。请您不必有什么顾虑，因为我们关心的只是您所谈的情况，而不是具体的个人。您谈的情况将会对××市的城市建设和居民生活条件的改善带来帮助。在此先向您表示衷心的感谢！下面请您根据实际情况回答一些简单的问题。（开始念问题 1）

# 第九章　问卷设计中常见错误分析

前文我们介绍了有关问卷设计的各种知识，在这一章里，我们准备再从反面给读者一些启示。我们的办法是从目前国内一部分社会调查所用的问卷中，列举一些错误的实例，将这些错误归为几类，分析其错误的实质并加以改正，以帮助读者在自己设计问卷时及时发现并尽量少犯类似的错误。

## 一、概念抽象

我们在第二章中专门谈到过概念的操作化问题，并指出它是问卷设计过程中的关键环节之一。实际社会调查中的一些问卷，正是在这方面注意不够，产生出这样或那样的毛病。下面是几个概念抽象的例子。

**例 1**　您什么时候感觉到生活的意义？

(1) 不被他人打扰，一个人的时候　□

(2) 和朋友在一起的时候　□

(3) 和家人在一起时　□

(4) 沉浸在工作中时　□

(5) 在运动和艺术的享受中　□

这里的“生活的意义”是一个十分抽象的概念。到底什么是“生活的意义”，许多被调查者也许难以解释，甚至完全不理解其含义。即使人们理解了它的含义，也很难保证这种理解的一致性。此外，这一问题与所列的答案也不大协调。从答案来分析，把“生活的意义”改为“生活的乐趣”似乎稍微恰当些。

**例 2**　一个民族的传统道德总是会改变的，您认为这些年在中国这种情况是：

(1) 改变得太快了　□　　(2) 还可以　□

(3) 慢了些　□　　(4) 太慢了　□

什么是“一个民族的传统道德”？什么又是中华民族的传统道德呢？这些都是既抽象又笼统的概念。在不同的被调查者心目中，它的含义是不同的。我曾用这个问题在几个研究生中做过试验，结果有人理解成传统文化，有人理解成某一方面的传统道德观念，有人觉得很含糊，等等。这种对于研究生来说都不大好理解，并且理解难得一致的问题，对于一般文化程度的人们，对于广大的中国普通公民来说，其效果就更可想而知了。实际上，一个民族的传统道德包含众多的方面，每一个方面又都需要若干具体的指标来测量。因此，要回答这一问题，需要的是一份包括若干个问题的问卷，而远不止这几个简单的答案。从以上分析中我们可以知道，对于这种抽象的问题，即使统计出 4 种答案的人数比例，也不能说明任何问题。

**例 3** 您认为我国现行政治体制，总体上看怎样？

| | | | |
|---|---|---|---|
| （1）基本合理 | □ | （2）存在一些弊端 | □ |
| （3）有严重弊端 | □ | （4）不了解 | □ |

这是中国社会调查系统 1987 年第 002 号民意问卷的第一个问题。问卷的设计者忽略了一个重要的事实，这就是：一个国家的“政治体制”并不像日常生活中那些看得见摸得着的具体事物那样人人皆知，它也是一个抽象的概念。读者不妨问问自己：我国现行的政治体制是什么？我能正确地、全面地解释它吗？一般的中国公民都能回答这个问题吗？如果被调查者对我们所询问的事物究竟是什么都不清楚，他又能作出什么样的回答呢？如果我们在调查中得到的都是类似“不了解”、“不清楚”、“不知道”这样的回答，那么这样的调查又有多大意义呢？

**例 4** 您认为自己属于哪种类型的大学生？

| | | | |
|---|---|---|---|
| （1）开拓型 | □ | （2）“学究”型 | □ |
| （3）“小生产者”型 | □ | （4）盲目型 | □ |
| （5）其他 | □ | | |

这一问题的毛病出在它所列的答案上。也许这 4 种类型的确代表了大部分大学生的情况，但是问题在于：问卷的设计者并没有说明什么样的学生属于开拓型、“学究”型、“小生产者”型和盲目型，即他没有给出区分这些不同类型的操作化指标。如果说开拓型就是有开拓精神，那么什么样又叫做“有开拓精神”呢？如果说“学

究”型、“小生产者”型就是像“学究”、像“小生产者”那样的学生，那么什么样的人才称为“学究”，什么样的人又叫做“小生产者”呢？在设计者的心中，所有这些也许都是清楚的、有条件、有标准的。可是，他却没有考虑到被调查者的心中不一定清楚，他们的理解可能互不相同，也与设计者的理解不同。

概念抽象的另一种表现就是直接使用社会学的专业词汇和术语。如下例：

**例 5** 你认为当前我国社会可分为哪些阶层？（请在您所认为的阶层数栏里打√，同时尽可能写出相应的阶层名称。只能选填一行。）

| A. 阶层数 | | B. 阶层名称 |
|---|---|---|
| 2 | | 21. 上________ 22. 下________ |
| 3 | | 31. 上________ 32. 中________ 33. 下________ |
| 4 | | 41. 上______ 42. 中上______ 43. 中下______ 44. 下______ |
| 5 | | 51. 上______ 52. 中上____ 53. 中____ 54. 中下____ 55. 下______ |
| 6 | | 61. 上上________ 62. 上下________ 63. 中上________<br>64. 中下________ 65. 下上________ 66. 下下________ |

⑯
A. ____
B
1. ____
2. ____
3. ____
4. ____
5. ____
6. ____

**例 6** 1978 年，你的家庭类型为：

（1）单身家庭 □　　（2）核心家庭 □

（3）主干家庭 □　　（4）隔代家庭 □

（5）联合家庭 □　　（6）其他 □

对于绝大多数被调查者来说，什么是“阶层”，什么是“核心家庭”、“主干家庭”、“联合家庭”，他们是不清楚的，甚至是从未听说过的。问一个人干什么工作、受了什么程度的文化教育、每月工资多少钱，或者他家里有几口人、有哪些家庭成员等，这是人人都可以回答得出来的；而一旦用上述那样的专业词汇，也许就有很多人不会回答了。

## 二、问题含糊

所谓问题含糊，即问题的含义不清楚、不明确，或者有歧义。这种问题有些是由于问卷设计者对所提问题的目的和用意不清楚造成的，有些则是由于表达不当，对问题的用语推敲不够造成的。请看下面几个例子：

**例 7** 您认为我们国家现在最需要：

(1) 全面迅速地改变 □
(2) 全面缓慢地改变 □
(3) 部分迅速地改变 □
(4) 部分缓慢地改变 □

什么东西需要变？哪些方面需要变？是我国的政治体制、经济体制，还是人们的思想观念、生活方式？答案中的“全面”包括哪些方面？“部分”又指哪些方面？全然没有交代。含含糊糊的问题得到的也只可能是含含糊糊的结果。

**例 8** 您对单位近年来情况的感觉是：

(1) 几乎没有什么变化 □ (2) 变化不大 □
(3) 变化较大 □ (4) 变化很大 □

您认为这种情况（变化或没变化）是：

(1) 有利的 □ (2) 不利的 □

首先，问题没有说明问的是单位的什么情况，究竟是单位的生产情况呢，还是单位里人际关系的情况，或是职工福利待遇的情况？十分含糊。其次，这种状况对谁有利或不利也不明确。因为有的变化可能对个人有利但对国家或集体不利；有的则相反，对国家或集体有利而对个人不利。像这样笼统地问是有利还是不利是得不出科学的答案的。问题不明确，也就意味着所得的资料不可能反映现实。

**例 9** 在子女的生活安排上（吃、穿、用等方面）谁负有更多的责任？

(1) 本人 □ (2) 丈夫 □ (3) 夫妻 □
(4) 公婆 □ (5) 全家 □

**例 10** 在子女的教育方面（学习指导、品德教育等）谁负有更多的责任？

(1) 本人 □ (2) 丈夫 □ (3) 夫妻 □
(4) 公婆 □ (5) 全家 □

这是一份“农村妇女调查问卷”中的两个问题。若仅从这两个问题的提法来看，调查者似乎是想了解被调查者对教养子女的责任的认识。但从其整个问卷来分析，调查者的本意却是想了解被调查者在教养子女方面的实际情况。显然，人们对某一事物的认识和在这一方面的实际行为是两码事。这一问卷正是由于把这二者混在了一起，使得问题含义模糊不清。它应该区分成下述两类问题。一类是按调查者的原意，询问被调查者教养子女的行为，即：

**例 9A** 在子女的生活安排（吃、穿、用等方面）你们家谁管得最多？

（1）本人 □　　（2）丈夫 □

（3）夫妻 □　　（4）公婆 □

**例 10A** 在子女的教育方面（学习指导、品德教育等）你们家谁管得最多？

（1）本人 □　　（2）丈夫 □

（3）夫妻 □　　（4）公婆 □

另一类是询问被调查者对教养子女责任的认识情况，即：

**例 9B** 你认为在子女的生活安排上（吃、穿、用等方面）家庭中谁应负更多的责任？

（1）母亲 □　　（2）父亲 □

（3）父母 □　　（4）爷爷奶奶 □

**例 10B** 你认为在子女的教育方面（学习指导、品德教育）家庭中谁应负更多的责任？

（1）母亲 □　　（2）父亲 □

（3）父母 □　　（4）爷爷奶奶 □

这样，每个问题的含义才明确具体。

**例 11** 有人说，“文革”前青年人对老年人很尊重，现在青年人越来越不尊重老年人了。您认为这种变化发展得：

（1）太快了 □　　（2）比较快 □

（3）比较慢 □　　（4）太慢了 □

这一问题的前后两部分说的不是一回事。前部分是某些人的看法，后一部分问的却是“这种变化”。看法并不等于客观现实，即并不一定存在“这种变化”。因此，这一问题实际上是在把某些人的“看法”当作客观事实的条件下来询问的，它把下列两个完全不同的问题混在了一起：

**例 11A** 有人说，“文革”前青年人对老年人很尊重，现在青年人越来越不尊重老年人了。您的看法如何？

（1）的确是这样 □

（2）不完全是这样 □

（3）完全不是这样 □

**例 11B** “文革”前青年人对老年人很尊重，现在青年人越来越不尊重老年人了。你认为这种变化是：

（1）正常的 □ （2）不大正常 □

（3）很不正常 □

**例 12** 您认为理想的主要职业是：

（1）上班方便，工作清闲 □

（2）符合志趣，有事业可干，工作有前程 □

（3）单位福利好，收入多 □

（4）职业社会声誉好 □

例 12 的毛病在于：首先，问题的语句不通，造成意思不明，尤其是“理想的主要职业”叫人难以理解。其次，答案中把工作、事业、单位和职业几个不同含义的概念混在一起，回答者就更不明白这一问题的真正含义了。

## 三、问题带倾向性

我们说过，合格的问卷应该具有客观性。而要做到这一点，就要保证问卷中的每一个问题都是中性的，即不带任何倾向性。如果不注意这一点，往往不能客观地测量被调查者的行为和态度，从而使整个问卷的效度和信度受到影响。下面就是几个带倾向性的问题的例子：

**例 13** 您认为，全国职工的平均工资水平是否应当提高呢？

（1）工资偏低，应当大幅度增加 □

（2）应当小幅度增加 □

（3）虽然偏低，但是为了国家经济建设可以暂时不增加 □

(4) 和劳动生产率相比，工资不算低，不应增加 □

问题的这种提法无疑带有明显的肯定倾向。若改为：“您认为全国职工的平均工资水平如何?”就可以消除这种倾向性，而且与原答案更为匹配。

**例 14** 有人认为，物价改革的结果最终将有利于国家的经济繁荣，您的看法是：

(1) 同意 □ (2) 不同意 □ (3) 不知道 □

这种提问方式也容易形成对被调查者的诱导，使其作出肯定的回答。若把问题改为：

**例 14A** 一些人认为，物价改革的结果将有利于国家的经济繁荣；另一些人认为，物价改革的结果将引起国家经济的混乱。您的看法如何?

(1) 同意前者 □

(2) 同意后者 □

(3) 不知道 □

这就要求被调查者在不同的意见中作出他自己的选择。这种两面的陈述比原问题那样单面的陈述更能起到客观的、中立的作用。

**例 15** 看了《火烧圆明园》、《垂帘听政》以后，您是否想再更多地了解一点中国近代史?

(1) 是 □ (2) 否 □

**例 16** 观看《少林寺》、《武林志》等武打片，是否提高了您对中国武术的兴趣?

(1) 没有提高 □ (2) 提高了一点 □

(3) 提高很多 □ (4) 对武术更反感了 □

从字面上看，由于采用了“是否”这种两面的字眼，这两个问题似乎是中性的。但实际上，人们却很容易感觉到调查者所期望的回答是什么。这无形之中就对被调查者施加了一定的诱导，客观上向被调查者表明了调查者的倾向性。因而，这样的问题所得到的回答也必然是在这种倾向性影响下产生的不正常的回答。如果改为下面的问题，就不会使被调查者产生这样的感觉了。

**例 15A** 看了《火烧圆明园》、《垂帘听政》以后，您有没有下列想法？

| | 有 | 无 |
|---|---|---|
| （1）制片厂应多拍一些反映历史的影片 | □ | □ |
| （2）我们应该更多地了解中国近代史 | □ | □ |
| （3）我国应该不断加强国防建设 | □ | □ |

**例 16A** 观看《少林寺》、《武林志》等武打片后，您对中国武术的态度有何变化？

（1）对武术更感兴趣了 □

（2）对武术更加反感了 □

（3）没有什么变化 □

## 四、问题提法不妥

我们在谈到问卷设计的原则时，曾专门强调要为被调查者着想，要认清被调查者面临的各种主、客观障碍。可是，在一些问卷中，许多问题设计得不大合理，提法十分不妥，影响和阻碍了被调查者顺利填答问卷，有些提法不妥的问题甚至足以使被调查者放弃填写。下面是犯这方面错误的几个例子。

**例 17** 请您判断以下几种说法是否正确。

| | 正确 | 错误 | 不知道 |
|---|---|---|---|
| （1）“打是疼，骂是爱”，孩子不听话时，打骂也是家庭教育不可缺少的方式 | 1 | 2 | 3 |
| （2）对孩子应该多表扬，少批评 | 1 | 2 | 3 |
| （3）孩子吃得好，就能很快聪明起来 | 1 | 2 | 3 |
| （4）孩子的学习，练习得越多效果越好 | 1 | 2 | 3 |
| （5）多吃巧克力对孩子的身体有好处 | 1 | 2 | 3 |

在调查问卷中，“请您判断以下几种说法是否正确”这样的提法是不应该出现的。它多见于考试的试卷，或智力测验、知识竞赛的试卷上。要求被调查者“判断正确与否”，就等于把被调查者推进考场、对其进行考试一样。毫无疑问，这对被调

查者而言是一种巨大的心理压力。尤其是当被调查者遇到不大理解或拿不准的问题时，这种压力就更大。因此，把这种提法改为“下列看法您是否同意”，再把答案中的“正确”、“错误”、“不知道”改为“同意”、“不同意”、“不一定”就合适一些。

**例 18** 您认为厂长应采取哪种领导方式？（选一种）

（1）制定严格的工作标准和规章制度，并据以奖励及监督下级 □

（2）使各类人员能从工作中得到满足感和安全感，相互保持良好的关系 □

（3）把工作分派给下级，领导不必亲自督促他们 □

这个问题的提法实际上就是强迫人们在所给出的 3 种答案中选择一种。这样做是不合理的。因为在现实生活中，厂长的领导方式多种多样的，远不是这 3 种方式所能包括得了的。所以，如果被调查者对以上 3 种方式都不赞成，而自认为有比这 3 种更好的方式时，他将如何答呢？这就是该问题的毛病所在。当然，设计者之所以只列出这 3 种，可能是因为他只关心这 3 种。或者说，他希望人们的回答全部集中在对这 3 种方式的评价上。若是这样，也很容易解决，只要在答案中再加上一项“（4）其他（请写明）__________”就行了。

**例 19** 您现在的实际文化程度相当于：

（1）小学 □　（2）初中 □　（3）高中或技校 □

（4）中专 □　（5）大学（专科或本科） □

设计者的原意是，由于“十年动乱”，一大批人没能扎扎实实地读完初中、高中或大学。他们名义上虽然已经初中毕业、高中毕业或大学毕业，但他们实际掌握的知识并没有达到相应的水平。所以，他们的“实际”文化程度往往低于其“名义上”的文化程度。设计者用这一问题是想了解被调查者实际的文化程度，这种动机是无可指责的，它考虑到了我国社会的现实情况。然而，设计者却没有考虑到，这样的问题在实际调查中却是难以回答的。因为，究竟什么是一个人的“实际文化程度”，判别或衡量一个人“实际文化程度”的标准和依据又是什么？这些都是不清楚的。而这些问题不解决，必然会形成这样的情况：有的被调查者不知道该怎样评价自己的“实际文化程度”，而那些可以对自己“实际文化程度”作出评价的被调查者所用的标准又会千差万别。

**例 20** 您是怎样使用时间的？请您先阅读下面各项内容，然后将自己在平常情况下每天用于各项活动的时间填入栏内，如没有进行某项活动就在该栏内填 0。您在填写时务请先计算各项活动所用时间的总和，使其等于 24 小时。

| 活动内容 | 时 | 分 | ⑪ |
|---|---|---|---|
| 1. 工作时间（生产劳动时间） | | | 1. __ |
| 2. 上下班途中 | | | 2. __ |
| 3. 业余阅读时间（包括看各种书、报、杂志） | | | 3. __ |
| 4. 文体活动时间（如看电视、电影、下棋、打牌、体育锻炼等） | | | 4. __ |
| 5. 社会交往时间（如串门聊天、走亲访友、约会等） | | | 5. __ |
| 6. 从事有额外收入的活动（如做小生意、创作、讲课等） | | | 6. __ |
| 7. 家务劳动（做饭、买东西、洗衣服、照料老人、儿童等） | | | 7. __ |
| 8. 生理活动时间（如睡眠、吃饭等） | | | 8. __ |
| 9. 其他（主要的请注明） | | | 9. __ |

设计者在这里向被调查者提出了不切实际的要求：使每天用于各项活动的时间总和“等于 24 小时”。调查的实践告诉我们，有关时间方面的调查，往往是最难以达到准确要求的。这是因为，任何人在任何两天中用于各项活动的时间总是不同的，即使是在最一般的情况下，生活最有规律的人，也不可能做到像钟表一样准时。因此，人们对于自己在平常情况下每天用于各项活动的时间的估计总只能是一个近似值。既然是近似值，就不可避免地存在误差，而且这种误差随着估计的不准确性而增大。这样，要求这种估计值之和正好等于 24 小时是毫无道理的。在这种条件下，人们的估计值只能约大于或约小于 24 小时，比如说 23.7 小时、24.5 小时，这才是正常的、准确的和有价值的（当然这种误差不能太大）。而那种恰好等于 24 小时的结果则是不正常的、不准确的和无价值的。

当然，有一种方法可以达到恰好等于 24 小时的要求。这就是让被调查者随时用钟表真实记录某一天或某几天各项活动所用的时间。由于这时的时间值再不是估计值而是记录值，所以它可以而且应该正好等于 24 小时。

**例 21** 您对孩子的期望包括：（任选两项）

（1）学文化 □　　（2）学技术 □　　（3）经商 □

（4）做一个好人 □　　（5）无所谓 □

**例 22** 您及家人在子女教育方面都做了哪些事？（任选两项）

（1）经常讲故事 □　　（2）教识字 □

（3）教生产技术或其他专业技术 □

(4) 教孩子怎样做人 □　　(5) 什么也没做 □

(6) 其他 □

在这两个问题中，“任选两项”的要求也是不妥当的。因为有些家长对子女的期望中可能包括答案（1）、（2）、（4）三项，或（1）、（2）、（3）三项，甚至还有包括（1）、（2）、（3）、（4）四项的。而在教育子女方面，许多家长也许做了（1）、（2）、（3）、（4）、（6）五项，那么为什么只能选两项呢？按什么标准来选呢？被调查者对这些问题不明确，填答起来也就会无所适从了。

## 五、问题与答案不协调

这是封闭式问题中常出现的毛病。我们说，封闭式问卷中的问题与答案是一个不可分割的整体，二者必须相互协调，密切配合。提什么问题，就应该为这个问题准备全面而恰当的答案，以供被调查者选择。简单地说，就是在问什么的同时，还要考虑应该答什么和可能答什么。既不能出现答非所问的现象，也不能出现答案不全或答案互相包含的现象。下面例子中的问题与答案就不够协调。

**例 23** 您在工作中想得到的是什么？（选四种，并按对您的重要程度排序，把您选择的号数填入第×位后的空格中）

| 第一位 | | 第二位 | | 第三位 | | 第四位 | |
|---|---|---|---|---|---|---|---|

④____

| | | |
|---|---|---|
| 1. 良好的工作环境 | 2. 创造性的劳动 | 3. 领导对工人的关怀 |
| 4. 受到表扬和赞赏 | 5. 工厂的发展 | 6. 良好融洽的班组人事关系 |
| 7. 高工资、高奖金 | 8. 晋级 | 9. 自由的、较少限制的工作 |
| 10. 安稳的工作 | 11. 高福利 | 12. 参加本厂的决策和民主管理 |
| 13. 有兴趣的工作 | 14. | 15. |

____
____
____
⑤____
____

我们把这一问题的提法与其中的某些答案连起来，读者就能看出问题与答案是否协调了。比如：

我在工作中想得到的是安稳的工作。

我在工作中想得到的是有兴趣的工作。

我在工作中想得到的是自由的、较少限制的工作。

在工作中想得到的是工作，这话如何理解？又如：

我在工作中想得到的是良好的工作环境。

我在工作中想得到的是参加本厂的决策和民主管理。

这些回答听起来也十分别扭。

**例 24** 您认为是否有调离可能（现在或几年后）?

(1) 不可能 □　　(2) 比较困难 □

(3) 不很难 □　　(4) 很困难 □

问题问的是"是否有调离可能"，回答则应该是"有可能"、"没有可能"、"有一定可能"，等等，若问的是"调离是否困难"，倒是可以用后面三个答案。另外，问题中所加的括号部分还犯了双重问题的毛病（后面将要谈到），它实际上在这一个问题里询问了两件事情，可答案只有一套。

**例 25** 你和同学、好友谈论得较多的问题是：

| | 较多 | 不很多 | 很少 | |
|---|---|---|---|---|
| 1. 国家大事和社会问题 | □ | □ | □ | 108 ____ |
| 2. 升学、就业和前途问题 | □ | □ | □ | 109 ____ |
| 3. 各种趣事、奇闻 | □ | □ | □ | 110 ____ |
| 4. 小说、电影、电视类 | □ | □ | □ | 111 ____ |
| 5. 体育新闻和活动类 | □ | □ | □ | 112 ____ |
| 6. 学校生活、学习问题类 | □ | □ | □ | 113 ____ |
| 7. 文娱活动类 | □ | □ | □ | 114 ____ |
| 8. 吃喝穿戴类 | □ | □ | □ | 115 ____ |
| 9. ____________ | □ | □ | □ | 116 ____ |

**例 26** 您平常主要看哪些书籍和报刊?（请在每行中选择一项打√）

| 书刊类别 | 阅读程度 | | | ⑭ |
|---|---|---|---|---|
| | 经常 | 有时 | 从不 | |
| 1. 时事政治 | | | | 1. ____ |
| 2. 科普常识 | | | | 2. ____ |
| 3. 基础文化 | | | | 3. ____ |
| 4. 学术理论 | | | | 4. ____ |
| 5. 体育娱乐 | | | | 5. ____ |
| 6. 通俗文学 | | | | 6. ____ |
| 7. 其他文学艺术 | | | | 7. ____ |

**例 27** 您认为自己目前在学习上存在的问题是：（请在下面每横排□内选一项打√）

| | 迫切需要解决<br>1 | 较迫切需要解决<br>2 | 基本上可以<br>3 | 很不错<br>4 | 无所谓<br>5 | |
|---|---|---|---|---|---|---|
| 1. 书籍、资料来源问题 | □ | □ | □ | □ | □ | 320 ____ |
| 2. 书籍的质量问题 | □ | □ | □ | □ | □ | 321 ____ |
| 3. 学习时间问题 | □ | □ | □ | □ | □ | 322 ____ |
| 4. 学习的辅导问题 | □ | □ | □ | □ | □ | 323 ____ |
| 5. 学习的环境问题 | □ | □ | □ | □ | □ | 324 ____ |
| 6. 单位或社会上的支持问题 | □ | □ | □ | □ | □ | 325 ____ |

这三个摘自不同调查问卷的问题所犯的错误完全一样。由于问题与答案不协调，所以实际上它们都给出了许多答非所问的答案来。比如：

**（例 25）** 你和同学、好友谈论得较多的问题是什么？

——我和同学、好友谈论文娱活动类不很多。

——我和同学、好友谈论吃喝穿戴类很少。

**（例 26）** 您平常主要看哪些书籍和报刊？

——我从不看时事政治方面的书籍和报刊。

——我有时看科普常识方面的书籍和报刊。

**（例 27）** 您认为自己目前在学习上存在的问题是什么？

——书籍、资料来源问题很不错。

——书籍的质量问题基本上可以。

——学习时间问题无所谓。

是什么原因造成这种错误呢？主要是设计者在设计时没有同时考虑问题与答案两个方面，提问时没有顾及答案，而设计答案时又把问题抛在一边。若按这 3 个例题提问，那么，它们的答案形式就必须改变。因为这 3 个问题的提法决定了其答案只能是类别，被调查者只应该针对这些类别进行选择。在这样的问题中，再不能出现程度方面的答案了。即正确的形式应该是：

**例 25A** 你和同学、好友谈论得较多的问题是：

（1）国家大事和社会问题 □

(2) 开学、就业和前途问题 □

(3) 各种趣事、奇闻 □

(4) 小说、电影、电视 □

(5) 体育新闻和活动 □

(6) 学校生活、学习问题 □

(7) 文娱活动 □

(8) 吃喝穿戴 □

(9) 其他（请写明）______

**例 26A** 您平常主要看哪些书籍和报刊？

(1) 时事政治类 □ (2) 科普常识类 □

(3) 基础文化类 □ (4) 学术理论类 □

(5) 体育娱乐类 □ (6) 通俗文学类 □

(7) 其他文学艺术类 □

**例 27A** 您认为自己目前在学习上存在的问题是：

(1) 书籍、资料来源问题 □

(2) 书籍的质量问题 □

(3) 学习时间问题 □

(4) 学习的辅导问题 □

(5) 学习的环境问题 □

(6) 单位或社会上的支持问题 □

反之，如果调查者需要了解每一类别的程度，那么对类别就无法进行选择了。这时，只需把提问方式改成下列的样子即可：

**例 25B** 您对各种书籍报刊的阅读情况如何？

**例 26B** 您和同学、好友在一起交谈的情况如何？

**例 27B** 您认为自己在学习中各方面情况怎样？

这样的提问与原来的答案形式就相互协调了。从这 3 个例子中，我们不难明白，对于类别的询问与对程度的了解不能在同一个问题中进行，二者应该分别进行，这样才能保证问题与答案的一致。

## 六、问题有双重含义

第八章讲到问题编制时，我们曾谈到，问题的含义不能是双重的，即不能在一个问题里同时问两件事情，并列举了实例进行说明。但是在一些问卷中，设计者还是自觉不自觉地屡犯这样的错误，这些错误有时的确是不易发觉的。下面我们就来举几个犯了这种错误的例子。

**例 28** 实行责任制以来，您觉得您和您家里人的文化水平及生产技术能否满足生产需要？

(1) 能 □ (2) 不能 □ (3) 无所谓 □

亲爱的读者，你发现毛病出在哪里了吗？先看看“您和您家里人”，再想想“文化水平及生产技术”，你就会明白毛病所在了。这里不止双重含义，而是多重含义了。因为，有的被调查者可能觉得他本人的文化水平和生产技术能满足生产需要，而他家里人不能满足；有的被调查者可能觉得他家里的人中，有的能满足需要，有的则不能满足需要（因为家里人常常不止一个）；还有的被调查者可能觉得他的文化水平能满足生产需要，而他的生产技术却不能，或者相反；凡此种种。这样算起来，这个问题实际上包含了一批问题，比如：

(1) 你觉得你的文化水平能满足生产需要吗？

(2) 你觉得你的生产技术能满足生产需要吗？

(3) 你觉得你爱人的文化水平能满足生产需要吗？

(4) 你觉得你爱人的生产技术能满足生产需要吗？

…………

把上述问题（3）、问题（4）中的“你爱人”分别换成“你父亲”、“你母亲”、“你儿子”、“你女儿”等，又可形成一批问题。通过分析，我们就可以看出这个问题的多重含义了。

**例 29** 有人认为我国工人现在工资偏低，福利偏高，应该加以改革，把工资提高，福利降低。您同意这一观点吗？

（1）同意 □ （2）不同意 □

首先，需要指出的是，“这一观点”指代不明。它既可以指“有人认为我国工人现在工资偏低、福利偏高”（这代表一种观点），也可指“应该加以改革，把工资提高，福利降低”（这也是一种观点，并且它是以承认前者是事实为前提条件的）。因而，它实际上包含着这样两个含义不同的问题：

（1）有人认为我国工人现在工资偏低，福利偏高。您是否同意这一观点？

（2）我国工人现在工资偏低，福利偏高。有人认为应该加以改革，把工资提高，福利降低，您是否同意这一观点？

在这两个问题中，“这一观点”就是十分明确的了。

现在让我们再来看看这一问题中所出现的双重含义的错误。读者也许已注意到这一问题（包括上面两个新问题）中的“工资偏低，福利偏高”和“把工资提高，福利降低”这几句话了。是的，毛病正出在这里。我们知道，工资状况与福利待遇是两回事，它们并不具有“此消彼长”的必然联系。人为地把两件事情硬扯在一起，有些被调查者就无法用给出的“同意”、“不同意”两种答案进行回答。实际情况也说明了这一点。我在该调查回收的问卷上发现，一些被调查者并没有在给出的两个答案中选择，而是写下了自己的新的答案：“希望工资、福利都加以提高。”这正好说明了问题的错误所在。很多人并不认为“工资偏低，福利偏高”，而是觉得工资和福利都偏低，所以，他们的观点也不是只把工资提高，而是把二者都提高。

**例 30** 你们班同学的集体荣誉感强吗？

（1）很强 □ （2）比较强 □

（3）不怎么强 □ （4）很不强 □

**例 31** 你们班同学尊敬师长吗？

（1）很尊敬 □ （2）比较尊敬 □

（3）不大尊敬 □ （4）很不尊敬 □

这是笔者在一次中学生状况调查中所设计的问卷中的两个问题。当时笔者并没有意识到这两个问题所存在的毛病。直到问卷表收回后，当笔者看到一些同学在问卷上写道：

“有的强有的不强”、“有的很尊敬，有的很不尊敬”时，笔者才受到启发。这是两个多重含义问题。笔者无意中把由几十名学生组成的班级看作了一个人。因此，这两个问题实际上都是在一个问题中同时询问了几十件事情，即同时询问了几十个学生的情况。实际中的情形却总只能像学生们所填写的那样“有的很强”、“有的比较强”、“有的不怎么强”、“有的很不强”，因为几十个人的表现不可能像一个人那样统一。正是设计问卷时的疏忽，使得问卷收回后，这两个问题的资料完全没有用处。

## 七、答案设计不合理

作为封闭式问题一部分的答案，除了在与问题的协调上容易出毛病外，在答案的列举上也容易出现各种错误。常见的有下列几种情况。

1. 答案不穷尽、不互斥，或者相互之间不处于同一层次、同一方向

**例 32** 您认为目前人们应该主要致力于：（选一项）

（1）缔造人类未来的美好生活 □

（2）改善人们今天的生活和福利 □

（3）继承和发扬过去的优良传统 □

首先，这三个答案不可能概括人们各种不同的生活目的和行为目标，即答案不穷尽。应在其后加上“（4）其他（请写明）__________”。其次，这三个答案的内容也不处在同一层次，“继承和发扬过去的优良传统”与前二者不能并列。

**例 33** 在下列各种能力和素质中，您认为一个厂长最应具有哪五种？（排序）

| 第一位 | | 第二位 | | 第三位 | | 第四位 | | 第五位 | |
|---|---|---|---|---|---|---|---|---|---|

| | | | |
|---|---|---|---|
| 1. 业务能力 | 2. 交往能力 | 3. 创新能力 | 4. 任贤能力 |
| 5. 指挥协调能力 | 6. 表达能力 | 7. 决策能力 | 8. 综合分析能力 |
| 9. 责任感和事业心 | 10. 自学能力 | 11. 谋略能力 | 12. 马列理论水平 |
| 13. 组织纪律性 | 14. 原则性 | 15. 民主性 | 16. 管理科学知识 |
| 17. 社会科学知识 | 18. 竞争精神 | 19. | 20. |

这些答案中，相互包含（却不互斥）的很多。如厂长的“业务能力”应该既包括其行政管理方面的能力，又包括其在生产技术方面的知识水平。这样，它就不可避免地包含了答案中的许多内容，如“指挥协调能力”、“任贤能力”、“决策能力”、“谋略能力”、“创新能力”、“管理科学知识”、“综合分析能力”等。之所以会如此，

就是因为“业务能力”与上述这些能力不处在同一层次。与其处于同一层次的应该是“原则性”、“民主性”、“马列理论水平”、“责任感和事业心”等。

2. 有些表示程度，频率的答案量化处理不够

**例 34** 你是否经常看电视？

（1）经常 □　　（2）有时 □

（3）极少 □　　（4）每天都看一会儿 □

**例 35** 在工作时间以外，您和同事之间：

（1）交往很少 □　　（2）交往较少 □

（3）交往较多 □　　（4）交往很多 □

**例 36** 在生育子女方面，公婆的主张对你的影响有多大？

（1）大 □　　（2）中 □　　（3）小 □

这类答案在许多问卷中都出现过。应该注意，这种“经常”与“有时”，“较多”与“较少”，“大”与“中”、“中”与“小”之间，并没有客观的标准。一周看三次电视，有的人认为是“经常”，而另一些人则认为只是“有时”；有些人心目中的“较多”实际上比另一些人心目中的“较少”还少；至于影响程度的大小，就更会因人而异了。像这样的问题所得到的结果，可以说几乎是没什么用的。因为它们并不能正确地反映客观现实。只有经过某些量化工作，才可能有客观的标准，所得的结果才能反映现实。比如可将例 34 改为下述形式：

**例 34A** 请问你平常看电视的情况如何？

（1）基本上每天都看 □　　（2）每周看三四次 □

（3）每周看一两次 □　　（4）几乎完全不看 □

3. 有些答案内容不合实际，或有多重含义，有些答案的形式不妥当等

**例 37** 下列几种生活方式，您愿选择哪种？

（1）每天工作 8 小时 □

（2）工作 24 小时，休息 24 小时 □

（3）工作 12 小时，休息 24 小时，再工作 12 小时 □

现实生活中，有“工作 24 小时”的吗？这种工作时间的安排是可能的吗？另

外，将“生活方式”改为“工作时间安排”较合适。

**例 38** 假定全国职工平均月收入为 100 元，您认为全国厂长（经理）⑮______的平均月收入与职工相比，应当高多少？（选一种）

（1）大致相同 □　　（2）高 20%～50% □

（3）高 50%～100% □　　（4）高 100%以上 □

在答案中出现了百分比（尽管是十分简单的百分比），往往会造成被调查者心理上的紧张情绪，造成对回答的反感。还会有一部分被调查者因看不懂百分比而误答、错答或拒答。因此，应该直接用多少元来表示。

**例 39** 在下面几种品质中，您认为哪些是最优秀的品质？按顺序排列在下面的方框里。

| 第一 | 第二 | 第三 | 第四 | 第五 | 第六 | 第七 | 第八 |
| --- | --- | --- | --- | --- | --- | --- | --- |
| | | | | | | | |

（1）爱己、爱家、爱别人

（2）尽到孝子的职责，丈夫的职责，对工作、对社会的职责

（3）严格遵守道德、法律、工厂制度、社会规范

（4）勇敢、顽强

（5）忠于本职工作、忠于家庭、忠于朋友、忠于企业集体

（6）节俭、朴素

（7）讲信用、言而有信、讲真话

（8）学识渊博、多才多智、聪明

有的答案是多重的，如“尽到孝子的职责，丈夫的职责，对工作、对社会的职责”；有的在意思上相互重复，如“讲信用”与“言而有信”；而有的则并非品质，如“学识渊博、多才多智、聪明”。

## 八、表格中的错误

在问卷中，对于几项相同类型的问题采用表格形式处理，往往具有清晰、简洁的特点。因此，表格形式的问题常常被问卷设计者采用。从当前情况看，问卷中的

表格问题主要有下列三个方面的错误。

1. 表格设计得太复杂，内容太多

**例 40** 请您填写下表：

A. 在右面表中所列出的 26 种职业的人，他们应属于您自己所划分阶层中的哪一层？（请按第⑯题中您所划分的阶层填写，填入第⑯题中阶层名称的相应标号即可。例如，假若您将社会划分为 3 层，同时认为医务工作者应属于“中”这一层，则将其标号“3”填入医务工作者这一格中。每一格都要填写。）
B. 他们的经济地位高低如何？（请填入相应标号，例如，很高，则填入“5”；较低，则填入“2”。每一格都要填写。）
C. 他们的社会地位高低如何？（填法同上）
D. 他们的政治地位高低如何？（填法同上）

| 职业分类 | A. 他们应属于您自己所划分阶层中的哪一层？ | B. 经济地位：<br>1. 很低<br>2. 较低<br>3. 中等<br>4. 较高<br>5. 很高 | C. 社会地位：<br>1. 很低<br>2. 较低<br>3. 中等<br>4. 较高<br>5. 很高 | D. 政治地位：<br>1. 很低<br>2. 较低<br>3. 中等<br>4. 较高<br>5. 很高 |
|---|---|---|---|---|
| 1. 大学教师和科研人员 | | | | |
| 2. 中小学教师 | | | | |
| 3. 医务工作者 | | | | |
| 4. 文化、文体工作者 | | | | |
| 5. 法律工作者 | | | | |
| 6. 企业技术人员 | | | | |
| 7. 政府及事业单位高中级干部（处级以上） | | | | |
| 8. 政府及事业单位基层干部（科级） | | | | |
| 9. 大中企业负责人 | | | | |
| 10. 小企业负责人 | | | | |
| 11. 企业中层干部 | | | | |
| 12. 公务人员 | | | | |
| 13. 企业一般干部 | | | | |
| 14. 人民警察 | | | | |
| 15. 大商店职员 | | | | |
| 16. 小商店职员 | | | | |
| 17. 高级宾馆服务员 | | | | |
| 18. 一般服务人员 | | | | |
| 19. 国营大中企业工人 | | | | |
| 20. 国营小企业工人 | | | | |
| 21. 大集体企业工人 | | | | |
| 22. 街道集体企业工人 | | | | |
| 23. 在乡镇企业中工作的农民 | | | | |
| 24. 农民 | | | | |
| 25. 个体户 | | | | |
| 26. 民办公司人员 | | | | |

这是国家经济系制改革研究所 1987 年 10 月在全国范围内进行的一次社会分层方面的调查所用问卷中的 1 个问题。它实质上是将 4 个表格合成 1 个。形式上的限制，使得表格的内容、填写的方法都不大明显。尽管设计者在表的左边列出了这些

问题，并解释了填表的方法，但由于问题内容太多，填表方式过于复杂，一般文化程度的人们可能还是不能顺利地进行填写，文化程度较低的人们就更加困难了。可这项调查的对象是包括大学教师、科研人员、一般服务人员、街道集体企业工人、农民、个体户、待业人员、家务劳动者在内的各个阶层、各种职业的人们。所以，在实际调查中，这一问题将会给调查的顺利进行带来麻烦。（一些实际参加这项调查的同志对这一点深有体会。）此外，这一表格的内容太多，填答量太大。它实际上包含了 104 个问题！即表中的每一个空格实际上都是一个问题，我们仅以此表的第一行为例来说明这一点。

第一行的 4 个空格实际上是这样 4 个问题：

（1）大学教师和科研人员应属于您自己所划分阶层中的哪一层？

（2）您认为大学教师和科研人员的经济地位如何？

①很低 □ ②较低 □
③中等 □ ④较高 □
⑤很高 □

（3）您认为大学教师和科研人员的社会地位如何？

①很低 □ ②较低 □
③中等 □ ④较高 □
⑤很高 □

（4）您认为大学教师和科研人员的政治地位如何？

①很低 □ ②较低 □
③中等 □ ④较高 □
⑤很高 □

从上述分析中，我们可以知道这样的一个表格问题需要被调查者花费多少时间和精力了。显然，如果问卷中的表格都像这样复杂，包含的内容都像这样多，那么这样的调查是很难进行的。

从这一例子中，我们可以进一步明白：表格的形式虽然具有简洁的特点，但并不能减少被调查者填答问题的工作量。因此，我们在设计时，不能光看到形式上的简洁，还要看到其实质内容的多少和复杂的程度。要从各个方面考虑，而不能仅从某一方面考虑。

2. 表格的形式不正确

**例 41** 在下列方面，您家和谁来往最多？（请排序各填三项）

| | 农林牧生产 | 工副商生产 | 日常生活 |
|---|---|---|---|
| 已出嫁、分家的子女 | | | |
| 儿女亲家 | | | |
| 男方亲属 | | | |
| 女方亲属 | | | |
| 邻居朋友 | | | |
| 父母家庭 | | | |

我们知道，这种常见的列联表形式的表格一般是将主项放在表的左边，而将次项放在表的上方，按行填写。但是，这一表格却恰好把这种位置搞颠倒了。这样被调查者填写问卷时就会遇到麻烦，甚至会导致被调查回答者对填表方法不理解。按照问题的含义，应该是想了解在“农林牧生产”、“工副商生产”及“日常生活”三个方面，被调查者的家庭同“已出嫁、分家的子女”、“儿女亲家”等几类不同的人们来往的情况。可是，由于此表把行和列的位置颠倒了，所以它实际上回答的是这样的问题：“你们家和下列几类不同的人们在哪些方面来往最多？”这样，被调查回答者的思想上将会引起混乱，再加上该问题括号中的“请排序各填三项”也指示不明确，所以被调查者往往很难明白此题的填法。有的也许还是按行填，有的则可能会按列填。这样一来，最后得到的结果将难以辨认，影响到调查资料的效度。

3. 表格运用不恰当

表格形式虽具有简洁的优点，但却不适用于一切问题。而且，当一份问卷中表格太多时，也会给人一种呆板、教条、老一套的感觉。比如原国家经济体制改革研究所 1987 年 10 月的那份调查问卷共有 37 个问题，表格形式的问题就有 22 个；该问卷共有 19 页，表格就占了 17 页之多。还有些问卷把不适于用表格形式的问题硬设计成表格形式，结果不是造成表格形式的不正确，就是反而增加了被调查者理解的难度和填写的麻烦。请看下面两例。

**例 42**　您和您父母的职业：（若您已离退休，或您的父亲或母亲已离退休或去世，请填离退休或去世之前的职业。请分别在您本人、您父亲、您母亲相应的职业栏中打√，每人的职业限选一个。）

| | A. 您本人 | B. 您父亲 | C. 您母亲 | | A. 您本人 | B. 您父亲 | C. 您母亲 |
|---|---|---|---|---|---|---|---|
| 1. 大学教师和科研人员 | | | | 17. 高级宾馆服务员 | | | |
| 2. 中小学教师 | | | | 18. 一般服务人员 | | | |
| 3. 医务工作者 | | | | 19. 国营大中企业工人 | | | |
| 4. 文化、文体工作者 | | | | 20. 国营小企业工人 | | | |
| 5. 法律工作者 | | | | 21. 大集体企业工人 | | | |
| 6. 企业技术人员 | | | | 22. 街道集体企业工人 | | | |
| 7. 政府及事业单位高中级干部（处级以上） | | | | 23. 在乡镇企业中工作的农民 | | | |
| 8. 政府及事业单位基层干部（科级） | | | | 24. 农民 | | | |
| 9. 大中企业负责人 | | | | 25. 个体户 | | | |
| 10. 小企业负责人 | | | | 26. 民办企业人员 | | | |
| 11. 企业中层干部 | | | | 27. 军人 | | | |
| 12. 公务人员 | | | | 28. 大学生、研究生 | | | |
| 13. 企业一般干部 | | | | 29. 中学生 | | | |
| 14. 人民警察 | | | | 30. 待业人员 | | | |
| 15. 大商店职员 | | | | 31. 家务劳动者 | | | |
| 16. 小商店职员 | | | | | | | |

①
A. _
B. _
C. _

该表格在形式上犯了与例 41 同样的错误，即把行和列的位置搞颠倒了。同时，由于采用这种表格形式，又增大了问卷的篇幅。其实，此题若按下列一般的形式，效果反而会比表格形式好得多。

**例 42A**　您和您父母的职业是什么？（请将所选答案编码填入__________中）

您的职业：__________

您父亲的职业：______

您母亲的职业：______

（1）大学教师和科研人员　　（2）中小学教师

（3）医务工作者　　（4）文化、文体工作者…………

（31）家务劳动者

**例 43** 您在工作时间里的情况怎样？（只选一项）

| | 几乎总是 | 多数时候 | 有些时候 | 从来没有 |
|---|---|---|---|---|
| 很忙 | | | | |
| 忙 | | | | |
| 一般 | | | | |
| 轻松 | | | | |

设计者的原意是想通过这张表所构成的 16 种答案来了解人们工作的状况，但实际上完全没有必要把答案弄得这么复杂。因为设计者忽略了一个重要的事实：这 16 种答案中有一半是相互重复的。比如："几乎总是很忙"（格 1.1）也就是"从来没有轻松"（格 4.4），"多数时候很忙"（格 1.2）也就是"有些时候轻松"（格 4.3）……反之一样："从来没有很忙"（格 1.4）也就是"几乎总是轻松"（格 4.1）……所以，这一问题改为下列一般的形式就可以达到调查者的目的了。

**例 43A** 您在工作时间里的情况怎样？

（1）总是很忙 □　　（2）多数时候很忙 □

（3）总是很轻松 □　　（4）多数时候很轻松 □

（5）一般 □

## 九、语言方面的毛病

在问卷设计中，语言正确通顺、简明易懂是最基本的要求。可是一些设计者在这一点上还未过关，影响了问卷的质量和调查的效果。在语言方面常见的毛病主要有三种。

1. 语言太书面化，不符合口头语言的习惯

问卷虽由书面的文字所构成，但由于它主要包含的是向被调查者提出的问题，所以，问卷中的语言要符合人们口头提问和交谈的习惯。

请看下列例子：

**例 44** 你是否是共青团员?

(1) 是 □　　(2) 不是 □

**例 45** 您是否是个体经营者?

(1) 是 □　　(2) 否 □

这本是两个十分简单的问题，可是设计者却没能把它们说得更通俗、更符合中国人平常说话的习惯。当我们向别人提这样的问题时，常常是怎样问的呢？我想，这个问题读者应该能回答：

(1) 你是共青团员吗?(或者：你是不是共青团员?)

(2) 您是个体经营者吗?(或者：您是不是个体经营者?)

下面这个例子也有这种毛病。

**例 46** 当您初婚时，您娘家是几代家庭?

如果改为“您出嫁时，娘家有几代人?”就顺耳多了。

2. 不注意调查对象的文化背景，语言的书生气太重

**例 47** 您一般每天早晨______点起床，午休______小时，______点晚寝。

**例 48** 您认为在选择配偶时，什么条件最重要?

(1) 家庭经济状况 □　　(2) 道德品质 □

(3) 家庭社会地位 □　　(4) 职业 □

(5) 文化程度 □　　(6) 相貌 □

(7) 健康状况 □　　(8) 志同道合 □

(9) 能干会挣 □　　(10) 老实可靠 □

(11) 能体贴人 □　　(12) 性格 □

(13) 其他 □

**例 49** 您与孩子的关系如何?

(1) 比较融洽 □　　(2) 一般 □

(3) 不够融洽 □

前两个问题的调查对象是农村妇女，后一个问题的调查对象是部分城乡 14 岁儿童的家长。对这些被调查者来说，“晚寝”、“选择配偶”、关系“融洽”等，就远不如“晚上睡觉”、“找对象”、关系“很好”等易于理解。

3. 语句本身不通顺或不正确

**例 50** 你认为缩短工时能否促进企业经济改革，或相反？

(1) 能促进经济改革 □ (2) 二者毫不相干 □

(3) 影响企业的经济改革 □

这是一个前后重复的问句。前一部分问了“能否促进”，就已包含了“能促进”和“不能促进”两种情况，问句的后一半又加了一个尾巴“或相反”就是多余的了。这时的“相反”指的是什么呢？实际上又是“不能促进”和“能促进”，造成重复。故应去掉这个尾巴。

**例 51** 您认为所在集体的相互关系状况是：

(1) 相互关心，相互帮助 □

(2) 彼此关系还可以，无大的矛盾 □

(3) 集体中分几派 □

设计者的意思我们可以看出，但这一问题的表述却是不正确的，句子应改成：“您认为在你们班组里，同志之间的关系怎样？”

## 十、封面信及指导语中的毛病

1. 有些封面信中对有关内容介绍不够

比如：

朋友，您好！在您面前的是一份调查试卷，里面的问题大多轻松有趣。这些问题的答案无所谓对错，只不过是人们的各种想法，这些想法都是现实合理的。您可以在这些答案中挑选一个比较而言最合乎您的想法的，但请尽快回答，无须在每个问题上做太多思索。回答时不必考虑应该怎样，只回答您平时是怎样的就行了。本问卷不记单位、姓名，并对您的回答保密，请您不必有任何顾虑。

好！现在就请您填写这份问卷。谢谢！

（单位署名）

××××年×月

看完这封短信后，被调查者的头脑中也许会出现这样一些问题：这项调查的内容是什么？为什么我要回答这些问题？我这样做有什么作用？有什么意义？……之所以会如此，就是因为在这封短信中，调查者既没有向被调查者讲明他们进行这次调查的目的、大致内容，也没有讲明被调查者填答问卷的意义和作用。这就等于叫人们盲目地去干一件不明白的事情。试想，这样的封面信能达到消除被调查者疑虑、调动他们的积极性和责任心的目的吗？

2. 有些封面信的内容过于啰唆，不简明扼要

例如：

家长同志：

您好！

目前大家都很关心自己子女的教育和成长，为了探讨这个问题，我们将围绕家庭环境、家庭关系、家庭教育与孩子成长状况等问题，作一些有关的科学调查研究，请您给予协助、回答。希望这种研究将会对教育孩子和协调家庭关系提供一些有益的建议。同时，我们将用社会学的方法，对上述问题进行一些探讨，目的是为党和政府提供参考，以便对进一步做好有关工作有一些帮助。我们保证，对您的回答结果将严格保密，而且，此调查不会给您带来任何不利。所以，我们请您务必根据自己的情况和看法实事求是地填写。

谢谢您给予我们的帮助！祝您全家健康、愉快！

××大学社会学系

“儿童教育问题”调查组

××××年×月

这封信不仅内容上有重复，叙述上拖泥带水，许多内容也嫌多余。若改成下面这样也许就合适一些。

家长同志：

您好！

孩子的教育和成长，是每个家长都十分关心的问题。为了探索教育孩子的有效方法和儿童成长的一般规律，我们正在进行这方面的调查研究。我们希望能得到您的支持与合作。请您根据实际情况填写这份问卷。本问卷不记姓名，答案无所谓对错，所以您不必有任何顾虑。

占用了您的宝贵时间，向您致以深切的谢意！

××大学社会学系

《儿童教育问题》调查组

××××年×月

3. 有些封面信中不恰当地使用了一些文学描写中的语言、一些不通俗的缩略语和某些专业术语

例如，在某问卷封面信中，有这样的一段话：

希望你在填表时不要有任何顾虑，怎么干的，怎么想的，就怎么填，毫不隐讳地将您的欢乐和苦恼、愿望和需求尽情地倾诉。

这种写法应该说是欠妥的。因为问卷中的问题和答案都是调查者事先拟定了的，被调查者实际上只可能对问卷中提出的有限个问题进行回答，而且这种回答多半只能在给出的有限个答案中进行选择。所以说被调查者是不可能将其“欢乐和苦恼、愿望和需求尽情地倾诉”的。

另外，有些问卷封面信中所用的“调研”、“酌情”等字眼，也最好用一些通俗明白的话去表达。比如用“调查研究”、“根据你的实际情况”等。

最后，有的设计者在填表说明中写道：“请您每一题都不要遗漏，否则无法上计算机计算。”这也不大恰当。因为如果被调查者对问卷中的个别问题不愿回答，或者因为不理解而不知如何回答时，这样的说明很可能导致被调查者放弃填答整个问卷，因为缺一个答案就没有用了呀！

## 十一、请你找出它们的错误

下面两份非正式的问卷分别摘自英国社会学家彼得·曼（Peter H. Man）所著

《社会研究方法》(*Methods of Social Investigation*)和美国社会学家艾尔·巴比所著《社会研究实践》两书。它们都是原作者用来帮助学生分析问卷中常见毛病的。由于它们并不是实际调查中所用的正式问卷，所以在结构上并不严格。实际上，它们只是两份错误问题的汇编。读者可先仔细地阅读每一个问题，尝试着用已学过的知识来找出其中的错误，然后再去对照后面的答案和解释。记住，这两份问卷中的每一个问题都有或大或小的毛病，没有一个完美的问题。

几年前，笔者和学生进行一次有关地方商店的调查。作为一种练习，笔者让学生每人设计一份访问表。像任何人第一次所做的那样，他们在设计中出现了许多错误。笔者把这些错误归在一起，进行了一些修饰，形成了下列访问表。找出毛病也许是容易的，建议你亲自动手把所有不好的问题重改一遍。这种重建的工作远比破坏的工作要难。挑毛病的专家也不总能设计出最好的问卷。

**例 52　购物调查访问表**

致访问员：

根据名单找到住户，对负责购物的妇女进行访问。解释你是××大学社会学系的学生，且正在进行一项关于人们对柜台服务的商店和自选商店的态度和社会调查。

(1) 您的年龄是多少岁？

20 岁以下 □　　20～30 岁 □　　30～40 岁 □

40～50 岁 □　　50～60 岁 □　　60 岁以上 □

(2) 您的婚姻状况？

已婚 □　　单身 □　　丧偶 □

(3) 您在这个地区住了多长时间？______年

(4) 您在什么地方购买主要的日常用品？

______________________________

(5) 它是柜台服务还是自选服务？

自选服务 □　　柜台服务 □

(6) 您熟悉售货员或售货员熟悉您吗？

是的 □　　不是 □

(7) 买日常用品时，您总是

一次买很少的种类 □

一次买一周的日用品 □

(8) 在您光顾的商店，您也买肉、水果和蔬菜吗？

是的 □　　不是 □

(9) 哪种商店您觉得更自由且更独立？

柜台式 □　　自选式 □

(10) 您觉得自选商店的商品由于更高的流通面可能更新鲜，是吗？

是的 □　　不是 □

(11) 您认为自选商店更大、非私人化并且不需要那种对您认识的一个小店主那样的忠诚，是吗？

是的 □　　不是 □

(12) 您同意下列说法吗？

| | 是的 | 不是 |
|---|---|---|
| ①自选商店便宜、有效率且清洁 | □ | □ |
| ②自选商店昂贵、无效率且不卫生 | □ | □ |
| ③柜台商店友善、热情且有特点 | □ | □ |
| ④柜台商店的服务员比自选商店更周到且更有效率 | □ | □ |

(13) 您外出工作了吗？

是的 □　　不是 □

(14) 您有汽车吗？

有 □　　没有 □

(15) 您认为您属于哪个社会阶级？

工人阶级 □　　下中等阶级 □

中产阶级 □　　上中等阶级 □

开头的两个问题我们称作类型资料，是分析被调查者的社会特征用的，并不明显地与调查的主题相关。这些问题最好放在最后，作为结束的问题，那时被调查者已经习惯于回答问题了。

(1)“您的年龄是多少岁?”这个问题的说法太正式了，通常我们问：“请问您多大年纪了?”另外，回答的类型有错误。30、40、50 岁的人可同时归入两类。应改为 20～29 岁、30～39 岁、40～49 岁、50～59 岁。

(2)“婚姻状况”是一个术语，最好问：“您是单身、结了婚，还是丧偶或离了婚?”

(3)“这个地区”是个含糊不清的概念，可能用“这座房子”要好一些，除非明确地对“地区”作出定义，比如“在某某街”等。

(4)这个问题似乎假设了人们总在同一个商店买东西，或已有了一个“主要的”小店主。

(5)答案的顺序与问题中间的顺序相反，应改动一下，否则有些被调查者容易搞错。

(6)“熟悉”有多种不同的理解。我也许知道某售货员住在某街道的某栋房子里，但这与购买东西几乎无关。另外，这还是一个双重问题。被调查者也许相信自己熟悉售货员，但售货员可能不熟悉他。

(7)这一题的主要缺点是只给出了两种极端的选择，省去了显然存在的中间状况，即一次买较多且一周买好几次。

(8)这是一个三重问题的例子。需要三对“是的”、“不是”来分别回答是否买肉、买水果和买蔬菜。

(9)在商店“更自由且更独立”可能使人感到奇怪。

(10)这是一个诱导性问题，它暗示被调查者：自选商店的商品是更新鲜的。

(11)这是一个长的、诱导性的和双重含义的问题。

(12)答案①、②、③是三重的，答案④是两重的。另外，把“是的”、“不是”改为“同意”、“不同意”更恰当。

(13)该调查的重点是，一个外出参加工作的家庭主妇所具有的购物模式，可能强烈地受她工作的时间、地点、工作的性质等影响。一个简单的“是的”或“不是的”的回答，对分析的目的不适用。这表明调查设计者对于在他的分析阶段用这个结果要干什么考虑得不够。

(14)研究者应该了解被调查者开车去买东西的情况，可这一问题一点也没问到这些。

（15）如果为了便于分析而采用客观的社会地位的量度，那么应采用丈夫的职业；如果采用主观的社会阶级，即根据被调查者自己的估计，那么通常需要某种客观的标准来检查。

**例 53　从错误的例子中学习**

东密西根大学社会学系　查尔斯·邦尼

这是我在问题设计方面用来训练我的学生的一份问卷。这些问题被用来检验这样一个假设："来自高地位家庭背景的大学生更能容忍那些遭受精神或经济压迫的人。"（这里"地位"的操作定义是家庭收入、父母的教育程度、父亲的职业威望的相互结合的等级。若父亲去世或失业，则用母亲的职业威望。）每个问题中都有一个或多个缺点，看看你能不能辨别出这些缺点。

**问　卷**

（1）你对古怪的人的反应是什么？ ____________________

（2）你父亲的收入是多少？ ____________________

（3）在你成长的过程中，你和谁生活在一起？

双亲 □　　仅母亲 □

仅父亲 □　　其他人（请指明） __________

（4）你父亲的职业是什么？ ______________

（如果父亲去世、不在家或失业、退休，你母亲就业了吗？是的□ 不是□）

（5）你的父母上过大学吗？

上过 □　没上过 □

（6）你不认为那些遇到麻烦的人应该受到同情吗？

是的 □　不是 □

（7）如果你的一个朋友开始表现出奇特的和古怪的行为，你认为你的反应会是什么？

____________________

（8）你现在的家庭中有没有人曾经被送进过专门机构？

有 □　　没有 □

(1) 首先，使用了一个贬义的和含糊的概念“古怪的人”。其次，由于它是第一个问题，所以它的这种错误一方面可能影响到人们对后面问题的回答，另一方面则可能由于无形中推开了一部分被调查者而使回答率受到影响。

(2) 操作定义中要求的是家庭的收入，而不仅仅是父亲的收入。另外，对于收入这样的私人问题，人们往往更愿意在所提供的不同类别中打钩，而不愿填写这种开放式问题。

(3)“在你成长的过程中”是一个含糊的时间区间。

(4) 首先，对于职业来说，多项选择总是较适宜的，而这种开放式问题的答案往往含糊得难以进行分类。其次，当地位状况要由母亲的职业来测量的情况发生时，该问题却只能给出她是否就业的资料。

(5) 首先，这种测量教育程度的方法功能十分有限。(即仅仅能反映是否上过大学，而不能反映教育程度从文盲到大学的不同层次。) 其次，它还是一个双重含义的问题。

(6)“你不认为……应该……吗?”是一种诱导性提问。同时，问题中的“麻烦”的含义也不明确。

(7)“奇特的和古怪的行为”含义不明确。同时，询问对假设的、含义不明确的情况的推测常常效果不好。

(8)“专门机构”是一个含糊的术语，许多专门机构是明显互不相干的。

# 第十章　实例分析

为了便于读者实践和练习，同时也为了使读者对问卷设计的过程有一种更具体的认识，我们在本章中将详细介绍笔者在一项实际调查中设计问卷的实际过程及其结果，特别是操作化的过程和结果，并对设计中可能涉及的各种问题、设计者所面临的各种困难、与问卷设计相关的各种因素等内容进行具体分析和讲解。

## 一、研究问题及目标

笔者于 1995 年申请到一项武汉市科学技术委员会的软科学基金项目，项目的名称是“武汉市经济社会发展中的居民生活质量问题”。生活质量既是对一个社会中人们总体生活水平的综合描述，同时也是衡量一个社会整体发展水平的重要指标。20 世纪 60 年代开始，美国等西方发达国家的学者就对生活质量问题开展了一系列研究。70 年代末我国改革开放以来，居民的生活质量问题也越来越引起学术界和政府部门的广泛关注。中国共产党第十三届七中全会通过的《中共中央关于制定国民经济和社会发展十年规划和“八五”计划的建议》中，强调要进一步提高人民的生活水平，并具体规定了它的内容：既包括物质生活的改善，也包括精神生活的充实。

笔者这一项目的主要目标是：第一，通过实地调查，收集定量的资料，详细描述武汉市城区居民家庭生活质量的基本状况；第二，分析居民家庭生活质量与整个社会经济发展之间的关系；第三，对测量居民家庭生活质量的主客观指标及其结构进行一定的理论探讨。其中，武汉市居民生活质量基本状况的描述是本项目最主要的目标。

课题研究于 1995 年 7 月开始，到 1997 年 6 月结束。大致分为以下几个阶段：1994 年 11 月至 1995 年 6 月为课题申请阶段，相当于本书第一章中所说的选题阶段；1995 年 7 月至 11 月为准备阶段，主要工作任务包括研究计划的拟订，抽样方案的制订，调查问卷的设计、试用和修改等；1995 年 12 月至 1996 年 1 月为实地调查、收集问卷资料阶段；1996 年 2 月至 8 月为问卷资料处理和统计分析阶段；1996

年 9 月至 1997 年 6 月为总结阶段。

根据研究的目标，笔者决定采用社会调查的方法来进行该项研究。调查的总体为武汉市七个城区的所有家庭，调查样本采用多段抽样的方式抽取。调查资料的收集采用派调查员上门发送自填式问卷的方式进行。课题组根据问卷调查的资料撰写了课题研究报告和论文，最后形成了一本研究中国城市居民生活质量的著作。有关本课题研究的详细情况，有兴趣的读者可参阅笔者等著《中国城市居民生活质量研究》一书，以及《城市居民家庭生活质量：指标及其结构》一文。[①]

## 二、问卷设计的过程

在具体设计问卷之前，笔者就根据该项课题的基本目标和现有的条件，确定了调查问卷的基本要求和设计目标。这一点对于整个问卷设计工作来说起着某种“制定方针政策”的作用。课题的基本目标是描述武汉市居民生活质量的现状，课题的性质是软科学项目，对社会学理论的要求不高，课题经费不是十分充足，而调查的样本又不能太小，并且最好尽量大一点。因此，主要维度的选择、特定指标的选取，都要尽量以全面描述现状为主，涉及的方面（即维度）当然越多越好。但同时问卷中的问题数目又要尽可能少一点，因为多了会给实际调查工作带来很大的困难。特别是在调查样本比较大，调查经费十分有限的情况下，问卷中的问题一多，问卷的内容一长，调查的质量、调查所得资料的质量就会受到很大影响。

为了有针对性地设计出研究所需要的问卷，笔者首先查阅了若干有关生活质量的文献。查阅文献的目的，一是要弄清楚本研究的核心概念——生活质量的含义，二是要对前人已有的经验研究结果进行了解和借鉴。通过查阅，笔者了解到，从 1985 年以来，国内外的社会学者对我国城市居民的生活质量进行过几次较大规模的研究。其中比较重要的有美国社会学家林南教授与天津、上海两地社会学者合作进行的两项研究[②]，北京大学社会学系在北京、西安、扬州三地的研究[③]，以及北京经

① 参见风笑天等：《中国城市居民生活质量研究》，武汉，华中理工大学出版社，1998；风笑天等：《城市居民家庭生活质量：指标及其结构》，载《社会学研究》，2000（4）。

② 参见林南等：《生活质量的结构和指标》，载《社会学研究》，1987（6）；林南等：《社会指标与生活质量结构模型探讨》，载《中国社会科学》，1989（4）。

③ 参见卢淑华等：《生活质量主客观指标作用机制》，载《中国社会科学》，1992（1）。

济学院的学者所作的中国人口生活质量的研究[①]，等等。特别有帮助的是，笔者还设法得到了天津、上海、北京三项调查所用的问卷。

通过阅读上述文献，笔者不仅对生活质量的概念有了更清楚的认识，而且了解到这一概念所包含的具体维度和具体的测量指标。比如，笔者了解到，居民的生活质量涉及人们的居住、环境、工作、财产与消费、家庭生活、闲暇、健康、邻里关系、社会交往等众多不同的维度，同时也了解到，测量居民的生活质量既需要客观的指标，又需要主观的指标。查阅相关文献的工作为笔者根据自己的研究项目设计问卷打下了很好的基础。

1995 年 9 月至 12 月，笔者给本校和外校 95 级社会学专业硕士研究生开设“社会学研究方法”课程。作为该课程的一项作业，笔者要求学生们对“生活质量”的概念进行操作化，然后在课堂上对这一概念的各种操作化结果展开讨论。通过讨论，学生对生活质量的概念及其主要维度都有了比较明确的认识。在组织研究生进行讨论的基础上，笔者结合本项研究的具体要求和实际条件，确定了本项调查中对生活质量概念进行重点测量的若干维度，它们包括：居住、交通、休闲娱乐、家庭生活、工作和职业、环境、邻里关系等。然后，笔者将学生分成若干个小组，每一个小组围绕生活质量概念中的一个维度来设计测量的指标和具体的问题。

在同学们设计好各组问题后，笔者又要求他们对所设计的问题进行讨论和筛选，并规定每一个小组设计的问题不能超过 10 个。在此基础上，笔者又认真地从头到尾对每一部分问题进行了仔细的分析，增删了一部分问题，形成了问卷的初稿。

笔者将问卷初稿打印出来，印制了 20 份，让学生进行了试调查。根据试调查中发现的问题，笔者又对问卷进行了修改，然后亲自在计算机上排好问卷的版面，并打印出清样，认真校对，最后送印刷厂印刷装订。

## 三、问卷的操作化框架

以上我们简单介绍了这份问卷的设计过程，为了进一步帮助读者了解与这一过程相伴随的各个阶段的具体成果及其变化，我们专门抽出其中的操作化部分，结合

---

① 参见冯立天主编：《中国人口生活质量研究》，北京，北京经济学院出版社，1992。

设计的过程作更详细的说明。读者可以伴随着这一过程进行练习。

设计之初，研究者（读者）的头脑中已经（应该）明白，本课题问卷设计过程的基本框架是：

| |
|---|
| 生活质量⟶主要维度⟶子维度⟶测量指标⟶具体的问题 |

而更为具体的思路和框架则如图 10—1 所示。

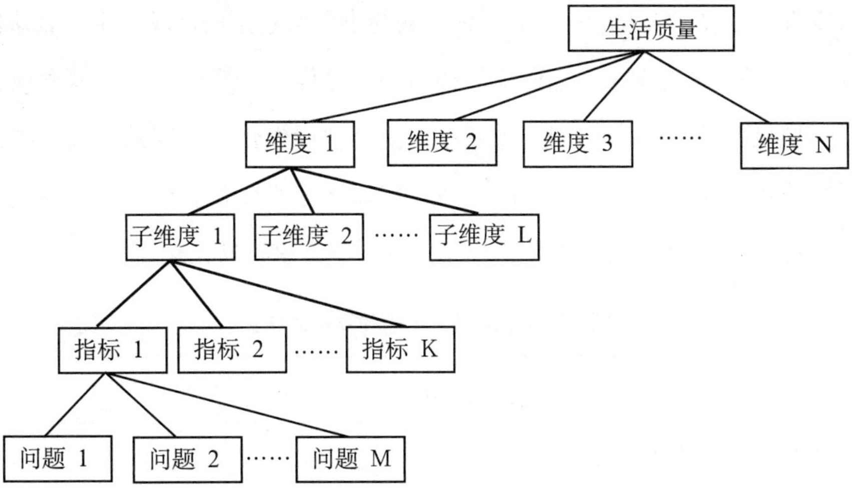


**图 10—1　从概念到具体问题的思路和操作框架图**

研究者（读者）可以根据这一框架，逐一地将每一个维度、每一个指标都操作化为具体的问题。其具体做法是：第一步，确定本调查问卷中所要包含的主要维度。比如在该研究中，笔者确定"居住情况"、"邻里关系"、"交通状况"、"家庭生活"、"休闲娱乐"、"工作和职业"、"生活环境"为生活质量概念的主要维度（详见表 10—1 第二列）。

第二步，在每一个主要维度中，都将其进一步操作化为"客观"方面与"主观"方面两个子维度（详见表 10—1 第三列）。

第三步，将每一个子维度进一步操作化为若干具体指标。指标的选取应特别注意其对该子维度的表面效度（内容效度），即这些指标起码"看上去"是与该子维度密切相关的（详见表 10—1 第四列）。

第四步，将每一个特定的指标转化为（设计成为）问卷中的一个或几个具体问题。在这一步，设计者就要考虑问题的形式、问题的语言、提问的方式、答案的类型、问题的顺序等设计的具体问题。（参见书后附录“问卷选编”问卷1。）

表10—1列出的是笔者1995年进行生活质量调查项目时，在问卷设计中从生活质量的概念到特定测量指标的详细操作化过程。它是问卷设计过程中最关键的步骤——操作化阶段的主要结果。至于第四层“具体问题”的内容，笔者在这里暂且不一并列出，而给读者提供一个实践的机会。读者可以利用这个框架自己去设计出具体的问题，然后再和书后所附问卷中的问题进行比较（这是一次很好的实践机会）。可以肯定地说，读者所设计的具体问题与书后问卷中的问题一定会有这样或那样的不同，这是正常的现象。它向我们揭示的是这样一个道理：一个概念或变量的操作化结果通常不是唯一的，同一个概念可能会被操作化为不同的维度、指标和问题，各种不同的操作化结果相互之间存在着好坏优劣之分，研究者的任务是尽可能按照概念内在的含义和研究的具体目标来对这一概念进行操作化。

**表10—1　　生活质量概念操作化过程及具体指标**

| 概念 | 主要维度 | 子维度 | 测量指标 | 具体问题（略） |
|---|---|---|---|---|
| 生活质量 | 居住情况 | （客观） | 房屋类型 | |
| | | | 住房间数 | |
| | | | 住房面积 | |
| | | | 居住年限 | |
| | | | 厨房情况 | |
| | | | 厕所情况 | |
| | | | 自来水 | |
| | | | 燃料 | |
| | | | 有无典型困难情况 | |
| | | （主观） | 感觉宽敞或拥挤 | |
| | | | 横向比较的相对等级 | |
| | | | 对住房的自我评价 | |
| | 邻里关系 | （客观） | 对邻里的了解情况 | |
| | | | 与邻里交往情况 | |
| | | | 找邻里借东西情况 | |
| | | | 向邻里寻求帮助情况 | |
| | | | 发生矛盾情况 | |
| | | | 是否受到邻里关心 | |
| | | （主观） | 对邻里关系的评价 | |
| | 交通状况 | （客观） | 上下班交通方式 | |
| | | | 上下班交通所需时间 | |
| | | | 日常生活交通时间 | |
| | | | 乘坐出租车情况 | |

续前表

| 概念 | 主要维度 | 子维度 | 测量指标 | 具体问题（略） |
| --- | --- | --- | --- | --- |
| | | （主观） | 对出租车方便的评价 | |
| | | | 对出租车价格的评价 | |
| | | | 对公交车拥挤的评价 | |
| | | | 对交通秩序的评价 | |
| | | | 对交通方便的评价 | |
| | | | 对存在问题的评价 | |
| | 家庭生活 | （客观） | 食物消费 | |
| | | | 大件家电数量 | |
| | | | 已婚者的婚龄 | |
| | | | 是否为钱争吵 | |
| | | | 家务由谁做 | |
| | | | 大事谁做主 | |
| | | （主观） | 对家庭生活水平等级的评价 | |
| | | | 生活变化的纵向比较 | |
| | | | 对家庭生活的满意程度 | |
| | | | 对夫妻间理解的评价 | |
| | | | 对婚姻生活的总体评价 | |
| | | | 对家庭人际关系的评价 | |
| | 休闲娱乐 | （客观） | 订报刊数量 | |
| | | | 平常看电视时间 | |
| | | | 周末或节日看电视时间 | |
| | | | 主要的娱乐活动 | |
| | | | 主要的闲暇活动 | |
| | | | 做家务的时间 | |
| | | | 主要的交往对象 | |
| | | （主观） | 周末两天的感受 | |
| | | | 生活的感受 | |
| | | | 紧张感 | |
| | 工作和职业 | （客观） | 工作单位类型 | |
| | | | 调动单位次数 | |
| | | （主观） | 对职业的满意度 | |
| | | | 对不同职业的评价 | |
| | | | 对单位的满意度 | |
| | | | 对工作环境、待遇等各方面的评价 | |
| | 生活环境 | （客观） | 是否经常停电 | |
| | | | 是否经常停水 | |
| | | （主观） | 对城市环境污染的评价 | |
| | | | 对城市社会治安的评价 | |
| | | | 对城市建设的评价 | |
| | | | 对市场物价的评价 | |
| | | | 对城市商业服务的评价 | |
| | | | 对城市经济发展的评价 | |
| | | | 对城市教育事业的评价 | |
| | | | 对市政府工作的评价 | |

## 四、不同问卷的比较

前面说过，自1985年以来，国内社会学界就开始了对生活质量的研究，且列举了几项重要的调查。我们先对这几项调查的问卷情况作一个简单的比较，并就不同问卷之间的异同及其原因进行说明。

天津1985年千户问卷调查（B卷）中包括婚姻、家庭消费、职业、家庭关系、家务劳动、闲暇时间利用、家庭教育、居住环境、工作、其他10个主要维度，381个具体问题。①

北京大学社会学系1987年对北京518名、1988年对西安501名、1989年对北京549名、1990年对扬州512名城市居民的生活质量调查问卷中包括居住与环境、工作、家庭生活、国家、文化、收入与健康、一般情况7个主要维度，总共138个问题。②

上海社会科学院社会学所1987年对上海1 200名城市居民的生活质量调查问卷中包括家庭、住房、居住环境、职业活动、闲暇、精神健康、近半年来的主要生活事件、时间分配8个主要维度，总共106个具体问题。③

笔者1995年对武汉市1 000户居民家庭生活质量调查所用问卷中则包括居住情况、交通状况、家庭生活、休闲娱乐、邻里关系、工作和职业、生活环境7个主要维度，总共75个具体问题。

通过简单的比较我们可以看出，几项不同时间、不同地点、不同研究单位和研究者所做的同一主题的调查中，基本的维度是十分相近和相似的，有好几项维度为各项调查所共有，比如工作、家庭生活、居住、闲暇等。当然，所有调查在维度的选择上也都存在着差异。可以说，没有两项调查所用的维度是一模一样的。

另外，不同的调查中，研究者对于同一维度所采用的测量指标也基本相似，但不尽相同。比如，对于“居住”这一维度，天津调查中所用的指标为住房类型、住房间数、住房面积、居住年限、厨房状况、取暖设备、洗澡设备，北京调查中所用

① 参见王辉主编：《天津市千户城市居民户卷调查》，317～364页，天津，天津社会科学院出版社，1995。

② 参见风笑天：《透视社会的艺术——社会调查中的问卷设计》，附录一，天津，天津人民出版社，1990。

③ 参见林南等：《社会指标与生活质量结构模型探讨》，载《中国社会科学》，1989（4）。

指标为居住年限、住房面积、住房间数、住房设备（包括水、燃料、厨房、厕所、暖气）、感觉宽敞或拥挤、对住房的满意度等，笔者 1995 年的调查问卷中所用的指标为房屋类型、住房间数、住房面积、居住年限、厨房情况、厕所情况、自来水、燃料、有无典型困难情况、主观感觉宽敞或拥挤、横向比较的相对等级、对住房的自我评价。

为什么对于同样的主题，在不同的调查中，研究者设计问卷时所考虑的维度、指标、具体问题等会存在一些差别？

原因之一是，后者往往是在前者的基础上发展而来的，因而通常包含了对前人所作研究结论的借鉴。比如笔者设计问卷时，就已经仔细地阅读了天津社会科学院和北京大学社会学系的问卷，对两份问卷中的维度、指标以及具体的问题都有了清楚的认识。应该说，笔者的问卷是在分析和借鉴前两份问卷的基础上完成的，是综合前两份问卷并结合本项调查的目标、条件后进行调整的结果，因而既吸收了前两份问卷中的主要指标（这是问卷基本相同或相似的原因），又增设了若干新的指标作为补充。比如问卷中在每一个主要维度上又都细分为“客观”与“主观”两个子维度，就是受到现有研究成果中关于“生活质量主、客观指标作用机制”的结论①的启发。而一些新的指标和问题也是在这种启发下设计出的。比如问卷中的“横向比较的相对等级”一项，就是笔者在阅读了现有文献中关于“参照标准作用”的讨论②后增加的。当然，笔者同样也删减了其他调查问卷中一些不太合适的维度。比如，北京大学问卷中有关“国家”的维度、天津问卷中有关“家庭教育”的维度和有关“婚姻”的维度等，以及一批与本研究课题目标联系不太紧密的指标及问题。

原因之二是，不同研究者所具有的研究条件不同。这是问卷设计中一个十分关键的问题。从理论上说，所有关于同一主题的调查所用的问卷都应该是相同的。（实际上许多心理学研究中所用的量表就是完全相同的。）但在实践中，这种情况比较少见。根本原因就是不同研究者在进行自己的研究时，所处的环境不同，所要达到的目标不完全相同，所具有的研究条件也不相同。比如，我们从上面的比较中发现，天津社会科学院所设计的调查问卷中问题数目最多，而其他研究中的问题数目就大

①② 参见卢淑华等：《生活质量主客观指标作用机制》，载《中国社会科学》，1992（1）。

大减少。除了其他方面的原因外，可能与天津的调查是由市政府出面组织，经费、人力相对充足有很大的关系。北京大学的调查是全国哲学社会科学“六五”规划重点课题中的一项子课题，上海的调查是一项国际合作项目，而笔者 1995 年的调查只是武汉市科学技术委员会的一项软科学基金年度课题。四项课题的经费、人力等相差是较大的。这种客观物质条件上的差异无疑会影响到课题的规模和实施。具体到问卷设计上，笔者只能在尽可能兼顾到主要的维度的前提下适当减少测量指标和具体问题的数目，以利于在较少的经费和人力的条件下完成同样大规模样本的调查。

与上面所谈的问题直接相关的是问卷设计中的理想和现实的问题。所谓理想，指的是在问卷设计时，如果单从收集尽可能详细的资料来考虑，问卷中的问题应该尽可能多，所询问的内容应尽可能详细；而所谓现实，则指的是考虑到实际调查工作的实施过程，考虑到被调查者都是现实生活中有思想、有感情、有喜怒哀乐的人，因而每项调查的问卷设计又总要在问题的数目上打各种不同的折扣。如何处理好问卷设计中理想与现实之间的矛盾，如何在二者之间取得平衡，是问卷设计者所面临的一项艰巨任务。

## 五、实际问卷解析

### 1. 封面的设计

笔者正式调查所用问卷的封面，最上端是用两条粗黑线框出的一句醒目的文字：

> 属于私人、家庭的单项调查资料，非经本人同意，不得泄露。——摘自《中华人民共和国统计法》①

之所以将这句话以如此突出的方式放在问卷的封面，主要是为了突出地表明调查的正式性、合法性。主动让被调查者了解国家《统计法》的有关规定，可以起到多种作用：它首先是要表明，调查者开展调查必须遵守国家的法律；其次它也说明，被调查者在感到自己的利益受到威胁和侵犯时，可以运用法律的武器来保护自己的利益；而实际上研究者把这句话放在封面显著位置的最主要目的，则是为了减轻被调查者的心理压力。由于前面有了《统计法》的摘录，封面信中关于“本次调查严

① 《中华人民共和国统计法》于 2009 年再次修订。该引文系修订前的法律条文。

格按照《统计法》的要求进行，不用填写姓名，所有回答只用于统计分析”的说明也就顺理成章了。

封面信中笔者主要说明了这样几件事：(1) 我们是谁——华中理工大学社会调查中心的调查员；(2) 我们为什么要进行这次调查——为了了解情况，为政府改进人们的生活质量提出建议；(3) 调查的对象——本市 1 000 户居民；(4) 调查的方法——根据实际情况选择答案；(5) 回答问卷的作用——代表众多武汉市民，为改善生活质量提供帮助；(6) 感谢和祝愿——感谢支持，祝生活越来越好。

封面最下端列出的调查单位的地址、电话、负责人姓名、邮政编码等真实资料，也是一个值得注意的细节。尽管实际上很少有甚至根本就不会有被调查者在调查后与调查者联系，但“醉翁之意不在酒”，列出这些资料同样是为了说明调查的正式性和合法性，同样是为了减少被调查者的疑虑和心理压力。

2. 背景资料问题的位置

与通常的问卷一样，这份问卷中自然少不了被调查者个人及家庭特征方面的问题，即所谓的背景资料问题。这是问卷中相对特殊的一个部分。我们曾在本书前面有关章节指出，这类问题一方面对于被调查者来说可能比较敏感，因而通常应放在问卷的结尾部分；但同时这部分问题又相对比较简单，因而也适合放在开头。至于究竟是放在结尾还是放在开头，要根据调查的内容和调查的对象等情况综合考虑。

在该问卷中，笔者将其放在了开头。这样做的主要考虑是，一方面，生活质量是一个不太敏感的调查内容，有了封面信的说明，被调查者的疑虑和压力可能不会太大。另一方面，该调查采取派调查员登门发送、当时（或隔天再次登门）回收的方式进行，拒答率会相对小一些。因此，在问卷的开头就提出这些相对比较简单，但对研究者特别重要的问题，就能较好地保证这些问题所代表的自变量不会被忽视和遗漏。

3. 不同维度的问题及前后顺序

作为一份描述性调查的问卷，笔者在设计时对各种问题基本上是按不同维度进行安排的，因为同一维度中的问题基本上都围绕着同一个方面的内容，被调查者回答时思路不会被打乱。此外，笔者还专门用黑体字将每一个维度都标出来作为不同部分的标题。这样做可以使这些小标题起到某种转折和提示的作用。它可以帮助被调查者顺利地从一个方面的问题转到另一个方面的问题。不过需要注意的是，这种小标题应该十分清楚明白，不要太含糊和笼统。比如，北京大学社会学系的问卷中所列的第五节“一般情况”、天津问卷中所列的“十一、其他”这样的小标题就不太合适。

对于不同维度的问题的前后顺序，笔者在设计问卷时是本着内容简单的在前、内容为人们所熟悉的在前、内容不太敏感的在前、内容相对重要的在前的原则，以及客观的在前、主观的在后的原则进行安排的。当然，这些原则相互之间可能会存在矛盾，比如有关家庭生活的问题显然是为被调查者所熟悉的、内容相对重要的，但同时也是相对敏感的，综合考虑的结果是，笔者把它放在了问卷的中间部分。

4. 某些问题的形式

在这份问卷中，笔者主要采用了选择式、填空式和表格式的问题形式，特别是选择式问题占了一大半。问卷中绝大部分问题的形式都十分规范和简单，只有少数问题的形式需略作说明。

一个是第七部分的最后一题：

G8　请对与你目前工作有关的下列方面作一评价。

工作地点离家——1. 很近　2. 比较近　3 一般　4 比较远　5 很远

工作环境条件——1. 很好　2. 比较好　3 一般　4 比较差　5 很差

工资收入————1. 很高　2. 比较高　3 一般　4 比较低　5 很低

福利待遇————1. 很好　2. 比较好　3 一般　4 比较差　5 很差

提升机会————1. 很多　2. 比较多　3 一般　4 比较少　5 很少

与同事关系———1. 很好　2. 比较好　3 一般　4 比较差　5 很差

与领导关系———1. 很好　2. 比较好　3 一般　4 比较差　5 很差

这一问题中实际上包含着 7 个不同方面的小的问题，诸如：“请问你工作的地点离家近吗?”“请问你工作的环境条件好吗?”等等。考虑到这 7 个问题在内容上都直接与被调查者的工作有关，且它们的答案形式也十分相似，为了节省问卷的篇幅，笔者就采用了这种形式将它们集中在一起。需要注意的是，这一问题不能采用具有同一种答案的表格式，而要针对不同的小问题分别提供合适的答案。

另一个是第八部分中的两个问题：

H6　请根据你的印象，给武汉市下列各个方面打分。（每项最高 10 分）

| | |
|---|---|
| 1 城市建设__________分 | 2 环境卫生__________分 |
| 3 社会治安__________分 | 4 市场物价__________分 |
| 5 开放程度__________分 | 6 商业服务__________分 |
| 7 教育事业__________分 | 8 文化娱乐__________分 |
| 9 交通状况__________分 | 10 社会风尚__________分 |
| 11 经济发展__________分 | 12 政府工作__________分 |

H7 请对市政府近两年来下列几方面的工作进行评价打分。(每项最高 10 分)

| | |
|---|---|
| 1 思想解放程度__________分 | 2 党风廉政建设__________分 |
| 3 为民办事精神__________分 | 4 领导管理水平__________分 |

这两个问题实际上也可以分为 16 个小的问题，比如："你对武汉市的城市建设印象如何?""你对武汉市的环境卫生印象如何?""你觉得市政府近两年来在思想解放方面做得如何?"等等；同时分别列出诸如"(1) 非常好　(2) 比较好　(3) 一般　(4) 不太好　(5) 很不好"这样的选择答案。但那样的话，一方面，问卷的篇幅会大大增加；另一方面，那种答案所得到的资料也只是一种定序层次的资料。笔者采用了现在的问题形式后，不仅大大节省了问卷的篇幅，更重要的是得到了定比层次上的资料，它对于研究者在分析资料方面提供了十分有利的条件。

5. 问卷中的若干不足

总的来看，该问卷所存在的一个最主要的不足是其所包含的问题数量偏少。此问卷连同个人及家庭特征以及对市政府工作评价的问题在内，总共只包含 75 个问题。75 个问题对于一项解释性研究来说或许是足够的，但对于笔者所承担的这项以描述整个武汉市居民家庭生活质量现状为目标的调查来说，对于生活质量概念所实际覆盖的社会生活领域和人们的社会行为来说，75 个问题就显得少了一点。特别是去掉个人及家庭特征等问题后只剩下 64 个问题，它们实在无法与调查的目标和社会生活的现实很好对应。如果能将问题的数目再增加 40～60 个，使得问题总数达到 100～120 个，它所能覆盖的范围就会更大一些，同时它所测量的内容也会更深入、更详细一些。那样的话，研究结果对武汉市居民家庭生活质量的描述可能就会更加精确、更加全面一些。

另一个主要的不足是在问卷设计中，没有很好地处理对被访居民家庭生活质量的测量和对被访者个人生活质量的测量二者之间的关系，将两部分问题搅在了一起，一会儿问的是个人的情况，一会儿又问的是家庭的情况。这客观上会给被调查者带来填答困难，也使得问卷所得的资料层次不够清楚。造成这一问题的主要原因是，笔者在设计之初并没有明确地意识到这二者之间所存在的种种差别，没有明确地将二者加以区分，更没有系统地对二者进行分别的测量。

除了上述两个比较大的问题以外，问卷中当然还有许多小的毛病，就留给读者在阅读附录中的问卷时去分析和寻找了。

# 第十一章　如何把问卷设计得更好

在结束本书之前，我想先用一点文字对问卷设计过程中的几个关键点稍作小结，以帮助读者进一步掌握要领，加深印象。同时，就一个优秀的问卷设计者应具备哪些基本知识的问题，简单谈谈自己的看法，为有志从事社会调查研究工作的读者提供一点参考。最后，再次从具体的问卷设计扩展到问卷调查的方法论，让读者站在更高的层次上来认识和理解问卷调查的实质，帮助读者从整体的和联系的角度来看待问卷调查与问卷以及问卷设计之间的关系。

## 一、问卷设计中的几个关键点

要设计出一份合格的问卷，特别是一份高质量的问卷，第一，要对问卷的特点和适用范围有明确的认识，对问卷的作用有明确的认识。问卷只是社会调查中用来收集资料的一种工具，一种既有众多优点又有某些“死角”和“盲点”的特定工具。它特别适合于对客观的、具体的行为、事物和现象进行测量，特别便于研究者进行定量研究。问卷这一工具若运用得当，则可发挥巨大的作用；运用得不恰当，也可能收获甚微，甚至给研究者带来错误的结果。

第二，设计问卷的人，头脑中一定要装着广大被调查者，一定要记住问卷是给人看的，问卷的对象是有思想、有感情、有反应的，并且是形形色色、各不相同的人们。只顾自己，不顾被调查者；只想着研究的需要，不考虑被调查者的处境；只想着应该提什么问题，不考虑被调查者愿不愿、会不会、能不能给出回答：所有这些做法都是不可能设计出高质量问卷的。此外，设计问卷如同用书面文字与不同的被调查者交谈，真诚、友善、简单、明白才是达到最好的沟通效果的关键要素。

第三，问卷设计是一门严肃的科学，它同样需要严谨的治学态度和一丝不苟、精益求精的科学精神。问卷设计必须依据科学的程序和规范，借鉴前人大量实践所积累的各种经验。同时，问卷设计工作中的任何一点马虎、轻率，任何一点想当然，都会给你的调查和研究工作带来巨大的甚至是难以弥补的损失。

第四，问卷设计同时又是一门极具创造性的艺术。各种有关问卷设计的原则、程序、方法和技巧，都不是僵死的教条，不是丝毫不能改变的。恰恰相反，在问卷设计过程中，研究者一定要具体情况具体对待，具体问题具体分析，一定要有灵活性。要记住，任何手段都是为目的服务的，任何形式也都是为内容服务的。如何根据每一项社会调查的实际情况，设计出最合适的问卷，始终是摆在广大社会研究者面前的一项难题。

第五，学习问卷设计不能只从书本上学，还要从实际调查，特别是从设计问卷的工作实践中学。如同不下水永远学不会游泳一样，不亲自进行设计问卷的实践，就不可能真正掌握问卷设计的方法和技巧。因此，我给读者的建议是：每设计一份问卷，每进行完一次问卷调查，自己都应该好好总结一下，看看哪些方面注意得比较充分，哪些方面注意得不够，哪些地方还可以怎样改进，问卷的设计上还有没有更好的形式，等等。只有自觉地在实践中反复摸索，反复体会，书本上的东西才会真正变成自己头脑中的东西。

## 二、优秀问卷设计者应具备的知识

有心提高自己问卷设计水平的读者，除了掌握本书中所谈到的有关问卷设计的知识外，还应该在下述三个方面打下坚实的基础。

一是语文水平。当前调查中许多问卷之所以出现各种毛病，很大程度上是由于设计者的语文水平较低。比如，最常见的语句不通、词不达意、层次不清、结构混乱、重复啰唆等等，都反映出设计者的语言文字修养较差。因此，对于主要依靠书面文字来表达思想、进行交流的问卷调查来说，问卷设计者的语言文字能力、语文基础知识，无疑是十分重要的基本功。特别是我们这里所说的语文水平，或者说书面语言的表达能力，并不仅仅是一般意义上的语文水平或表达能力，而是一种能用普通老百姓在日常生活中所使用的词汇、用普通老百姓在日常生活中所熟悉的方式来准确提出研究者所关心的问题的能力。一般意义上的语文水平或表达能力，只是设计好问卷的基础。而那种熟练运用普通老百姓的语言来表达研究问题的能力，则是语文水平的更高一个层次。要做到这一点，问卷的设计者就要自觉地将自己作为研究者的思维改变为普通人的思维，要习惯地、得心应手地用普通老百姓的词汇来提出问题、表达问题，而不要有意无意地用学者的、知识分子的、高文化程度者的方式来提问、选词和造句。

二是社会调查方法的整体知识。问卷设计既然是整个社会调查工作中的一个组成部分，那么，它必然和社会调查工作中的其他部分有着不可分割的联系。正是这种联系决定了每一个问卷设计者都不能仅仅掌握和了解问卷设计的专门知识，还必须对整个社会调查方法的知识体系有一定的了解。特别是对与问卷设计密切相关的概念操作化、变量测量、资料收集方式、问卷资料处理和统计分析方法等方面的内容，更应有一个清楚的认识。对问卷与社会调查的关系认识得越清，对问卷在社会调查中的地位和作用认识得越清，具体的问卷设计工作就能做得越好。这也是我们在本书开头和结尾都提到作为整体的社会调查方法的原因。此外，作为问卷的设计者，还应该具有一定的从事或参与社会调查的实践经验。这种经验能够很好地帮助他体会和领悟问卷设计在整个社会调查工作中的地位和作用，也能够很好地帮助他理解问卷设计工作与整个社会调查过程的内在联系。

三是社会生活知识。我们所生活的社会的复杂性，决定了社会调查工作的复杂性。我们所设计的问卷则是探索这种复杂的社会生活时所使用的“温度计”和“探测仪”，也是我们透视复杂的社会现象的“光谱仪”。因此，作为问卷的设计者，如果不具备一定的社会生活知识，没有相当的社会生活阅历，只知在书斋里啃书本而“不食人间烟火”，那么，他一定难以设计出在现实社会中“行得通”的问卷来。当前许多问卷中表现出的那股“学生腔”、“文人腔”，那种与活生生的、丰富多彩的、千变万化的现实生活难以合拍的现象就是一种说明。我们只有像作家深入生活那样紧紧贴近现实生活，熟悉了解现实生活，才可能设计出科学的、实用的问卷来，也才能把问卷设计得更好。

## 三、问卷调查法的方法论背景

介绍完了问卷设计的方法和技术，我们最后从更高的层面来谈谈问卷调查法的方法论背景。从一般意义上看，问卷调查有着一套较为固定的程序、方法、技术和操作内容。任何一个社会学研究人员（或者社会科学研究人员），只要熟悉和掌握了这套程序及内容，就可以运用它来进行自己的研究。然而，从更深一层的意义上看，问卷调查又有其特定的方法论背景和基础。如果离开了这种特定的背景和基础，就会在实际运用问卷调查法的时候产生各种偏差，影响到调查研究结果的可靠性和准确性。大量实践表明，熟悉和掌握问卷调查法的具体程序和操作方法，对于成功地进行一项调查研究来说，仅仅是必要的，而不是充分的。要提高问卷调查的水平和质量，还必须熟悉和了解它的方法论背景。

从目前情况看，运用问卷调查法收集资料的调查研究，还存在着一定的问题。它不仅影响到社会调查的效果，还影响到人们对问卷调查法的总体信任感。而造成这一现状的原因，不仅有研究者对具体方法、技术和程序的掌握与运用问题，还有对与这些具体操作方法和程序密切相关的方法论背景的认识问题。因此，我们只有对问卷调查法的方法论背景有所了解，才能对问卷调查法、对问卷的设计要求、对实际设计出高质量的问卷有一个更全面、更深刻的认识。下面拟就几个与问卷调查法有关的方法论问题作一初步的探讨。

1. 问卷调查法的本质

就像特定的社会学理论往往同特定的方法论以及特定的研究方法相联系一样，作为具体方法的问卷调查法也有着与之密切相连的方法论背景或基础。正是这种方法论背景决定了问卷调查法的根本性质，也影响到问卷调查法的应用范围，甚至还影响到它的具体操作方式和步骤。

问卷调查法在本质上是一种实证的方法，这是它在方法论上区别于其他某些方法的一项重要标志。作为一种实证的方法，问卷调查法既有着与众多自然科学方法相类似的逻辑程序，又有着与它们相类似的内容结构。在社会研究中，它是一种从整体的角度、采取定量的手段、依据客观的验证来认识和说明社会现象的社会研究方式。这种方式与以个别访谈和实地观察为主要特征、多从个体的角度、采用定性的方法、依靠主观洞察和分析来认识社会现象的实地研究方法，有着明显的区别。

问卷调查法的这种实证性质，决定了它与随机抽样、与变量测量、与统计分析密不可分。或者说，问卷调查法实际上意味着抽样、问卷、测量与统计分析四者之间存在某种必然的、内在的联系。抽样解决的是调查对象的选择问题，问卷则是进行变量测量和资料收集的工具，而统计分析则是处理这种虽来自样本却要反映总体的、以问卷形式收集大量资料的必由之路。作为一种完整的社会研究方法，问卷调查法必须同时包括这四者。也可以说，它们共同体现着现代社会调查研究方法的基本特征。

正是在这个意义上，我们说，问卷调查法是也仅仅是社会研究方法中的一种具体方法，一种有着明显的实证色彩，适于进行大规模的定量研究的研究方式。

2. 理论与问卷调查法

理论作为人们对外部世界的一种理性认识，在各种经验的社会研究中有着其独特的作用。从方法论角度看，抽象的理论与具体的方法不是彼此分离，而是紧密相连的。"'科学方法'不能简单地被理解成只是对细节的过分注重和不辞劳苦地收集、分析数据资料，而是包含着对理论问题的关注和对通过理论工作来解释社会现象的强调。"① 现实生活中一些问卷调查所反映出来的缺陷和不足，正是由于它们未能对理论与问卷调查的关系、理论在问卷调查中的作用等给予充分注意的缘故。

任何一种形式和规模的问卷调查，都离不开明确的理论框架或理性分析的指引。正是理论及由理论导出的各种假设，引导着问卷调查走向特定的事实。而如果"没有假设的指引，我们就不知道观察什么、寻找什么，也不知道做什么样的实验来发现日常生活中的秩序"②。目前存在于许多问卷调查中的一个主要问题，就是由于缺少理论框架、缺乏理论分析而形成的目的性差和盲目性大。这种情况最集中地体现在调查问卷的设计及调查结果的分析和解释两个方面。

在本书前面一些章节中我们说过，问卷设计是整个问卷调查过程中举足轻重的一环。问卷设计的水平和质量，直接影响到调查资料的质量高低，也决定着整个调查研究工作的最终成果。如果脱离了理论框架的指导，问卷设计工作往往就会变成漫无边际、没有中心地提问题，其结果是既可能遗漏某些必要的资料，也可能收集到太多与研究目的无关的资料。如是缺少必要的资料，分析工作就难以进行，正确、全面的结论就难以得到；而如果与研究目的无关的资料太多，则又会浪费大量的人力、物力和时间，并且给资料的整理、录入和分析工作带来许多不必要的麻烦，有

① Martin Bulmer, *Sociological Research Methods: An Introduction*, 2nd ed, London, Macmillan, 1984, p. 2.

② Peter H. Mann, *Methods of Social Investigation*, Oxford, Basil Blackwell, 1985, p. 46.

时甚至会使研究者陷于海量资料而难以自拔。

在对问卷调查资料进行分析时，有无理论框架的指引，其结果也大不一样。当理论框架及研究假设十分明确，变量和指标都十分清楚时，分析阶段的任务也将是十分明确和具体的。在解释性社会调查中，验证假设将是资料分析的中心任务，而对结果的深入解释和讨论则将依据假设的证实与证伪来展开。因此，研究的最终结论的获得，相对来说是比较容易的，其逻辑性、条理性也都是十分清楚的。但是，当缺乏理论框架时，研究者往往只能被动地从所得资料中去寻找，即只能靠通常所说的“事后分析”。这种“不管三七二十一，打到网中便是鱼”的指导思想和做法，必然造成在资料分析阶段出现那种在杂乱无章、良莠混杂的资料里“大海捞针”的现象。这也正是目前一些低质量问卷调查所走过的道路。因此，无论我们的问卷调查是描述性的还是解释性的，也无论我们的调查内容如何、规模是大是小，都必须以充分的理论分析作基础，都必须有明确的理论框架作指导。

3. 问卷调查法的效度

对于任何一种研究方法来说，效度都是其面临的一个重要问题。与实地研究的方法相比，问卷调查方法具有效度较低、信度较高（也即准确性较低、可靠性较高）的特点，其特定的资料收集工具和操作方式，在一定的程度上加重了其效度较低的状况。或者说，问卷调查法更经常地处于低效度的境地，更经常地面临效度问题的挑战。

一方面，问卷调查法在工具及程序上的高度标准化要求，常常使得原本很复杂的问题流于表面化，即形式的要求导致了内容的肤浅。尤其是问卷这种特定形式的人工化痕迹十分明显，研究者常常难以在问卷的形式中，恰如其分、不偏不倚且又深入细致、周到全面地去探测和度量活生生的社会现实。削足适履、主观臆断、似是而非、含糊不清的现象，在实际调查所用的问卷中是屡见不鲜的。这是导致一些问卷调查效度不高的一个主要原因。

另一方面，问卷调查法完全依靠问卷、依靠被调查者的自我报告来收集资料，因此，研究者同被调查者及其所处的社会生活背景之间，存在着一定的距离，或者说，是被问卷“隔离”开了。研究者同被调查者及其生活背景的接触是间接的，往往很难对导致被调查者产生某种思想、行为的背景原因，获得直接的、切身的感受。

这同样是造成一些问卷调查效度较低的一个重要原因。无论是纷繁复杂的人类行为，还是千差万别的社会生活现象，研究者投入其中时所获得的感受，与他们面对一叠问卷表或一堆统计数据时获得的感受，显然是大不相同的。

正是上述两方面的缺陷，使得问卷调查法在效度的挑战面前，常常显得有些软弱无力。这也是问卷调查法经常受到批评、责难和质疑的原因所在。出路何在呢?笔者认为，要尽可能改变这种状况，要在理想与现实之间架起一座沟通的桥梁，就不能不对问卷调查中的操作化工作给予高度的重视。因为操作化工作是提高问卷调查法效度的关键所在，也是更好地发挥问卷调查法作用的出路所在。一些问卷调查结果中所出现的各种偏差，大都与操作化过程中的不足紧密相关；而问卷调查法在实际应用过程中的许多缺陷，也可以通过对操作化过程的进一步改善来得到某种程度的弥补。

操作化的核心是把抽象变为具体。从问卷调查的实际过程来看，它可以分为研究课题的操作化、假设的操作化以及概念的操作化三个层次。研究课题的操作化所要解决的，是如何把一个笼统的、高度概括的研究课题，变成一项（一套）明确具体的研究方案和研究计划，所谓研究设计指的就是这种过程；假设的操作化所要解决的，是如何把来自理论的抽象命题（研究假设），转化成或分解成若干个可验证的具体假设（工作假设）；而概念的操作化所要解决的，则是如何将抽象的概念转化成一组具体的、可实际观测的指标。在这三个层次中，概念的操作化对问卷调查的影响最为直接，也最为明显，它与问卷设计的工作更是紧密相连。同时，概念操作化过程中的种种失误，也是导致众多问卷调查受到责难的突出原因。因此，要提高问卷调查的效度，首先必须提高概念操作化的水平和质量。而这一目标的实现，在很大程度上依赖于研究者对所涉及的概念的理解，以及对所涉及的社会生活现象的熟悉和了解程度，特别是从本质上对它们加以认识和体验的程度。在这方面，研究者值得花大功夫，下大力气。

4. 人的因素与问卷调查

人既作为研究主体，又作为研究客体的现实，构成了众多社会科学的一个共同的、带有根本性的特征，正是这种特征使得社会科学明显地与自然科学区别开来。在各种形式的社会研究的过程中，人的因素的影响已是众所周知的事实。而在问卷调查中，这种影响则显得更加直接、更加普遍，也更加突出、更加复杂一些。

首先，作为客体的调查对象在年龄、性别、职业、文化程度等方面的特征，以及他们对问卷调查的态度和认识，都制约和影响着问卷调查的适用性和可靠性。

由于不同的人们有着不同的社会背景、不同的生活方式、不同的价值观念和不同的社会阅历，因此，他们对于同一种事物往往会有不同的反应。而人们对于问卷调查这一事物的认识和了解，特别是作为被调查者的人们对问卷调查本身的态度和反应，可以说是决定问卷调查能否成功的关键因素。任何一项问卷调查都离不开被调查者的合作与支持。如果被调查者顾虑重重、过分担心，或者是漫不经心、过分忽视，都意味着问卷调查的失败。

被调查者自身的各种特征，会使得一项问卷调查的难易程度、完满程度很不一样。比如说在青年人中做一项问卷调查，比起在老年人中做同样的调查，在客观上往往要容易一些，但在主观上却往往要困难一些。这是由于，一方面，青年人在总体上比老年人具有更高一些的文化程度，他们对新事物（比如问卷调查这样的新事物）的了解往往更多一些，因而他们接受问卷调查、完成问卷调查的客观条件相对好一些。但另一方面，由于他们所具有的特定的生理、心理特点，以及他们的价值观念、处世态度、行为方式，又可能使得他们作为被调查者来说，主观上往往不如老年人那么认真 、那么负责。

同样的道理，在很少与纸笔打交道的工人、农民中做问卷调查，与在常年只与笔墨书本打交道的学生、教师及其他知识分子中做同样的调查，情形显然是大不一样的。两种情况下所遇到的困难会不同，问卷设计的要求、最合适的调查方式等也会不同。无论是阅读能力、理解能力，还是表达能力，无不受着文化程度的制约。而我国社会中男性公民总体文体程度高于女性公民，城市居民文化程度普遍高于农村居民，科、教、文、卫行业及行政干部的文化程度高于普通工人和商业人员，后者又高于服务业人员及农民的现实，理所当然地又使得问卷调查的适用范围在上述几个方面的前者与后者之间，呈现出一种由大逐渐变小的趋势。

其次，作为主体的研究者在问卷调查中所具有的角色特点，也在很大程度上决定和影响着问卷调查的成败优劣。这种角色特点的表现方面之一，是研究者在问卷调查中往往既要从实证性、客观性的要求出发，保持“价值中立”，尽可能地减少人为因素的干扰，减少研究过程中的主观成分和影响，以达到如实反映社会现象本来面目的目的；同时，他又要从被调查者是特定社会背景中的人这一现实出发，充分发挥自己作为研究者的主体能动作用，通过深入体验、主观洞察以及“投入理解”等，去贴近调查对象所生活的人文背景，去熟悉和了解他们的心理状况、思维方式、生活习惯和社区意识，以便更好地用问卷去测量他们的行为和态度，去收集相关的资料和信息。面对这样一种既相互对立又相互补充的角色要求，研究者要力求保持平衡、摆正关系，确非易事。

这种角色特点的另一个表现方面，就是在问卷设计的过程中，研究者往往既要从研究的目的和需要出发，尽可能多、尽可能全面、尽可能详细地提出问题，包括提出一些很复杂的、难以记忆、难以回答的问题；同时，他又要从被调查者的角度出发，去考虑他们填答问卷是否方便、是否容易，是否有利于他们理解和接受等。简言之，就是既要为自己着想，又要为被调查者着想，这是研究者在问卷设计中必将面对的另一种相互矛盾、相互冲突的处境。而只有妥善地处理好这两方面的关系，问卷调查工作才能收到预期的效果。

5. 问卷调查法与调查内容

一种具体的研究方法，如同工具箱中一件特定的工具，总是为解决某类特定的问题而设计或建立的。对于不同的研究内容，它的适用性也不一样。而各种不同的研究方法，在了解、认识和研究各种社会现象以及人们的各种社会行为方面，也是各有其用处的。问卷调查法作为众多方法中的一种，它的适用范围，或者说它的用武之地，与所调查的内容密切相关。即它的适用范围受具体调查内容的限制和影响。对于不同的调查内容，它的作用也大不一样。认识到这一点，可以使我们在实际调查研究中少走弯路，同时也可以充分发挥问卷调查法在认识社会中的作用。

一般来说，经验社会学所研究的现象大体上可分成社会的状况、人们的行为等客观事实，以及人们的心理、意向、态度、认识、情感等主观因素两大方面。从理论上看，任何一种方法都可以用来研究这两个方面。但由于每一种具体方法都受其特定的方法论背景（实证的或人文的）、特定的逻辑程序（归纳的或演绎的）、特定的操作方式（结构的或无结构的）等因素的约束和限制，因而在具体的研究领域中，它们的运用情况往往不同，对不同研究内容的适用性也往往不一样。

具体地说，问卷调查法由于其明显的实证方法论背景，以假设演绎为主的逻辑程序，结构化、标准化的操作方式，加上它与抽样和统计分析之间的内在联系，以及以个人作为主要分析单位、以精心设计的问卷作为收集资料的工具等众多特点，因此特别适用于描述一个大总体的状况、性质和特征。正如美国社会学家艾尔·巴比所说："一个认真抽取的概率样本，加上一个标准化的问卷，可以提供对某一学生群体、某个城市、某个国家或其他大总体的精确描述。"① 同时，问卷调查也特别适用于了解、分析和研究社会生活中具有不同背景的人们的行为。然而，对于了解和认识人们行为的动机、人们的思想和感情、人们对现实生活的各种主观感受、人们的各种心理状态等内容，一句话，对于了解人们的内心世界，以及了解人们相互之间各种复杂微妙的关系来说，问卷调查法就不如参与观察、个案研究、深度访谈等方法那么可行，那么有效。

举例来说，在婚姻家庭研究领域中，离婚现象是一个重要问题。对于离婚现象的研究，问卷调查法可以较好地获得有关某一地区离婚者的基本状况，比如离婚者的年龄分布、职业分布、文化程度分布、结婚时间的长短、结识的方式、子女的数目、家庭的规模等，即可以清楚地描述出与离婚者有关的各种外部特征，并从中归纳出若干特点，使人们对离婚者的状况有一个总体的和综合的认识。尽管在这种问卷调查中，研究者同样也可以通过问卷收集到诸如离婚的主要原因，离婚前后的思想、感情、认识、态度和感受等主观资料，但由于前述的与问卷调查法有关的几个方面的原因，问卷调查法在这些涉及个人隐私、秘密和情感，并且通常是被自尊、害羞、戒备、自卑、疑虑等多种敏感的心理因素所包围和掩饰的领域中，常常难以有很大的作为。它在这方面的收效还远不尽如人意，其所得资料往往显得过于粗略、肤浅和牵强。尤其难以使研究者真正把握各种不同的离婚者在情感、人际关系、心理状态等方面所具有的个性特点和细微差别。

总之，任何一种研究方法，总有其特别适用的领域和研究内容，也总有其不大适用的领域和研究内容。对于社会研究中常用的问卷调查法来说，认识到它究竟能干些什么，又不能干些什么，或者说，它适于干些什么，不适于干些什么，是每位

---

① Earl Babbie，*The Practice of Social Research*，p. 254.

研究者都应该明确的问题，同样也是提高问卷调查质量和效果的一个重要方面。

在结束本书的时候，笔者还想再次强调一点：精良的问卷设计只是保证调查质量的必要条件而非充分条件。即使我们完全按照本书所说的方法来设计问卷，也不能保证我们所做的调查一定能达到科学的要求。因为问卷调查的实际过程并非像数学定理那样一加一肯定等于二。正如一位学者所说：问卷的设计和制作所依据的只是“知识”，而问卷调查的进行、问卷资料的汇集却是地地道道的“人生”。① 在一项具体的问卷调查工作中，影响到调查质量的相关因素是非常多的。研究者除了要尽可能设计好问卷外，还要注意设计和控制好整个调查的过程，注意把握和控制与调查结果相关的各种因素。

① 参见简春安等：《社会工作研究法》，360页，台北，巨流图书出版公司，1999。

# 附录：问卷选编

## 问卷1

区______编号__________

---

属于私人、家庭的单项调查资料，非经本人同意，不得泄露。

——摘自《中华人民共和国统计法》

---

## 武汉市居民生活质量调查问卷

居民同志：

你好！

我们是华中理工大学社会调查中心的调查员，为了全面地了解我市广大居民的生活质量，及时向市政府及有关部门反映我市居民日常生活中存在的主要困难和问题，并就如何进一步提高全市居民的生活质量向政府领导及有关部门提出建议，我们组织了这次对武汉市1 000户居民的大型调查。希望能够得到你的支持和协助。

本次调查严格按照《统计法》的要求进行，不用填写姓名，所有回答只用于统计分析。你只需根据自己的实际情况，在每个问题所给出的几个答案中选择一个合适的答案打钩，或者在________中填写。你的回答将代表众多和你一样的武汉居民，并将对改善我市居民的生活质量提供帮助。

衷心感谢你的支持和协助！

祝你们全家生活越来越好！

华中理工大学社会调查中心

1995年12月

单位地址：　武昌关山口　华中理工大学　东七楼 425

单位电话：　7543252

单位负责人：风笑天教授　刘欣副教授

邮政编码：　430074

调查员：__________　　　　调查时间：1995 年 12 月_____日

## 一、个人及家庭特征

A1　你的性别：

1. 男　　2. 女

A2　你的年龄：________岁

A3　你的文化程度：

1. 小学及以下　　2. 初中　　3. 高中及中专　　4. 大专以上

A4　你的职业属于下列哪一类？

1. 生产、运输工人和有关人员　　2. 党政企事业单位负责人

3. 党政企事业单位一般工作人员　　4. 各类专业技术人员

5. 商业人员　　6. 服务业人员

7. 个体经营人员　　8. 离、退休人员

9. 其他职业人员（请写明）________

A5　你的婚姻状况：

1. 未婚　　2. 已婚　　3. 丧偶　　4. 离婚　　5. 其他

A6　（此题未婚者和无孩子者不填）

请问你有几个孩子？____________个

其中有几个和你住在一起？________个

A7　你们家住在一起的有几口人？______口人。总共是几代人？______代人

A8　你每月的收入（包括工资、奖金、补贴等）总共有多少元？________元

A9　你们全家一个月的总收入大约是多少元？________元

## 二、居住情况

B1　你们在这里住了几年？________年

B2　你们住的是什么类型的房子？

1. 单元楼房　　2. 平房　　3. 筒子楼　　4. 其他房子

B3　你们住的房子使用面积有多大？＿＿＿＿＿平方米

（不算厨房和厕所）共有几间？＿＿＿＿＿间

B4　你觉得你们家的住房状况如何？

1. 很宽敞　　2. 比较宽敞　　3. 一般

4. 比较拥挤　　5. 很拥挤

B5　你们家是否存在下列住房困难情况？（有几种就勾几种）

1. 12 岁以上的子女与父母同住一室　　2. 老少三代同住一室

3. 12 岁以上的异性子女同住一室　　4. 有的床晚上架起白天拆掉

5. 已婚子女与父母同住一室　　6. 客厅里也架了睡觉的床

7. 其他困难情况（请写明）＿＿＿＿＿　　8. 没有任何困难情况

B6　与大部分居民家庭相比，你觉得你们家的住房情况属于哪个等级？

1. 上等　　2. 中等偏上　　3. 中等　　4. 中等偏下　　5. 下等

B7　你们家的厨房是下列哪种情况？

1. 自家单独厨房　　2. 几家共用厨房　　3. 无厨房　　4. 其他情况

B8　你们家的厕所是下列哪种情况？

1. 自家单独的厕所　　2. 楼内共用厕所　　3. 户外公共厕所

B9　你们家的自来水情况属于下列哪一种？

1. 在自己家里　　2. 楼内共用　　3. 户外共用　　4. 其他情况

B10　你们家主要使用什么燃料烧火做饭？

1. 管道煤气　　2. 罐装液化气　　3. 煤炭　　4. 电　　5. 其他

B11　总的来说，你对目前你们家的住房情况满意程度如何？

1. 很满意　　2. 比较满意　　3. 一般　　4. 不太满意　　5. 很不满意

## 三、邻里关系

C1　你对隔壁（或对门）邻居家里的下列情况清楚吗？（每行选择一格打钩）

| | 完全清楚 | 大部分清楚 | 小部分清楚 | 不清楚 |
|---|---|---|---|---|
| 1. 共有几个人 | | | | |
| 2. 叫什么名字 | | | | |
| 3. 在哪里工作 | | | | |
| 4. 各人性格特点 | | | | |

C2　你们家的人常到隔壁（或对门）邻居家里串门、谈天或娱乐吗？

1. 大约每周一两次　　2. 大约每月一两次　　3. 半年中一两次

4. 一年中一两次　　5. 从来不去

C3　你们找隔壁（或对门）邻居家里借过东西吗？

1. 借过　　2. 没借过

C4　你们家里有人生病时，隔壁（或对门）邻居表示过关心或问候吗？

1. 表示过　　2. 没有表示过

C5　日常生活中你们遇到困难或麻烦时，常找隔壁（或对门）邻居帮忙吗？

1. 经常找　　2. 有时找　　3. 很少找　　4. 从不找

C6　最近半年来，你们同隔壁左右、楼上楼下的邻居发生过矛盾吗？

1. 没有发生过　　2. 发生过 ________次

C7　总的来说，你觉得你们与隔壁（或对门）邻居的关系如何？

1. 很好　　2. 比较好　　3. 一般　　4. 比较差　　5. 很差

## 四、交通状况

D1　你一般采用哪种交通方式上下班？

1. 步行　　2. 骑自行车　　3. 乘公共汽车

4. 单位交通车　　5. 其他方式

D2　采取这种方式上下班单程需要多少时间？____________分钟

D3　步行到你们常去的下列地方各需要多少时间？

1. 菜市场________分钟　　2. 公共汽车站 ________分钟

3. 百货商店________分钟　　4. 饮食店（餐馆）________分钟

5. 副食店________分钟　　6. 医院（卫生站）________分钟

7. 储蓄所________分钟　　8. 邮局（邮政所）________分钟

9. 理发店__________分钟　　10. 孩子的学校（幼儿园）__________分钟

D4　你觉得在武汉乘出租车是否方便？

1. 很方便　　2. 比较方便　　3. 不太方便　　4. 很不方便

D5　你认为目前武汉市出租车的价格如何？

1. 太贵了　　2. 比较贵　　3. 合适　　4. 比较便宜　　5. 很便宜

D6　你在武汉市内坐过出租车吗？

1. 坐过　　2. 没有坐过

D7　你觉得武汉市的公共汽车是否拥挤？

1. 十分拥挤　　2. 比较拥挤　　3. 不拥挤

D8　你觉得武汉市的公共交通秩序如何？

1. 很有秩序　　2. 比较有秩序　　3. 比较混乱　　4. 十分混乱

D9　你觉得武汉市内的公共交通是否方便？

1. 十分方便　　2. 比较方便　　3. 不太方便　　4. 很不方便

D10　你认为目前武汉市公共交通方面存在的最大问题是什么？

1. 汽车太少　　2. 汽车太多　　3. 管理不好　　4. 道路不够

5. 价格太高　　6. 其他（请写明）__________

## 五、家庭生活

E1　你们家每月用于伙食的费用（包括粮油、蔬菜、副食品等）大约是多少元？________________元

E2　下列物品中，你们家有哪几件？（在你们家有的物品上打钩）

1. 彩色电视　　2. 黑白电视　　3. 电冰箱　　4. 洗衣机

5. 抽油烟机　　6. 热水器　　7. 自行车　　8. 电暖器

9. 游戏机　　10. 录像机　　11. 收录机　　12. 音响

13. 照相机　　14. 空调　　15. 电话　　16. 微波炉

17. 卡拉 OK 机　　18. 计算机

E3　你觉得你们家的生活水平属于哪个等级？

1. 上等水平　　2. 中等偏上　　3. 中等水平

4. 中等偏下　　5. 下等水平

E4　与前两年相比，你们家的生活有什么变化？

1. 过得更好了　　2. 和原来差不多　　3. 比原来差了

E5　你对你目前的家庭生活是否满意？

1. 很满意　　2. 比较满意　　3. 一般　　4. 不太满意　　5. 很不满意

（未婚者请从下面的“六、休闲娱乐”部分接着作答）

E6　请问你们结婚时，双方的年龄是多大？

男方＿＿＿＿＿岁

女方＿＿＿＿＿岁

E7　日常生活中，你和你爱人发生过为家里怎样用钱而闹意见的情况吗？

1. 经常发生　　2. 有时发生　　3. 较少发生　　4. 从没发生

E8　总的来说，你们家里比较重大的事情多按谁的意见办？

1. 较多的情况是按丈夫的意见办　　2. 较多的情况是按妻子的意见办

3. 较多的情况是按老人的意见办　　4. 较多的情况是按孩子的意见办

E9　你们家里的家务事主要由谁做？

1. 基本上全由丈夫做　　2. 基本上全由妻子做

3. 夫妻共同做，以丈夫为主　　4. 夫妻共同做，以妻子为主

5. 夫妻两人做得差不多　　6. 主要由其他人做

E10　下面一些具体事情谁做得多一些？

| | 丈夫 | 妻子 | 老人 | 孩子 | 其他人 |
|---|---|---|---|---|---|
| 1. 买菜 | | | | | |
| 2. 做饭 | | | | | |
| 3. 洗衣服 | | | | | |
| 4. 管理孩子 | | | | | |

E11　你觉得你们夫妻之间相互理解的情况怎么样？

1. 很好　　2. 比较好　　3. 一般　　4. 比较差　　5. 很差

E12　从总体上说，你对自己的婚姻生活满意程度如何？

1. 很满意　　2. 比较满意　　3. 一般　　4. 不太满意　　5. 很不满意

## 六、休闲娱乐

F1 你们家一共订了几份报纸和杂志？__________份

F2 一般情况下，你每天有多少时间用于看电视？________小时________分钟

周末或节日，你每天有多少时间用于看电视？________小时________分钟

F3 在日常空闲生活中，你最经常进行的两种娱乐活动是什么？（勾两项）

1. 种花养草　2. 打麻将　3. 唱卡拉 OK　4. 打牌下棋

5. 看书看报　6. 看电视　7. 听广播

8. 其他（请写明）__________

F4 上个星期六和星期天你最主要的三项活动是什么？（请勾最主要的三个）

1. 逛商店　2. 做家务　3. 看电视　4. 打麻将

5. 去公园　6. 回父母家　7. 走亲戚　8. 访朋友

9. 其他（请写明）______________

F5 现在每周有两天休息时间，你觉得这两天过得怎么样？

1. 还是有做不完的家务事

2. 除了做家务，总算有一些休息和娱乐时间了

3. 可以经常从事各种娱乐活动了

4. 时间是多了，但没什么好玩的

F6 你每天花在做家务上的时间大约有多少？__________小时__________分钟

F7 你觉得每天的生活是否紧张？

1. 很紧张　2. 比较紧张　3. 一般

4. 比较轻松　5. 很轻松

F8 你目前的生活感受与下面哪一种最接近？

1. 活得很累　2. 生活很艰难　3. 日子过得轻松愉快

4. 生活过得平平淡淡　5. 日子越来越好　6. 每天有做不完的事

F9 在日常生活中，和你来往最多的人是谁？

1. 父母　2. 爱人的父母　3. 兄弟姐妹

4. 爱人的兄弟姐妹　5. 单位同事　6. 朋友、同学

7. 邻居、街坊　　8. 亲戚　　9. 儿子、媳妇

10. 女儿、女婿　　11. 其他人（请写明）__________

F10　生活上遇到困难或麻烦时，你经常找谁帮忙？

1. 父母　　2. 兄弟姐妹　　3. 亲戚　　4. 好朋友

5. 邻居　　6. 单位同事　　7. 子女　　8. 其他人

F11　你觉得你们家里的人相互之间关系好吗？

1. 很好　　2. 比较好　　3. 一般

4. 不太好　　5. 很不好

## 七、工作和职业

G1　你对自己目前所从事的职业是否满意？

1. 很满意　　2. 比较满意　　3. 一般

4. 不太满意　　5. 很不满意

G2　你认为目前哪种职业最“吃香”？

1. 党政企事业单位的领导干部　　2. 教师

3. 行政机关的一般工作人员　　4. 商业贸易人员

5. 外资、合资企业人员　　6. 个体经营者

7. 银行、工商、税务业人员　　8. 科技人员

9. 旅游、饭店等服务业人员　　10. 医生

11. 公安、检察院、法院人员　　12. 司机

13. 文艺、影视、体育业人员　　14. 其他（请写明）__________

G3　你认为这种职业“吃香”的最主要原因是什么？

1. 收入高　　2. 地位高　　3. 名声好　　4. 权力大

5. 福利好　　6. 受尊敬　　7. 其他（请写明）__________

G4　如果让你重新选择职业，你会选择上面哪一种职业？（填选项编号）________

G5　你对自己目前的工作单位是否满意？

1. 很满意　　2. 比较满意　　3. 一般

4. 不太满意　　5. 很不满意

G6 你的工作单位属于下列哪一类？

1. 国家事业单位 2. 国有企业 3. 集体企业

4. 外资、合资企业 5. 私营企业 6. 其他（请写明）__________

G7 你是否调动过工作单位？

1. 没有调动过 2. 调动过__________次

G8 请对与你目前工作有关的下列方面作一评价。

工作地点离家——1. 很近 2. 比较近 3. 一般 4. 比较远 5. 很远

工作环境条件——1. 很好 2. 比较好 3. 一般 4. 比较差 5. 很差

工资收入————1. 很高 2. 比较高 3. 一般 4. 比较低 5. 很低

福利待遇————1. 很好 2. 比较好 3. 一般 4. 比较差 5. 很差

提升机会————1. 很多 2. 比较多 3. 一般 4. 比较少 5. 很少

与同事关系———1. 很好 2. 比较好 3. 一般 4. 比较差 5. 很差

与领导关系———1. 很好 2. 比较好 3. 一般 4. 比较差 5. 很差

## 八、生活环境

H1 据你了解，目前武汉市居民日常生活中面临的最主要困难或问题是什么？

1. 就业困难 2. 单位效益差收入低 3. 社会秩序不稳定

4. 物价上涨 5. 家庭矛盾增加 6. 其他（请写明）__________

H2 你觉得下列环境问题在武汉市的情况怎么样？

| | 不严重 | 不太严重 | 比较严重 | 很严重 | 不清楚 |
|---|---|---|---|---|---|
| 噪声 | | | | | |
| 烟尘 | | | | | |
| 污水 | | | | | |
| 垃圾 | | | | | |

H3 你们这里是否经常停电？

1. 经常停 2. 很少停 3. 从未停

H4 你们这里是否经常停水？

1. 经常停 2. 很少停 3. 从未停

H5 在武汉市目前的社会治安状况下，你觉得居民的人身财产是否安全？

1. 非常安全　2. 比较安全　3. 不太安全　4. 很不安全

H6　请根据你的印象，给武汉市下列各个方面打分。(每项最高 10 分)

1. 城市建设__________分　2. 环境卫生__________分

3. 社会治安__________分　4. 市场物价__________分

5. 开放程度__________分　6. 商业服务__________分

7. 教育事业__________分　8. 文化娱乐__________分

9. 交通状况__________分　10. 社会风尚__________分

11. 经济发展__________分　12. 政府工作__________分

H7　请对市政府近两年来下列几方面的工作进行评价打分。(每项最高 10 分)

1. 思想解放程度__________分　2. 党风廉政建设__________分

3. 为民办事精神__________分　4. 领导管理水平__________分

H8　你希望市政府在新的一年里首先抓好哪两件事情?

第一件：____________________　第二件：____________________

我们的调查结束了，再次向你表示感谢！你对我们的调查有什么建议、意见和要求，欢迎写在下面：

## 问卷 2

# 三峡移民社会适应性访谈问卷

（2000 年 5 月）

调查员：________________

编号：__________

调查地点：____________ 乡/镇 ____________村

亲爱的移民朋友：

您好！

我们是华中理工大学的学生，我们正在进行一项关于移民生活状况的调查，目的是了解和反映移民搬迁后所遇到的困难，以便为政府今后更好地进行移民安置工作提出建议。希望您能配合我们的调查。

我们的调查不记姓名，调查资料也将严格保密。因此您不必有所顾虑。请您根据自己的实际情况和想法回答。

（从 A2 开始提问）

## 一、基本情况

A1　被调查者性别：　1. 男　　2. 女　　1 __

A2　请问您今年多大了？　__________岁　　2 __

A3　您的文化程度：　　3 __

1. 没上过学　　2. 小学　　3. 初中

4. 高中/中专/中技　　5. 大专以上

A4　您的婚姻状况：　　4 __

1. 未婚　　2. 已婚　　3. 离异　　4. 丧偶

A5　（未婚、离异、丧偶者不填此题）您爱人的文化程度：　　5 __

1. 没上过学　　2. 小学　　3. 初中

4. 高中/中专/中技　　5. 大专以上

A6　您家有几口人（吃住在一起的）？_____ 口

是几代人？_____ 代人。　　6 __

A7　除了您以外，您家还有哪些人？ 7 __

1. 父亲母亲　2. 岳父岳母　3. 兄弟姐妹　4. 爱人 __

5. 爱人的兄弟姐妹　6. 儿子（儿媳）　7. 女儿（女婿）　8. 孙子女 __

9. 外孙子女　10. 其他人（请写明）________

A8　您是什么时候搬到这里来的？19 ____ 年____月（编码计算到 2000 年 5 月共几个月） 8 __

A9　您家的迁移方式属于哪一种？（加判断） 9 __

1. 就近后靠　2. 村或组集中外迁　3. 分散外迁安置　4. 其他

A10　您搬迁前主要做什么？（即工作、职业）　搬迁前______ 10 __

搬迁后呢？　搬迁后______ __

1. 农民（包括果农等）　2. 乡村（镇）企业工人、管理人员

3. 国有企业的工人、管理人员　4. 商业人员

5. 服务业人员　6. 经营业主、个体户等

7. 其他 ____________

A11　搬迁前您家住在：　1. 县城　2. 镇　3. 村 11 __

A12　（此题不问，直接根据调查地点的情况填写）搬迁后您家住在： 12 __

1. 城市近郊　2. 县城　3. 镇　4. 村

## 二、住房情况

B1　您家的房子是自建的还是买的？　1. 自建的　2. 购买的　3. 其他 13 __

B2　您家建（或买）房子花费了多少钱？　__________ 元 14(5)

B3　国家给你们的旧房补偿费有多少钱？　__________ 元 15(5)

B4　您家是否由于建（买）房子欠了债？ 16(5)

1. 没有欠债　2. 欠了债→欠多少？__________ 元

B5　搬迁前您家的住房是怎样的？（搬迁后的不问，直接观察） 17 __

搬迁前__________　搬迁后____________

1. 平房，单门独户，有院子　2. 平房，单门独户，无院子

3. 楼房，单门独户，有院子　4. 楼房，单门独户，无院子

5. 居民区单元平房　　　　6. 居民区单元楼房

7. 其他（请写明）________ __

B6　搬迁前、后您的住宅的供电情况：　18 __

搬迁前__________　　搬迁后__________

1. 较少停电　2. 经常停电　3. 未通电　4. 其他（请写明）________

B7　搬迁前、后你们村、镇是否通公路？　19 __

搬迁前________　　搬迁后________

1. 是　　2. 否

B8　您觉得您家现在的住房条件与搬迁以前相比怎么样？　20 __

1. 好很多　2. 要好一些　3. 差不多　4. 差一些　5. 差很多

B9　您对现在的住房情况是否满意？　21 __

1. 非常满意　　2. 比较满意　　3. 一般

4. 不太满意　　5. 很不满意　　6. 说不清

## 三、经济生活

C1　你们家搬迁时国家给的移民补助款是多少？__________元　22（5）

C2　把搬迁中家里财产损耗和国家给的搬迁款相抵，您认为这次迁移对您家的经济状况有什么样的影响？（根据回答归类）　23 __

1. 有很大帮助和改善　　2. 有一点帮助和改善　　3. 无任何影响

4. 有一点损失　　5. 有很大损失　　6. 说不清

C3　现在您家共承包了几亩土地（包括水田、山林、旱地等）？搬迁以前呢？　24 __

现在__________亩　　搬迁以前__________亩

C4　您家承包的土地的土质如何？　25 __

1. 很好　2. 较好　3. 一般　4. 较差　5. 很差

C5　您家现在主要种植何种作物？搬迁以前呢？　26 __

现在__________　　搬迁以前__________

1. 粮食（水稻、小麦、玉米等）　2. 水果（柑、橙等）　3. 蔬菜

4. 经济作物（棉花、油菜、苎麻等）　5. 其他

C6　以您的预计，今年您家是否可以完成国家收购计划？　27 __

1. 无法完成　　2. 基本可以完成

C7　现在，您家是否从事以下经营？搬迁以前呢？（可多选）　28（8）

| | 现在 | 搬迁以前 |
|---|---|---|
| 1. 从事家庭副业（如养猪、养鸡鸭、养鱼等） | | |
| 2. 从事家庭工商业经营（加工、运输、商店等） | | |
| 3. 在本村或本镇打工 | | |
| 4. 到外地打工 | | |

C8　总的来说，您对目前自己的生产劳动是否适应？　29 __

1. 很适应　　2. 比较适应　　3. 一般

4. 不太适应　　5. 很不适应

C9　（后靠移民不问）这里是移民的经济收入高，还是本地居民的经济收入高？　30 __

1. 移民高很多　　2. 移民高一些　　3. 差不多

4. 移民低一些　　5. 移民低很多

C10　去年一年您家的总收入大约是多少？__________元　31（5）

C11　搬迁后的这几年，你们家的经济收入比搬迁前是好了，还是差了？　32 __

1. 好多了　　2. 好一些　　3. 差不多　　4. 差一些　　5. 差多了

C12　大约一年相差多少钱？多了________元或少了________元　33（8）

C13　您对您家目前的经济收入状况是否满意？　34 __

1. 非常满意　　2. 比较满意　　3. 一般

4. 不太满意　　5. 很不满意

C14　您家在发展生产、增加经济收入方面最大的困难是什么？　35 __

1. 土地不够　　2. 没有资金　　3. 没有关系

4. 没有生产技术　　5. 其他

C15　您认为今后你们家要提高收入、改善生活主要依靠什么？　36 __

1. 工资收入提高　　2. 外出打工　　3. 种植粮食　　4. 种植水果

5. 种植经济作物　　6. 发展手工编织业　　7. 饲养禽畜　　8. 水产养殖

9. 其他（请写明）__________ 10. 没想过，不知道

C16 您对搬迁后您家的经济发展、收入的提高有没有信心？ 37 __

1. 很有信心 2. 比较有信心 3. 有一点信心

4. 信心不大 5. 没有信心 6. 说不清

## 四、人际关系

D1 同村的原居民您都认识吗？ 38 __

1. 基本都认识 2. 认识大部分 3. 认识小部分 4. 基本不认识

D2 你们和当地居民来往多吗？ 39 __

1. 来往很多 2. 有一些来往 3. 来往很少 4. 没有来往（跳至 D9 题）

D3 您是否经常到当地居民家去串门、聊天？ 40 __

1. 经常 2. 有时 3. 偶尔 4. 从不

D4 你们到当地居民家借过东西吗？ 41 __

1. 经常 2. 有时 3. 偶尔 4. 从不

D5 在生产劳动方面遇到困难时候，您是否向当地居民请教？ 42 __

1. 经常 2. 有时 3. 偶尔 4. 从不

D6 您在经济方面遇到困难时候，是否找当地居民帮忙？ 43 __

1. 经常 2. 有时 3. 偶尔 4. 从不

D7 搬迁以后，您是否结交了新的朋友？ 44 __

1. 交了很多 2. 交了一些 3. 交了几个 4. 没有（跳过下题）

D8 在您新交的朋友中，有没有当地居民？ 45 __

1. 有 2. 没有

D9 您觉得当地居民对移民的态度是否热情？ 46 __

1. 很热情 2. 比较热情 3. 一般

4. 不太热情 5. 很不热情

D10 根据您的观察，在移民安置区有没有歧视、欺负移民的现象？ 47 __

1. 比较多 2. 有一些 3. 很少

4. 完全没有 5. 不知道

D11　根据您的观察，大多数移民与当地居民的关系如何？　48 __

1. 很好　　2. 比较好　　3. 一般

4. 不太好　　5. 很不好　　6. 说不清

D12　搬到这里来以后，你们家的人回到原来住的地方去过几次？______ 次

49 __

D13　最近的一次是什么时候？____年____月（计算到 2000 年 5 月共有几个月）

50 __

D14　这次回去主要是因为哪方面的事？　51 __

1. 生产方面的事　　2. 住房、土地、财产等方面的事

3. 家庭亲戚方面的事　　4. 其他方面的事__________

5. 没有具体的事，主要想回去看看

D15　搬迁到这里来以后，有没有人来过这里看你们？　52 __

1. 有人来过　　2. 没有人来过（跳过下题）

D16　是哪些人来过？（可多选）　53 __

1. 父母　　2. 兄弟姐妹　　3. 亲戚　　__

4. 邻居　　5. 好朋友　　6. 其他　　__

D17　现在您是否留恋或怀念搬迁前居住的地方？　54 __

1. 非常留恋或怀念　　2. 比较留恋或怀念　　3. 无所谓

4. 不太留恋或怀念　　5. 一点儿也不留恋或怀念　　6. 说不清

D18　现在您是否留恋或想念搬之前的一些熟人（邻里、乡亲、同事、朋友等）？

55 __

1. 非常留恋或想念　　2. 比较留恋或想念　　3. 无所谓

4. 不太留恋或想念　　5. 一点不留恋或想念　　6. 说不清

D19　与刚搬来的时候相比，您觉得现在你们（逐一念出下表左列内容）……是好了，还是差了？　56 __

| | 更好了 | 差不多 | 更差了 | 说不清 |
|---|---|---|---|---|
| 与原当地居民关系 | 1 | 2 | 3 | 4 |
| 与村镇干部的关系 | 1 | 2 | 3 | 4 |
| 与自家亲戚的关系 | 1 | 2 | 3 | 4 |

D20　你们周围的邻居是不是都是移民？　57 __

1. 都是移民　2. 大部分是移民　3. 少部分是移民　4. 都是当地人

D21　目前您对这里的邻里关系是否满意？　58 __

1. 很满意　2. 比较满意　3. 一般　4. 不太满意　5. 很不满意

## 五、生活环境

E1　您觉得你们这个地方的交通状况如何？　59 __

1. 非常方便　2. 较方便　3. 一般

4. 不太方便　5. 很不方便

E2　比原来的地方好一些还是差一些？　60 __

1. 好多了　2. 好一些　3. 差不多

4. 差一些　5. 差多了

E3　（请外迁移民回答）现在，您对烧火做饭使用的燃料是否习惯？　61 __

1. 非常习惯　2. 比较习惯　3. 一般

4. 不太习惯　5. 很不习惯

E4　与搬迁前比，您觉得现在住的地方下列方面是否方便？

| | 很方便 | 较方便 | 还可以 | 不大方便 | 很不方便 | 说不清 | |
|---|---|---|---|---|---|---|---|
| 1 孩子上学 | 1 | 2 | 3 | 4 | 5 | 6 | 62 __ |
| 2 与亲戚来往 | 1 | 2 | 3 | 4 | 5 | 6 | __ |
| 3 买日常生活用品 | 1 | 2 | 3 | 4 | 5 | 6 | __ |
| 4 买生产工具 | 1 | 2 | 3 | 4 | 5 | 6 | __ |
| 5 到外地的交通 | 1 | 2 | 3 | 4 | 5 | 6 | __ |
| 6 打电话 | 1 | 2 | 3 | 4 | 5 | 6 | __ |
| 7 看病 | 1 | 2 | 3 | 4 | 5 | 6 | __ |
| 8 看电影电视 | 1 | 2 | 3 | 4 | 5 | 6 | __ |

E5　您觉得搬到这里后，和原来居住地的生活差别最大的是哪方面？　63 __

1. 思想观念　2. 生产方式　3. 生活条件　4. 风俗习惯

5. 居住环境　6. 人际关系　7. 其他__________

E6　哪里的生活更好？　64 __

1. 这里的更好　2. 原来居住地的更好　3. 各有利弊

E7 如果用10分表示“最好”，您觉得搬迁前居住的村、镇和您现在居住的村镇的社会治安状况分别应该打几分？ 65 __

搬迁前的______分　　　搬迁后的______分

E8 您认为搬迁后与搬迁前相比，你们的生活水平有什么变化？ 66 __

1. 比原来有很大提高　　2. 比原来有一些提高　　3. 和原来差不多

4. 比原来有一些下降　　5. 比原来有很大下降　　6. 说不清

E9 您感觉当地政府对移民是否关心？ 67 __

1. 很关心　　2. 比较关心　　3. 一般

4. 不太关心　　5. 很不关心　　6. 说不清

E10 您觉得国家的移民政策对您家来说是否落实了？ 68 __

1. 完全落实了　　2. 基本落实　　3. 一般

4. 基本没有落实　　5. 完全没有落实　　6. 说不清

## 六、适应情况

F1 您感觉现居地与原居地风俗习俗有无差别？ 69 __

1. 差别很大　　2. 有一些差别　　3. 没有差别　　4. 说不清

F2 您对现在居住地方的风俗习俗是否适应？ 70 __

1. 非常适应　　2. 比较适应　　3. 一般

4. 不太适应　　5. 很不适应　　6. 说不清

F3 您搬迁前后在生产劳动方面的差别大不大？ 71 __

1. 很大　　2. 比较大　　3. 差不多　　4. 说不清

F4 您对目前在生产劳动方面是否已经适应？ 72 __

1. 非常适应　　2. 基本适应　　3. 一般

4. 不太适应　　5. 很不适应　　6. 说不清

F5 目前，你们家里人最关心哪方面的问题？（最多可选三项） 73 __

1. 住房　　2. 家里的生产和收成

3. 家里人的职业、工作　　4. 三峡大坝的建设

5. 家庭的收入　　6. 子女、兄弟姐妹上学

7. 子女、兄弟姐妹结婚　　8. 生活条件

9. 治安状况　　10. 交通状况

11. 邻里关系　　12. 与当地老居民的关系

13. 与村、乡（镇）干部的关系　　14. 政府移民政策的落实

15. 其他（请写明）__________

F6　目前你们家在生活中的主要困难是什么？　74 __

1. 缺乏生产资金　　2. 家庭人口多经济紧张

3. 不习惯这里的生活环境　　4. 学会新的生产技术

5. 和亲戚朋友相隔太远　　6. 和这里的人不好相处

7. 当地人把我们当外乡人　　8. 其他__________

## 七、社会支持网络

G1　你们有几个兄弟姐妹（包括你们自己）？　75 __

男方______个　　女方______个

G2　你们的父母和谁住在一起？　76 __

| | 和你们一家住在一起 | 和您的已婚兄弟（或姐妹）住在一起 | 和您的未婚兄弟（或姐妹）住在一起 | 二老单独居住 | 二老已去世 | 其他 |
|---|---|---|---|---|---|---|
| 男方父母 | 1. | 2. | 3. | 4. | 5. | 6. |
| 女方父母 | 1. | 2. | 3. | 4. | 5. | 6. |

G3　你们家的亲戚中有没有已经搬迁的或将要搬迁的？　77 __

1. 有　　2. 没有　　3. 不知道

G4　今年春节以来，你们与哪些亲戚有往来？（可多选）　78 __

1. 男方的父母　　2. 男方的姐妹　　3. 男方的兄弟　　4. 男方的亲戚 __

5. 女方的父母　　6. 女方的姐妹　　7. 女方的兄弟　　8. 女方的亲戚 __

G5　平常在生活中遇到困难和麻烦时，你们找谁帮忙最多？（有几个勾几个）

79 __

1. 男方的父母　　2. 男方的姐妹　　3. 男方的兄弟　　__

4. 男方的亲戚　　5. 女方的父母　　6. 女方的姐妹　　__

7. 女方的兄弟　　8. 女方的亲戚　　9. 其他（请写明）__________

__

G6　你们家在搬迁时是否借过钱？　80（5）

1. 借过__________元　　2. 没借过（跳过下题）

G7　是找谁借的？　81 __

1. 父母　2. 亲戚　3. 兄弟姐妹　4. 其他（请写明）__________

G8　搬迁过来后的这几年中，你们家是否借过钱？　82（5）

1. 借过__________元　　2. 没借过（跳过下题）

G9　是找谁借的？　83 __

1. 父母　2. 亲戚　3. 兄弟姐妹　4. 其他人（请写明）__________

G10　在增加家庭经济收入方面，你们找过哪些人帮忙？　84 __

1. 父母　2. 兄弟姐妹　3. 子女　4. 亲戚

5. 邻居　6. 村、镇政府　7. 移民办公室　8. 其他人

G11　您家有没有亲戚搬迁到其他地方去了？　85 __

1. 没有　2. 有一些　3. 有很多

G12　您家有没有一些很好的邻居没有外迁，或者搬迁到其他地方去了？　86 __

1. 没有　2. 有一些　3. 有很多

## 八、社会参与

H1　您搬到这里来以后，你们村是否进行村民委员会选举？　87 __

1. 进行了　2. 没有进行　3. 不知道（回答选项 2、3 者请跳过 H2）

H2　您是否参加过村民委员会选举？　88 __

1. 参加过　2. 没有

H3　你们村有没有移民的代表在村里担任职务？　89 __

1. 有　2. 没有　3. 不知道

H4　你们村是否实行村务公开？　90 __

1. 实行了　2. 没有实行　3. 不知道

H5 你们村在移民事务方面是否公开？ 91 __

1. 是 2. 不是 3. 不知道

H6 您对村里的干部评价如何？ 92 __

1. 很好 2. 比较好 3. 一般 4. 不太好 5. 很不好

H7 您认为移民点的干群关系如何？ 93 __

1. 很好 2. 比较好 3. 一般 4. 不太好 5. 很不好

H8 您对目前干群关系状况是否满意？ 94 __

1. 非常满意 2. 比较满意 3. 一般

4. 不太满意 5. 很不满意

H9 您觉得政府对移民是否关心？ 95 __

1. 很关心 2. 比较关心 3. 一般

4. 不太关心 5. 很不关心

H10 您认为国家的移民政策对您家是否落实？ 96 __

1. 完全落实 2. 基本落实了 3. 部分落实了

4. 完全没有落实 5. 说不清

H11 您认为国家的移民政策好不好？ 97 __

1. 很好 2. 比较好 3. 一般 4. 不太好 5. 很不好

H12 您对村里移民政策的落实情况是否满意？ 98 __

1. 非常满意 2. 比较满意 3. 一般 4. 不太满意 5. 很不满意

H13 目前，您最希望政府给予您的帮助是什么？（请选两项） 99 __

1. 保证子女教育 2. 提供生产资金支持 3. 提供足够的土地

4. 提供优惠的生产物资 5. 组织技术培训 6. 补助口粮

7. 搞好基础设施建设 8. 搞好治安环境 9. 其他（请写明）______

## 九、总体情况

I1 总的来说，你们目前对这里各个方面的适应情况如何？ 100 __

1. 很适应 2. 比较适应 3. 一般 4. 不太适应 5. 很不适应

I2 如果用 10 分表示“完全满意”，那么您对搬迁到这里后总的生活状况的满

意程度能打几分？ __________分 101 __

I3 您认为当前已经搬迁的移民能够稳得住吗？ 102 __

1. 绝大多数稳得住 2. 多数稳得住 3. 半数稳得住

4. 小部分稳得住 5. 很少稳得住 6. 说不清

I4 您认为三峡移民能够逐步致富奔小康吗？ 103 __

1. 绝大多数能够 2. 大多数能够 3. 半数能够

4. 小部分能够 5. 很少能够 6. 说不清

I5 将来你们会搬回原来居住的地方吗？ 104 __

1. 肯定会 2. 可能会，也可能不会 3. 肯定不会

4. 其他（请写明）__________

I6 根据您的体会，您觉得哪一种迁移方式比较好？ 105 __

1. 就近后靠 2. 外迁集中安置 3. 外迁分散安置

4. 自己投亲靠友 5. 其他

I7 有人说，国家的移民政策是好的，但是在基层没有完全执行。您同意吗？

106 __

1. 同意 2. 不同意 3. 说不清

I8 有人说，三峡移民为国家建设作出了巨大贡献，因此移民的生活与就业应当完全由国家安排。您同意吗？ 107 __

1. 同意 2. 不同意 3. 说不清

I9 有人说，移民遇到的困难只是暂时的，将来的生活肯定比现在好。也有人说移民将来的生活会更困难。您的看法如何？ 108 __

1. 会比现在好 2. 会更困难 3. 说不清

I10 您认为将来你们的生活水平比起现在来说，是会变好还是变差？ 109 __

1. 比现在好很多 2. 比现在稍好一些 3. 和现在差不多

4. 比现在稍差一些 5. 比现在差很多 6. 说不清

7. 其他（请写明）__________

## 问卷 3

城市编号：____行业编号：____ 问卷编号：____

# 青年发展状况调查问卷

亲爱的青年朋友：你好！

为了解青年的工作和生活状况，探索青年成长和发展的有效途径，我们在全国12个城市开展了这项调查。本调查不用填写单位和姓名，大约只会耽误你15分钟的时间。请你根据自己的实际情况填写。你的回答将代表众多与你一样的青年朋友，相信你会认真完成。

送给你一件小小的礼物，以感谢你的支持与合作！

全国12城市“青年发展状况”课题组

2007年9月1日

总负责人：南京大学社会学系 风笑天教授

联系电话：025－83595711

E-mail：xtfeng54@163.com

---

**填答方法：在合适的答案号码上打钩，或者直接在____中填写。若无说明，每题只选一个答案。每题后面的方框□不用填写。**

## 一、基本情况

A1 你的性别： 1. 男 2. 女 □

A2 你是哪一年出生的？ 19____年 □□

A3 你的文化程度： □

1. 初中 2. 高中或中专 3. 大专

4. 本科 5. 研究生

A4 你是哪一年从学校毕业的？____年 □□

A5 你的婚姻状况： □

1. 未婚 2. 已婚 3. 离婚

A6 你有兄弟姐妹吗？ □

1. 没有，我是独生子女

2. 有，我有____个哥哥____个姐姐 □□

____个弟弟____个妹妹 □□

A7 你18岁以前主要生活在哪里？ □

1. 本市市区　2. 本市郊县城镇

3. 本市郊县农村　4. 本省其他城市市区

5. 本省其他城镇　6. 本省其他农村

7. 外省城市市区　8. 外省城镇

9. 外省农村

A8 你现在是否和父母住在一起？ □

1. 不住在一起

2. 住在一起→跳到A15题接着回答

A9 你是从什么时候开始离开父母，自己独立生活的？ □

1. 从上高中开始

2. 从上大学开始

3. 从参加工作开始

4. 从结婚开始

5. 从其他情况开始（请写明）__________

A10 你离开父母时多大年龄？____岁 □□

A11 你父母现在居住在哪里？ □

1. 本市市区　2. 本市郊县城镇

3. 本市郊县农村　4. 本省其他城市市区

5. 本省其他城镇　6. 本省其他农村

7. 外省城市市区　8. 外省城镇

9. 外省农村　10. 其他情况__________

A12 他们现在和谁住在一起？ □

1. 和我的已婚的兄弟住在一起（跳过下题）

2. 和我的未婚的兄弟住在一起（跳过下题）

3. 和我的已婚的姐妹住在一起（跳过下题）

4. 和我的未婚的姐妹住在一起（跳过下题）

5. 二老单独居住

6. 其他情况（请写明）__________

A13　如果是二老单独居住，请问他们是从哪一年开始单独居住的？____年

□□

A14　你大约多长时间回父母家一次？　□

1. 每周一两次　　2. 十天半月一次

3. 每月一次　　4. 两三个月一次

5. 半年一次　　6. 一年或更长时间一次

A15　你父母的年龄：　□□□□

父亲 ____ 岁　　母亲 ____ 岁

A16　父母的文化程度（将答案编号填在横线上）：

父亲____　　母亲____　□□

1. 小学及以下

2. 初中　　3. 高中或中专

4. 大专（包括工农兵大学生）　5. 本科以上

A17　（父母在农村务农者不填）你父母退休了吗？　□

1. 都退休了　　2. 都没有退休

3. 只有父亲退休了　　4. 只有母亲退休了

A18　你父母的职业（将答案号码填在横线上，若父母退休或下岗，请填退休或下岗前的职业）：

父亲：____　□□

母亲：____　□□

1. 农林牧渔业人员　　2. 企业人员

3. 交通运输人员　　4. 服务业人员

5. 行政部门干部　　6. 商业人员

7. 文教科技人员　　8. 医护人员

9. 地质石油煤炭业人员　10. 建筑业人员

11. 邮电通信业人员　　12. 个体经营者

13. 财政金融业人员　　14. 其他（请写明）__________

## 二、工作情况

B1　你是哪一年参加工作的？______ 年　□□

B2　这是你的第几份工作？　第 ____份　□

B3　（没换工作者跳过此题）如果这不是你的第一份工作，请问你换工作的主要原因是什么？　□

1. 单位效益不好、待遇低
2. 工作太辛苦
3. 对原来的工作不感兴趣
4. 和领导发生矛盾
5. 人际关系发生问题
6. 其他原因（请写明）__________

B4　你的第一份工作是通过什么方式得到的？　□

1. 学校毕业直接分配的
2. 单位招工自己应聘的
3. 父母和家人帮助联系的
4. 同学朋友帮助联系的
5. 亲戚帮助联系的
6. 通过其他方式得到的（请写明）__________

B5　对于找什么样的工作，父母曾对你提出过要求或希望吗？　□

1. 提出过
2. 没有提出过（跳到 B8 题）

B6　他们的要求或希望与你的想法一致吗？　□

1. 基本一致（跳过下题）
2. 不一致

B7　如果不一致，那么你是按自己的想法找的，还是按父母的要求或希望找

的？ □

1. 完全按自己的想法找的

2. 主要按自己的想法，兼顾到父母的要求

3. 主要按父母的要求，兼顾到自己的想法

4. 完全按父母的要求或希望找的

B8 你认为要找一个好工作主要靠什么？ □

1. 个人能力强、素质好

2. 有一定的工作经验

3. 有文凭、学历高

4. 有很多关系和路子

5. 靠机遇和运气

6. 其他（请写明）__________

B9 下面是人们对于工作意义的不同看法，你比较赞同其中的哪两种？（选两项） □□

1. 工作主要是为了挣钱

2. 工作是一个人谋生的手段

3. 工作是实现自己理想的方式

4. 工作是一个人自我价值的体现

5. 工作是人生的一种需要

6. 工作是社会的需要

7. 其他（请写明）__________

B10 你对工作和单位有没有下列感觉？（在每个空格中填写一个选项编号）

1. 很有同感　　2. 比较有同感

3. 不太有同感　　4. 完全没有同感

| | 有无同感 |
|---|---|
| 刚参加工作时我十分兴奋 | |
| 工作给了我许多快乐 | |
| 我很热爱我的工作 | |
| 我总是希望把工作做好 | |
| 工作给了我自尊感 | |
| 工作使我具有成就感 | |

续前表

| | 有无同感 |
|---|---|
| 工作很苦很累 | |
| 工作使我结交了许多朋友 | |
| 工作占据了我生活的大部分 | |
| 我十分关心我的工作单位 | |
| 我对工作单位有一种归属感 | |
| 我总是喜欢往工作单位跑 | |
| 有了单位就有了某种依靠 | |
| 说起工作单位我有一种自豪感 | |
| 单位可以帮我解决各种困难 | |

B11 参加工作以来，你遇到的最大困难是什么？（请选两项） □□

1. 增加经济收入

2. 解决住房问题

3. 处理各种复杂的人际关系

4. 掌握生产技能，适应本职工作

5. 边上班边参加成人教育学习

6. 其他方面（请写明）__________

B12 你遇到这方面困难时，主要找谁帮忙？（请选两项） □□

1. 父母　　2. 兄弟姐妹

3. 单位领导　　4. 单位同事

5. 原来同学　　6. 好朋友

7. 配偶或对象　　8. 其他人（请写明）__________

9. 不找人，靠自己

B13 你目前在单位的身份是： □

1. 正式工　　2. 临时工　　3. 其他

B14 你每月的收入（包括各种奖金、补贴）在下列哪个范围内？ □

1. 500 元及以下　　2. 501～1 000 元

3. 1 001～1 500 元　　4. 1 501～2 000 元

5. 2 001～2 500 元　　6. 2 501～3 000 元

7. 3 001～4 000 元　　8. 4 001～5 000 元

9. 5 001 元及以上（请写明）__________

## 三、学习与闲暇

C1　你参加过成人教育的学习吗？　□

1. 参加过

2. 没有参加过（跳到 C4 题）

C2　你参加成人教育学习的主要方式是：　□

1. 自学考试

2. 广播电视大学

3. 夜大学

4. 研究生课程班

5. 函授教育

6. 其他（请写明）__________

C3　你参加成人教育学习的最主要目的是：　□

1. 获得更高的学历和文凭

2. 更好地胜任工作

3. 有利于工作中的晋升

4. 可以获得更多的知识和技能

5. 便于将来找到更合适的工作

6. 其他（请写明）__________

C4　父母对你参加工作后的进一步学习提出过什么要求或希望吗？　□

1. 提出过

2. 没有提出过（跳到 C9 题）

C5　他们提出的要求或希望与你的想法一致吗？　□

1. 一致（跳过下题）　　2. 不一致

C6　如果不一致，那么你是按自己的想法去做的，还是按父母的要求或希望去做的？　□

1. 完全按自己的想法去做的

2. 主要按自己的想法，兼顾到父母的要求

3. 主要按父母的要求，兼顾到自己的想法

4. 完全按父母的要求或希望去做的

C7　你希望通过成人教育获得哪一级文凭？ □

1. 大专　2. 本科　3. 硕士及以上

C8　父母对你的教育期望是什么： □

1. 没有什么期望　2. 高中或中专毕业

3. 大专毕业　4. 本科毕业

5. 硕士毕业及以上　6. 出国深造

C9　一般情况下，你一个月总的花费大约是多少元？__________元 □□□□

C10　你在平常生活中阅读、收听、收看和使用下列媒介的情况是怎样的？（每行选择一格打钩）

| | 每天 | 经常 | 有时 | 很少 | 从不 |
|---|---|---|---|---|---|
| 看电视 | | | | | |
| 听广播 | | | | | |
| 看报纸 | | | | | |
| 看杂志 | | | | | |
| 上网 | | | | | |

C11　在生活中，你与下列情况是否相似？（在每个空格中填写一个选项编号）

1. 非常相似　2. 比较相似

3. 不太相似　4. 很不相似　5. 不适用

| | 是否相似 |
|---|---|
| 饮食起居没有规律 | |
| 家里衣物杂乱，很少收拾 | |
| 脏衣服总拿到父母家洗 | |
| 在用钱方面没有计划性 | |
| 很少自己做饭，要么到父母家吃，要么在外面吃 | |
| 自己很少干家务，总是聘请钟点工做家务 | |
| 生活方面的事情总是依赖父母 | |

C12　你现在住的房子属于下列哪一种情况？ □

1. 单位的宿舍　2. 自己租的房子

3. 我父母的房子　4. 自己买的房子

5. 爱人父母的房子　6. 其他（请写明）__________

（若不是自己买的房子，请跳过 C13 题）

C13　如果是自己买的房子，请问：

房子是哪一年买的？____年 □□

房子建筑面积多大？____平方米 □□□

买房共花了多少钱？____万元 □□□

其中贷款多少钱？____万元 □□

你父母资助你们了没有？ □

1. 资助了____万元 □□

2. 没有资助

你爱人或对象的父母资助了没有？ □

1. 资助了____ 万元 □□

2. 没有资助

如果父母资助了，请问是你们向父母提出的，还是父母主动要给你们的？ □

1. 我们向父母提出的

2. 父母主动要给我们的

## 四、婚姻恋爱

（D1～D8 为未婚者填答，已婚者请跳到 D9 题开始填答）

D1　你现在有男（女）朋友了吗？ □

1. 没有→你以前谈过朋友吗？ □

（1）没谈过（跳到 D4 题）

（2）谈过 ________ 次 □

2. 有了→你朋友是哪年出生的？

19____ 年 □□

D2　你第一次谈朋友是哪一年？ ______年 □□

D3　你和第一个男（女）朋友是如何认识的？ □

1. 在一个单位里工作　　2. 偶然机会相识

3. 原来的同学　　4. 同事朋友介绍

5. 父母或家人介绍　　　　　6. 工作关系认识

7. 从小就认识　　　　　　　8. 其他方式认识的

D4　近年来，一些城市举办了父母替子女找对象的相亲会，你的父母参加过相亲会吗？ □

1. 参加过　　　　2. 没有参加过　　　3. 不知道

D5　你是否赞成父母替子女去相亲？ □

1. 非常赞成　2. 比较赞成　3. 无所谓　4. 不太赞成　5. 很不赞成

D6　你希望将来多大年龄时结婚？ □

1. 将来不打算结婚（跳到 D19 题）

2. 打算____岁时结婚 □□

D7　你希望将来结婚成家后如何居住？ □

1. 小家单独居住

2. 与男方父母住在一起（跳过下题）

3. 与女方父母住在一起（跳过下题）

4. 单独居住，但至少与一方父母在同一城市

D8　如果结婚后希望小家单独居住，你打算如何解决房子问题？ □

1. 主要靠双方父母经济支持和帮助来买房

2. 不要双方父母资助，完全靠我们自己买房

3. 找双方父母帮助凑齐首付，然后我们贷款

4. 先租房子，等有钱了或房价下降了再买房

5. 还没想好如何解决

6. 其他打算（请写明）__________

(未婚者注意，请跳到 D19 题接着填答，D9～D18 为已婚者填答)

D9　你是哪一年结婚的？__________ 年 □□

D10　你和你爱人是如何认识的？ □

1. 在一个单位里工作　2. 偶然机会相识

3. 原来的同学　　　　4. 同事朋友介绍

5. 父母或家人介绍　　6. 工作关系认识

7. 从小就认识　　　　8. 其他方式认识的

D11　你爱人是哪年出生的？____年　□□

D12　你爱人是独生子女吗？　□

1. 是　　　2. 不是

D13　你爱人 18 岁以前主要生活在哪里？　□

1. 本市市区　　　　2. 本市郊县城镇

3. 本市郊县农村　　4. 本省其他城市市区

5. 本省其他城镇　　6. 本省其他农村

7. 外省城市市区　　8. 外省城镇

9. 外省农村

D14　你们的结婚费用（包括拍婚纱照，办婚宴，送彩礼，买首饰、家电、床上用品，蜜月旅行等，但不包括买房）总共大约为多少钱？

总共约为 ________元　□□□□□□

其中：男方本人出______元　□□□□□

女方本人出______元　□□□□□

男方家庭出______元　□□□□□

女方家庭出______元　□□□□□

D15　对你的爱人，你父母满意吗？　□

1. 非常满意　　2. 比较满意　　3. 一般

4. 不太满意　　5. 很不满意

D16　你爱人与你父母之间的关系如何？　□

1. 非常好　　2. 比较好　　3. 一般

4. 不太好　　5. 很不好

D17　你们目前是如何居住的？　□

1. 小家单独居住（跳过下题）

2. 与男方父母同住

3. 与女方父母同住

4. 其他（请写明）__________

D18 你们与老人一起居住的原因是：（请选两项） □□

1. 老人身体不好，便于照顾老人

2. 孩子太小，便于老人照顾孩子

3. 按照中国的传统与男方父母居住

4. 因为一方是独生子女

5. 自己买不起房子，只能与老人一起住

6. 其他（请写明）__________

（下列问题每个人都须作答）

D19 父母规定过你什么时候才能谈恋爱吗？ □

1. 规定过　2. 没有规定过（跳过下题）

D20 父母是如何规定的？ □

1. ____岁才能开始谈 □□

2. 上大学才能开始谈

3. 大学____年级才能开始谈 □

4. 其他规定方式（请写明）__________

D21 你的父母催促过你找对象吗？ □

1. 没有催过

2. 催过→他们催你找对象时你多大？

我 ____岁 □□

D22 父母对你要找的对象提过什么条件吗？

1. 没提出过

2. 提出过→他们最看重什么方面？ □

__________ □

D23 你的父母催促过你早点结婚成家吗？ □

1. 没有催过

2. 催过→他们催你结婚时你多大？

我 ____ 岁 □□

D24　你找对象时会主动征求父母的意见吗？ □

1. 会主动征求　2. 不会主动征求

D25　你在选择对象时，是以自己的意见为主，还是以父母的意见为主？ □

1. 完全以自己的意见为主

2. 以自己的意见为主，但参考了父母的意见

3. 以父母的意见为主，自己的意见为辅

4. 完全听从父母的意见

D26　青年时期面临“成家”和“立业”两件大事，你觉得自己的这两方面是否有冲突？ □

1. 有很大的冲突　2. 有比较大的冲突

3. 有比较小的冲突　4. 有很小的冲突

5. 基本上没有冲突

D27　你对下列找对象的方式能否接受？（每行选择一格打钩）

| | 1. 能接受 | 2. 不能接受 |
|---|---|---|
| 婚姻介绍所 | | |
| 广告征婚 | | |
| 网络交友 | | |
| 单身交友俱乐部 | | |
| 大型相亲会 | | |

D28　人们选择对象时会考虑下列各种因素，你认为最重要的是哪三条？（请选三项） □□□

1. 家庭背景　2. 思想品德

3. 相貌身材　4. 职业单位

5. 两人感情　6. 经济收入

7. 身体健康　8. 性格脾气

9. 能力才干　10. 年龄合适

11. 气质修养　12. 文化程度

13. 生活习惯　14. 其他（请写明）__________

D29　如果完全按个人意愿，你希望生几个孩子？______个 □

D30　你希望生男孩还是生女孩？ □

1. 男女都行

2. 生____个男孩____个女孩 □□

D31 国家生育政策规定，两个独生子女结婚可以生两个孩子。如果你符合这种条件，你打算生两个孩子吗？ □

1. 是的，我打算生两个孩子

2. 不，我还是只生一个孩子（跳过下题）

D32 你希望生两个孩子的主要原因是什么？ □

1. 孩子从小可以有个伴

2. 就有希望生一男一女

3. 孩子就不会被娇生惯养

4. 多一个孩子将来养老更有保障

5. 多一个孩子更保险

6. 其他（请写明）__________

D33 （未婚者请跳过此题）你的父母以及你爱人的父母是否希望你们生两个？ □

1. 是的，双方父母都希望我们生两个

2. 不，双方父母都希望我们只生一个

3. 我父母希望我们生两个，爱人父母无所谓

4. 爱人父母希望我们生两个，我父母无所谓

5. 双方父母都随便我们

D34 下列看法你是否同意？（每行选择一格打钩）

| | 同意 | 不同意 |
|---|---|---|
| 结婚是人生的一件大事，婚事一定要办得像个样子 | | |
| 结婚买房主要是男方的职责 | | |
| 房子是结婚的前提，结婚时应该有属于小两口自己的房子 | | |
| 结婚后年轻夫妇应该与男方父母住在一起 | | |

## 五、家庭关系

E1 你与父亲的关系怎样？ □

1. 非常好　　2. 比较好
3. 不太好　　4. 很不好

E2 你与母亲的关系怎么样？ □

1. 非常好　　2. 比较好
3. 不太好　　4. 很不好

E3 平常生活中你与父亲交谈的情况如何？ □

1. 交谈很多　　2. 交谈比较多
3. 交谈比较少　　4. 交谈很少
5. 从不交谈（跳过下题）

E4 你与父亲谈得最多的方面是什么？（请选两项） □□

1. 工作方面的事　　2. 社会新闻、文艺体育
3. 单位的事　　4. 自己的前途未来发展
5. 个人心情　　6. 自己的婚姻问题
7. 家里的事　　8. 其他（请写明）__________

E5 平常生活中你与母亲交谈的情况如何？ □

1. 交谈很多　　2. 交谈比较多
3. 交谈比较少　　4. 交谈很少
5. 从不交谈（跳过下一题）

E6 你与母亲谈得最多的方面是什么？（选两项） □□

1. 工作方面的事
2. 社会新闻、文艺体育
3. 单位的事
4. 自己的前途、未来发展
5. 个人心情
6. 自己的婚姻问题

7. 家里的事

8. 其他（请写明）__________

E7 你是否觉得父母对你管得太多？ □

1. 是的　　2. 不是

E8 日常生活中，你遇到烦恼或心情不好时，会和父亲交谈吗？ □

1. 每次都会　　2. 多数情况下会

3. 一半的情况下会　　4. 少数情况下会

5. 基本不会

E9 会和母亲交谈吗？ □

1. 每次都会

2. 多数情况下会

3. 一半的情况下会

4. 少数情况下会

5. 基本不会

E10 父亲有烦恼或心情不好时，会和你谈吗？ □

1. 每次都会　　2. 多数情况下会

3. 一半的情况下会　　4. 少数情况下会

5. 基本不会

E11 母亲有烦恼或心情不好时，会和你谈吗？ □

1. 每次都会　　2. 多数情况下会

3. 一半的情况下会　　4. 少数情况下会

5. 基本不会

E12 你与父母相互理解的情况如何？（每行选择一格打钩）

| | 非常理解 | 比较理解 | 不太理解 | 很不理解 |
|---|---|---|---|---|
| 父亲是否理解你 | | | | |
| 母亲是否理解你 | | | | |
| 你是否理解父亲 | | | | |
| 你是否理解母亲 | | | | |

E13 你在生活中是否与下列情况相似？（在每个空格中填写一个选项编号）

1. 非常相似　　　　2. 比较相似

3. 不太相似　　　　4. 很不相似

| | 是否相似 |
|---|---|
| 我经常给父母买东西 | |
| 父母经常给我买东西 | |
| 我经常给父母打电话 | |
| 父母经常给我打电话 | |
| 父母有事总是征求我的意见 | |
| 我有事总是征求父母的意见 | |

E14　最近三个月中，你和父亲之间发生过矛盾或争执吗？　□

1. 没有发生过

2. 发生过一两次

3. 发生过三四次

4. 发生过五次以上

E15　最近三个月中，你和母亲之间发生过矛盾或争执吗？　□

1. 没有发生过

2. 发生过一两次

3. 发生过三四次

4. 发生过五次以上

E16　你想过父母年老时如何照顾的问题吗？　□

1. 想过　　　　2. 没有想过（跳过下题）

E17　你觉得将来父母在老年生活中面临的最大困难是哪个方面？　□

1. 生病照料　　　　2. 日常生活照料

3. 经济生活来源　　　　4. 精神慰藉

5. 人际交往缺乏

6. 其他（请指明）________

E18　你是否担心将来父母的养老问题？　□

1. 非常担心　　　　2. 比较担心

3. 不太担心　　　　4. 完全不担心

E19　当你的父母年纪大了，需要有人照顾他们的日常生活，而你又有自己的

工作和小家庭，你是否会考虑将父母送到老年公寓（养老院）养老？ □

1. 肯定会　　2. 可能会

3. 说不好　　4. 可能不会

5. 肯定不会

E20　对于将老人送养老院的做法，人们的看法不同。你是否同意下列看法？（每行选择一格打钩）

| | 同意 | 不同意 |
|---|---|---|
| 这是对老人不孝顺的表现 | | |
| 这是推卸赡养父母责任的行为 | | |
| 这是将来不得不面对的现实 | | |
| 这可能是最现实的解决办法 | | |

E21　参加工作后，你是否定期给父母一些钱？ □

1. 定期给→是每月给、每年给，还是其他方式？ □

（1）每月给____元 □□□□

（2）每年给____元 □□□□

2. 不定期给→一年中总共会给多少？____元 □□□□

3. 没给过（跳过下题）

E22　是父母要求你给，还是你自己主动要给？ □

1. 父母要求我给

2. 我自己主动要给

E23　你的收入平常由谁管理？ □

1. 由自己管理　　2. 由配偶管理

3. 由父母管理　　4. 由对象管理

## 六、人际交往

F1　你有几个表兄弟姐妹（即你伯伯、叔叔、姑妈、舅舅、姨妈家的孩子）？

__________ 个 □□

其中，经常能见面的有几个？______个 □

F2　你最要好的朋友有几个？____ 个 □□

F3　这几个好朋友是哪一类人？（可多选）

1. 原来的同学　　2. 有共同爱好的人　　□□

3. 单位同事　　4. 其他人＿＿＿＿＿　　□

F4 平时你与好朋友谈得最多的是什么？　　□

1. 工作方面的事

2. 单位的事

3. 自己的婚姻问题

4. 个人心情

5. 自己的前途、未来发展

6. 其他（请写明）＿＿＿＿＿

F5　你觉得好朋友对你最重要的帮助是哪方面？　　□

1. 工作方面　　2. 生活方面

3. 心情方面　　4. 人际关系方面

5. 其他方面＿＿＿＿

F6　你生活中是否发生过下列情形？（每行选择一格打钩）

| | 经常发生 | 有时发生 | 很少发生 | 从没发生 |
|---|---|---|---|---|
| 感到周围的人不理解我 | | | | |
| 很难与周围的人相处好 | | | | |
| 有时感到有些孤独 | | | | |
| 很容易与别人发生矛盾 | | | | |
| 很容易被周围的人误解 | | | | |

F7　平时生活里你遇到不愉快的事，常常是闷在心里，还是向旁人诉说？　□

1. 闷在心里

2. 对父亲说

3. 对母亲说

4. 对兄弟姐妹说

5. 对好朋友说

6. 对配偶或对象说

7. 对其他人说（请写明）＿＿＿＿

F8 遇到下列情况，你首先会去找谁？（每行选择一格打钩）

| | 朋友 | 同事 | 配偶对象 | 父母 | 兄弟姐妹 | 其他 |
|---|---|---|---|---|---|---|
| 需要对个人前途（工作）的重要决定进行咨询 | | | | | | |
| 需要对生活重大事件（找对象、买房）进行咨询 | | | | | | |
| 想办法增加家庭收入 | | | | | | |
| 需要借一大笔钱 | | | | | | |
| 心情不好想找人谈谈 | | | | | | |
| 家庭闹矛盾或纠纷，想找人诉说 | | | | | | |

## 七、自我评价

G1 你认为下列各种特点中，哪些倾向于男性，哪些倾向于女性？（每行选择一格打钩）

| | 非常倾向男性 | 比较倾向男性 | 比较倾向女性 | 非常倾向女性 |
|---|---|---|---|---|
| 喜欢运动的 | | | | |
| 害羞的 | | | | |
| 有竞争心的 | | | | |
| 看重家庭的 | | | | |
| 有领导能力的 | | | | |
| 有同情心的 | | | | |
| 善解人意的 | | | | |
| 爱冒险的 | | | | |
| 果断的 | | | | |
| 感情细腻的 | | | | |
| 依赖性强的 | | | | |
| 理性的 | | | | |
| 温柔的 | | | | |
| 有雄心的 | | | | |
| 顺从的 | | | | |

G2 以下说法涉及你对自己的感受，请指出你对每一条的同意程度：（在每个

空格中填写一个选项编号）

1. 非常同意　　2. 比较同意　　3. 不太同意　　4. 很不同意

| | 同意程度 |
|---|---|
| 总体来说，我对自己感到满意 | |
| 有时候，我觉得自己一点优点也没有 | |
| 我觉得我有一些好的品质 | |
| 我可以做得和大部分人一样好 | |
| 我觉得我没有什么值得骄傲的地方 | |
| 有时我真的觉得自己无用 | |
| 我觉得我是个有价值的人，至少和其他人一样有价值 | |
| 我希望我对自己更加尊重 | |
| 总体来看，我倾向于觉得自己是个失败者 | |
| 我对自己有一个正面的评价 | |

G3　下列各种特征中，哪些符合你的情况？（每行选择一格打钩）

| | 非常符合 | 比较符合 | 不太符合 | 很不符合 |
|---|---|---|---|---|
| 懒惰 | | | | |
| 娇气 | | | | |
| 任性 | | | | |
| 孤僻 | | | | |
| 自我中心 | | | | |
| 交往能力强 | | | | |
| 难与人合作 | | | | |
| 不自私 | | | | |
| 自理能力弱 | | | | |
| 责任心强 | | | | |

G4　以下各项是否与你的情况相符合：（在每个空格中填写一个选项编号）

1. 非常符合　　2. 比较符合　　3. 不太符合　　4. 很不符合

| | 符合程度 |
|---|---|
| 遇事总是自己说了算 | |
| 不容易听进别人的意见 | |
| 总是将自己的想法强加于人 | |
| 做事从不考虑别人的感受 | |
| 遇事不注意为别人着想 | |
| 遇到问题和困难常常希望有人帮忙 | |
| 遇事总希望别人帮自己拿主意 | |
| 生活中总是希望得到别人的照顾 | |
| 遇到困难时很容易想到找父母 | |

G5　怎样才叫“成人”？人们的看法各不相同。你认为成人的最主要标志是什么？ □

1. 满了 18 岁　　2. 参加了工作
3. 结了婚　　4. 有了孩子
5. 与父母分开居住　　6. 经济上独立
7. 有了责任感　　8. 其他

G6　总体上看，你觉得自己的言行像个成年人吗？ □

1. 完全像　2. 大部分像　3. 一半像
4. 小部分像　5. 完全不像

我们的调查结束了，你辛苦了！再次向你表示感谢！你有什么建议和要求，欢迎写在下面：

## 问卷 4

调查员编号：____　　　　　　　　　　　　　　　问卷编号：______

# 城市居民家庭调查问卷

你好！打扰了！我是南京大学社会学系的研究生，这是我的学生证。（出示学生证）

为了解城市居民家庭的基本状况，促进和谐家庭建设，我们在全市的几个社区中开展了这项调查。本调查不问被访者的姓名，调查结果只用于统计数字，你尽可放心。我只会耽误你 20 分钟左右的时间。希望能得到你的支持。我能进来吗？（得到允许后）非常感谢你的支持，这是调查的一点纪念品。（给礼物）

南京大学社会学系《城市居民家庭调查组》

2008 年 3 月 20 日

## 一、基本情况

A1　性别：　　1. 男　　2. 女

A2　请问你今年多大年龄？　____ 岁；你爱人今年多大年龄？　____ 岁

A3　你和你爱人是什么文化程度：（在____上填写选项编号）

自己____　　　爱人____

1. 小学及以下　2. 初中　3. 高中或中专　4. 大专　5. 本科　6. 研究生

A4　（只问大专以上者）你是哪一年上大学的？__________年

A5　你是否上山下乡当过知识青年？

1. 没有　2. 当过→你是哪一年上山下乡的？__________年

哪一年回城的？__________年

A6　你们有几个孩子？____个（接着问每个孩子情况，见下表）

| | 性别：1. 男 2. 女 | 年龄：岁 | 文化程度：（填 A3 的答案编号） | 婚姻状况：1. 未婚 2. 已婚 3. 离婚 | 在读或就业：1. 在读 2. 就业 3. 待业 | 如何居住： |
|---|---|---|---|---|---|---|
| 老大 | | | | | | |
| 老二 | | | | | | |
| 老三 | | | | | | |
| 老四 | | | | | | |

如何居住：1. 和我们同住　2. 在本市单独居住　3. 在外地单独居住
4. 和男方父母同住　5. 单独住，但和男方父母在同一个城市
6. 和女方父母同住　7. 单独住，但和女方父母在同一个城市

A7　你有几个兄弟姐妹？　　____个　　住在本市的有几个？　____个

A8　你爱人有几个兄弟姐妹？　____个　　住在本市的有几个？　____个

A9　你的父母目前是否健在？

1. 父母都健在　2. 父亲健在　3. 母亲健在　4. 父母都已去世（跳到 A13 题）

A10　你父母多大年龄了？　　父亲____岁　　母亲____岁

A11　你父母现在是否和你们住在一起（住在同一个家里面）？

1. 不住在一起　　2. 住在一起（跳过下题）

A12　你的父母现在和谁住在一起？

1. 和我的已婚的兄弟住在一起　　2. 和我的未婚的兄弟住在一起

3. 和我的已婚的姐妹住在一起　　4. 和我的未婚的姐妹住在一起

5. 二老单独居住　　6. 其他情况（写明）____

A13　你爱人的父母目前是否健在？

1. 父母都健在　　2. 父亲健在　　3. 母亲健在　　4. 父母都已去世

## 二、工作情况

B1　你是哪一年参加工作的？__________年

B2　你是否调动过工作？

1. 没调动过

2. 调动过→调动过几次工作？______次

B3　你们夫妻两人目前是在职上班，还是已经离退休，或是下岗失业？（在____上填写选项编号）

自己____　　爱人____

1. 在职上班　2. 离、退休　3. 下岗失业　4. 其他情况（请写明）__________

B4　你们两人目前的（或离退休前、下岗失业前的）职业是什么？（在______上填写选项编号）

自己____　　爱人____

1. 农林牧渔业人员　　2. 企业工人

3. 军人公检法人员　　4. 服务业人员

5. 行政机关干部　　6. 商业人员

7. 教师、科技人员　　8. 医护人员
9. 地质石油煤炭业人员　　10. 建筑业人员
11. 邮电通信业人员　　12. 个体经营者
13. 文化艺术体育人员　　14. 交通运输人员
15. 财政金融业人员　　16. 其他（请写明）____

B5　（此题只问离退休、下岗者）你（和/或你爱人）是哪一年离退休（或下岗）的？

自己____年　　爱人____年

B6　（此题只问在岗者）你每月的收入（包括各种奖金、补贴）大约有多少？__________元

B7　（此题只问在岗者）你爱人每月的收入（包括各种奖金、补贴）大约有多少？__________元

B8　你们家的经济收入主要由谁管理？

1. 由丈夫管理　2. 由妻子管理　3. 各人管理各人的　4. 其他（请写明）__________

B9　人们对工作有不同看法，比如……（念出前 6 个答案），你觉得工作对你最重要的意义是什么？

1. 工作主要是为了挣钱　　2. 工作是一个人谋生的手段
3. 工作是实现自己理想的方式　　4. 工作是一个人自我价值的体现
5. 工作是人生的一种需要　　6. 工作是社会的需要
7. 其他（请写明）______

B10　人们对于工作和单位有各种不同的感受，你是否有相同的感觉？（逐一念出下表左列内容）

| 感受 | 1. 很有同感 | 2. 比较有同感 | 3. 不太有同感 | 4. 没有同感 | 0. 说不清 |
|---|---|---|---|---|---|
| 1. 刚参加工作时十分兴奋 | | | | | |
| 2. 工作给了我许多快乐 | | | | | |
| 3. 我热爱我的工作 | | | | | |
| 4. 我总是希望把工作做好 | | | | | |
| 5. 工作给了我一种自尊感 | | | | | |
| 6. 工作使我具有成就感 | | | | | |
| 7. 工作很苦很累 | | | | | |

续前表

| 感受 | 1. 很有同感 | 2. 比较有同感 | 3. 不太有同感 | 4. 没有同感 | 0. 说不清 |
|---|---|---|---|---|---|
| 8. 工作使我结交了许多朋友 | | | | | |
| 9. 工作占据了我生活的大部分内容 | | | | | |
| 10. 我十分关心我的工作单位 | | | | | |
| 11. 我总是觉得自己是单位的一员 | | | | | |
| 12. 我很喜欢到工作单位去上班 | | | | | |
| 13. 有了单位就有了某种依靠 | | | | | |
| 14. 说起工作单位我总是有一种自豪感 | | | | | |
| 15. 单位可以帮我解决各种困难 | | | | | |

## 三、家庭生活

C1　你们家目前在一起居住的有哪些人？（有哪些人就勾哪些答案）

1. 我们两人　2. 已婚儿子一家　3. 已婚女儿一家　4. 未婚子女

5. 我的父母　6. 爱人的父母　7. 其他人（请写明）________

C2　（只问与已婚子女一起居住者）请问他们是从什么时候开始与你们一起居住的？

1. 从他们结婚的时候开始　2. 从女儿（媳妇）怀孕开始

3. 从他们生孩子时开始　4. 从他们的孩子________岁开始

5. 从他们的孩子上幼儿园开始　6. 其他（请写明）________

他们与你们一起居住的最主要原因是：

1. 我们身体不好，便于照顾我们　2. 孙子（女）太小，便于照顾孙子（女）

3. 按照中国的传统与男方父母居住　4. 孩子买不起房子，只能与我们一起住

5. 我们要求孩子与我们一起住　6. 因为孩子是独生子女

7. 其他原因（请写明）__________

C3　（只问与已婚子女一起居住者）你们和孩子一家一起开伙吃饭，他们交不交伙食费？

1. 不交

2. 交→大约一个月交多少？______元

你们是从哪一年开始单独居住的？从 ______年开始

与子女在家的时候相比，你觉得现在的生活与原来的生活最大的差别是什么？

1. ____________________ 2. ____________________

对于家里只有你们二老的生活，你最大的心理感受是什么？

1 . ____________________ 2. ____________________

你现在是否适应了平常家里只有你们二老的这种生活？

1. 完全适应 2. 基本适应 3. 不太适应 4. 很不适应

| | 1. 从不 | 2. 很少 | 3. 有时 | 4. 经常 | 5. 总是 |
|---|---|---|---|---|---|
| 1. 孩子是否经常来看望你们 | | | | | |
| 2. 孩子是否经常帮你们干家务活 | | | | | |
| 3. 你们生病时孩子是否经常来照料 | | | | | |

一般情况下，你们的孩子大约多长时间来你们家一次？

1. 每周一次以上 2. 十天半月一次 3. 每月一次 4. 两三个月一次

5. 半年一次 6. 一年或更长时间一次

C4 你同意下面的看法吗？（逐一念出下表左列内容）

| | 1. 同意 | 2. 比较同意 | 3. 不太同意 | 4. 不同意 | 0. 说不清 |
|---|---|---|---|---|---|
| 1. 孩子结婚后应该和男方父母一起住 | | | | | |
| 2. 男孩结婚后也可以和女方父母一起住 | | | | | |
| 3. 孩子结婚后最好搬出去自己单独住 | | | | | |
| 4. 你是否担心孩子结婚后搬出去单独住 | 1. 担心 | 2. 比较担心 | 3. 不太担心 | 4. 不担心 | 0. 说不清 |

C5 你觉得子女结婚后最好怎样居住？

1. 与我们一起住 2. 儿子与我们住，女儿与婆家住

3. 孩子自己单独住 4. 孩子单独住，但与我们在一个城市里

5. 与双方父母轮流住 6. 其他方式（请写明）____________

C6 （没有儿子者不问）儿子参加工作后，是否定期给你们一些钱？

1. 定期，每月给____元 2. 不定期，每年给____元 3. 没给过（跳过下题）

C7 （没有儿子者不问）是你们要求儿子给，还是他自己主动要给？

1. 我们要求他给 2. 他自己主动要给

C8 （没有女儿者不问）女儿参加工作后，是否定期给你们一些钱？

1. 定期，每月给______元 2. 不定期，每年给______元

3. 没给过（跳过下题）

C9 （没有女儿者不问）是你们要求女儿给，还是她自己主动要给？

1. 我们要求她给　　2. 她自己主动要给

C10 儿子、女儿参加工作后，你们是否还会给他/她一些钱？

儿子____　女儿____

1. 经常给　2. 有时给　3. 很少给　4. 没有给过（跳过下题）

C11 一般情况是他/她找你们要，还是你们主动给他/她？

1. 你们主动给他/她　　2. 他/她找你们要

C12 你们的孩子买了房子吗？

1. 都买了　2. 有的买了有的没买　3. 都没买（跳过下题）

C13 孩子买房子时，你们是否资助他们了？

1. 没有资助

2. 资助了→请问是他们向你们提出的，还是你们主动要给他们的？

（1）他们向我们提出的　　（2）我们主动要给他们的

C14 （无孙辈者跳过此题）你们的孙辈在下列时期中，在家里主要由谁照料？（若有两个以上的孙辈，则询问年龄小的孙辈的情况）

| | 1. 我们照料 | 2. 亲家照料 | 3. 子女自己照料 | 4. 保姆照料 | 5. 其他人 |
|---|---|---|---|---|---|
| 0～3 岁期间 | | | | | |
| 3～6 岁期间 | | | | | |
| 6 岁以后 | | | | | |

C15 （只问上题选 1 者）如果孙辈主要由你们照料，请问最主要的原因是什么？

1. 我们希望照料　　2. 我们不放心别人照料

3. 子女没时间照料　　4. 子女希望我们照料

5. 其他情况（请写明）________

C16 在养育孙辈的方式上，你们和子女之间分歧大吗？

1. 非常大　2. 比较大　3. 比较小

4. 非常小　5. 没有分歧

C17 今年过年时，你们是否给了孙子女压岁钱？

1. 没给　2. 给了→总共给了多少？____元

## 四、家庭关系

（调查员注意：这一部分中，若被访者有两个以上不同性别的子女，则随机询问其中一个儿子和一个女儿的情况；如果几个子女都是同一性别，则只随机询问其中一个子女的情况；若只有一个子女，则只询问其中相应部分的问题；有几个同性别子女时，优先选择已婚子女；若子女未结婚，则不询问媳妇、女婿的问题。）

D1　平常生活中，（逐一念出下表左列问题）……

| | 1. 很多 | 2. 比较多 | 3. 比较少 | 4. 很少 | 5. 从不交谈（跳过下一题） |
|---|---|---|---|---|---|
| 你与儿子交谈多不多？ | | | | | |
| 你与媳妇交谈多不多？ | | | | | |
| 你与女儿交谈多不多？ | | | | | |
| 你与女婿交谈多不多？ | | | | | |

D2　你与儿子、女儿谈得最多的方面是什么？（在____上填被调查者最先说出的选项编号）

与儿子___　　　　与女儿___

1. 他们工作方面的事　　2. 社会新闻、文艺体育　　3. 他们单位的事
4. 他们的前途、未来发展　　5. 个人心情　　6. 他们的婚姻问题
7. 家里的事　　8. 孙子的抚育和教育
9. 其他（请写明）__________

D3　你与媳妇、女婿谈得最多的方面是什么？（在____上填被调查者最先说出的选项编号）

与媳妇___　　　与女婿___

1. 他们工作方面的事　　2. 社会新闻、文艺体育
3. 他们单位的事　　4. 他们的前途、未来发展
5. 个人心情　　6. 他们的婚姻问题
7. 家里的事　　8. 孙子的抚育和教育
9. 其他（请写明）__________

D4　日常生活中，你遇到烦恼或心情不好时，会和（逐一念出下表左列内容）……谈吗？

| | 1. 每次都会 | 2. 多数情况下会 | 3. 半数情况下会 | 4. 少数情况下会 | 5. 基本不会 | 0. 说不清 |
|---|---|---|---|---|---|---|
| 1. 儿子 | | | | | | |
| 2. 女儿 | | | | | | |
| 3. 媳妇 | | | | | | |
| 4. 女婿 | | | | | | |

D5　日常生活中，（逐一念出下表左列内容）……有烦恼或心情不好时，会和你谈吗？

| | 1. 每次都会 | 2. 多数情况下会 | 3. 半数情况下会 | 4. 少数情况下会 | 5. 基本不会 | 0. 不清楚 |
|---|---|---|---|---|---|---|
| 1. 儿子 | | | | | | |
| 2. 女儿 | | | | | | |
| 3. 媳妇 | | | | | | |
| 4. 女婿 | | | | | | |

D6　你觉得在日常生活中，（逐一念出下表左列内容）……是否理解你？

| | 1. 非常理解 | 2. 比较理解 | 3. 一般 | 4. 不太理解 | 5. 很不理解 | 0. 说不清 |
|---|---|---|---|---|---|---|
| 1. 儿子 | | | | | | |
| 2. 女儿 | | | | | | |
| 3. 媳妇 | | | | | | |
| 4. 女婿 | | | | | | |

D7　你觉得在日常生活中，你是否理解（逐一念出表左列内容）……？

| | 1. 非常理解 | 2. 比较理解 | 3. 一般 | 4. 不太理解 | 5. 很不理解 | 0. 说不清 |
|---|---|---|---|---|---|---|
| 1. 儿子 | | | | | | |
| 2. 女儿 | | | | | | |
| 3. 媳妇 | | | | | | |
| 4. 女婿 | | | | | | |

D8　在生活中，下列情况是否经常出现？（逐一念出下表左列内容）

| | 1. 经常 | 2. 有时 | 3. 较少 | 4. 很少 | 5. 从不 |
|---|---|---|---|---|---|
| 1. 我给儿子/女儿买东西 | | | | | |
| 2. 儿子/女儿给我买东西 | | | | | |
| 3. 我给儿子/女儿打电话 | | | | | |
| 4. 儿子/女儿给我打电话 | | | | | |
| 5. 儿子/女儿有事和我商量，征求我的意见 | | | | | |
| 6. 我有事和儿子/女儿商量，征求他的意见 | | | | | |

D9　最近三个月中，你与（逐一念出下表左列内容）……之间发生过矛盾或争执吗？

| | 1. 没有发生 | 2. 一两次 | 3. 三四次 | 4. 五六次 | 5. 七次以上 |
|---|---|---|---|---|---|
| 1. 儿子 | | | | | |
| 2. 媳妇 | | | | | |
| 3. 女儿 | | | | | |
| 4. 女婿 | | | | | |

D10 总的来说，你与（逐一念出下表左列内容）……的关系怎么样？

| | 1. 非常好 | 2. 比较好 | 3. 一般 | 4. 不太好 | 5. 很不好 | 0. 说不清 |
|---|---|---|---|---|---|---|
| 1. 儿子 | | | | | | |
| 2. 媳妇 | | | | | | |
| 3. 女儿 | | | | | | |
| 4. 女婿 | | | | | | |

## 五、生育与养老

E1 你对目前的孩子个数是否满意？（选择前三项者跳过 E2，直接回答 E3）

1. 很满意　2. 比较满意　3. 无所谓　4. 不太满意　5. 很不满意

E2 如果不满意，主要是因为什么？

1. 孩子太少　2. 孩子太多　3. 没有儿子　4. 没有女儿

5. 儿子太少　6. 其他（请写明）__________

E3 你认为一个幸福美满的家庭最好生几个孩子？　____ 个

孩子的性别如何？　1. 男　2. 女　3. 性别随便

E4 你希望你的子女生几个孩子？　____个

E5 国家生育政策规定，独生子女结婚可以生两个孩子。如果你的子女符合这种条件，你是否希望他们生两个孩子？

1. 希望他们生两个　2. 希望只生一个孩子（跳过下题）

E6 你希望他们生两个孩子的主要原因是什么？

1. 孩子从小可以有个伴　2. 孩子就不会被娇生惯养　3. 可以有一男一女

5. 多一个孩子更保险　4. 多一个孩子将来养老更有保障

6. 其他（请写明）__________

E7 你想过你们年老时生活照顾的问题吗？

1. 想过　2. 没有想过（跳过下题）

E8　你觉得当你们年老后，面临的最主要困难是哪个方面？

1. 生病照料　2. 日常生活照料　3. 经济生活来源　4. 精神慰藉

5. 人际交往缺乏　6. 生大病的费用　7. 其他（请写明）________

E9　你目前是否有养老保险？

1. 有　2. 没有

E10　你们目前生活的主要经济来源是什么？（勾被调查者最先回答的一项）

1. 夫妻两人的工资收入　2. 夫妻中一人的工资收入　3. 子女的供给

4. 以往的积蓄　5. 政府的补助或救济　6. 出租房屋、炒股等收入

7. 其他（请写明）________

E11　你们将来年纪大了，日常生活的经济来源最主要靠什么？

1. 自己的退休金　2. 自己的积蓄　3. 靠儿子供给

4. 靠儿女供给　5. 政府的养老补助　6. 养老保险

7. 其他（请写明）________　8. 不知道，没想过

E12　你们是否期望你们年老时子女在经济上给你们支持？

1. 非常期望　2. 比较期望　3. 不太期望

4. 完全不期望　5. 没考虑过

E13　你们是否担心今后年老时孩子在经济上不能支持你们？

1. 非常担心　2. 比较担心　3. 不太担心

4. 完全不担心　5. 没考虑过

E14　你是否担心将来你们自己的养老问题？

1. 非常担心　2. 比较担心　3. 不太担心　4. 根本不担心　5. 没考虑过

E15　当你们年纪大了，需要有人照顾你们的日常生活，而你的孩子有自己的工作和小家庭，你是否会考虑到敬老院、养老院养老？

1. 肯定会　2. 可能会　3. 说不好　4. 可能不会　5. 肯定不会

E16　对于子女将老人送养老院的做法，人们的看法不同。你是否同意下列看法？

| | 1. 同意 | 2. 比较同意 | 3. 不太同意 | 4. 不同意 |
|---|---|---|---|---|
| 1. 这是对老人不孝顺的表现 | | | | |
| 2. 这是推卸赡养父母责任的行为 | | | | |
| 3. 这是子女无能、没用的表现 | | | | |
| 4. 这可能是最现实的解决养老的办法 | | | | |

E17 有人说，无论工作多忙，做子女的都应该经常回家看望父母；也有人说，孩子工作学习忙，不能经常回来看望父母，这应该给予理解。你同意哪种看法？

1. 前一种　　2. 后一种　　3. 说不清

E18 有人说，父母健在时，子女应该留在父母身边，不要到外地工作；也有人说，为了孩子的前途，应该让孩子去更好的地方，不要限制孩子留在父母身边。你同意哪种看法？

1. 前一种　　2. 后一种　　3. 说不清

E19 有人说，我们年老时，还是主要要靠子女的关心和照顾来养老；也有人说，今后我们年纪大了，将主要依靠自己来照顾自己，要尽量减少子女的压力和负担。你同意哪种看法？

1. 前一种　　2. 后一种　　3. 说不清

## 六、夫妻关系

F1 平常一周七天中，你们两人大约会有几天……（逐一念出下表左列内容）？

| | 每天 | 5～6 天 | 3～4 天 | 1～2 天 | 完全没有 |
|---|---|---|---|---|---|
| 1. 一起散步 | | | | | |
| 2. 一起逛街 | | | | | |
| 3. 一起锻炼 | | | | | |
| 4. 一起看电视 | | | | | |

F2 平常生活中，你与爱人之间谈心里话多不多？

1. 非常多　　2. 比较多　　3. 比较少　　4. 非常少　　5. 从不谈

F3 （只问二老单独居住者）比起有子女在家里时，你们两人之间的交谈多了还是少了？

1. 多多了　　2. 多了一些　　3. 差不多　　4. 少了一些　　5. 少多了

F4 平常生活中，你和爱人之间争吵多不多？

1. 非常多　　2. 比较多　　3. 比较少　　4. 非常少　　5. 从不争吵

F5 （只问二老单独居住者）比起有子女在家里时，你们两人之间的争吵多了还是少了？

1. 多多了　　2. 多了一些　　3. 差不多　　4. 少了一些　　5. 少多了

F6 在你们家，夫妻两人相比较而言，谁承担的家务事更多些？

1. 丈夫较多　　2. 夫妻差不多　　3. 妻子较多

F7　如果一个称职的丈夫或妻子打 10 分的话，你认为自己可以打几分？你爱人可以得几分？

自己____分　　爱人____分

F8　家庭生活中，虽然各种事情常常是由夫妻双方商量后共同决定的，但实际上最终做决定时，常常会以一方的意见为主。在下列各种家庭事务的决定上，你们夫妻中通常以谁的意见为主？

| | 1. 丈夫 | 2. 妻子 | | 1. 丈夫 | 2. 妻子 |
|---|---|---|---|---|---|
| 1. 家庭日常生活消费 | | | 6. 丈夫的工作选择 | | |
| 2. 购买大件商品 | | | 7. 妻子的工作选择 | | |
| 3. 孩子上什么学校 | | | 8. 家庭布置 | | |
| 4. 买房 | | | 9. 请客送礼 | | |
| 5. 储蓄、投资（如炒股）等 | | | 10. 旅游休闲娱乐安排 | | |

F9　如果 10 分表示“非常满意”，0 分表示“很不满意”，那么，你对你们的夫妻关系打几分？____分

F10　如果 10 分表示“非常美满”，0 分表示“很不满意”，你认为你们的婚姻可以打几分？____分

## 七、看法认识

G1　平常生活中，你们的子女是否有下面的情况？（逐一念出下表左列内容）

| | 有这种情况 | 没有这种情况 |
|---|---|---|
| 1. 很少干家务、总是请保姆或钟点工做家务 | | |
| 2. 脏衣服总是拿到父母家洗 | | |
| 3. 自己不做饭、要么在外面吃，要么到父母家蹭饭 | | |
| 4. 夫妻之间特别容易闹矛盾，经常吵架 | | |

G2　在你的印象中，独生子女最突出的特点有哪些？（被调查者说出几个就勾几个）

1. 娇气　　2. 独立性强　　3. 交往能力强　　4. 不合群

5. 活泼　　6. 懒惰　　7. 责任心强　　8. 独立生活能力差

9. 自私　　10. 依赖性强　　11. 自我中心　　12. 孝顺父母

13. 其他____ 14. 其他______ 15. 其他 ______ 16. 其他 ______

G3 你从哪里得到对独生子女的这些印象的？（勾被调查者最先说出的两项）

1. 身边看到的例子 2. 报上看到的 3. 杂志上看到的 4. 电视上播的

5. 网上看到的 6. 广播里说的 7. 我自己的情况 8. 听别人说的

9. 亲戚家里的情况 10. 其他来源（请写明）__________

G4 一些人认为独生子女结婚后比一般人更容易闹离婚，你认为这种看法是否符合实际情况？

1. 符合实际情况 2. 不符合实际情况

G5 你认为一个人最重要的品质是什么？（勾被调查者最先说出的两项）

1. 孝顺 2. 守规矩 3. 诚实 4. 老实本分 5. 勤俭节约

6. 善良 7. 讲信用 8. 无私 9. 其他（请写明）__________

G6 人们找对象时会考虑各种因素，作为父母，你认为子女找对象时最重要的条件是什么？（记下被调查者最先说出的三个答案）

1. 家庭背景 2. 思想品德 3. 相貌身材 4. 职业单位 5. 两人感情

6. 经济收入 7. 身体健康 8. 性格脾气 9. 能力才干 10. 年龄合适

11. 气质修养 12. 文化程度 13. 生活习惯 14. 其他（请写明）________

G7 下列看法你是否同意？（逐一念出下表左列内容）

| | 1. 非常同意 | 2. 比较同意 | 3. 不大同意 | 4. 不同意 | 0. 不清楚 |
|---|---|---|---|---|---|
| 1. 即使对领导工作有意见，我们还是要认真负责地做好自己的本职工作 | | | | | |
| 2. 为了单位的集体利益，可以放弃或者牺牲个人利益 | | | | | |
| 3. 家庭的利益总是比个人的利益更重要 | | | | | |
| 4. 家长总是希望子女好，所以子女应该听父母的话 | | | | | |
| 5. 夫妻“白头偕老”是最美满的婚姻 | | | | | |
| 6. 夫妻之间不管出现什么矛盾，都应该尽量忍受，尽可能凑合着过，尽量不要离婚 | | | | | |
| 7. 不管因为什么原因，离婚总归是不好的事情 | | | | | |

我们的调查结束了，再次谢谢你的支持和配合！

# 参考文献


1. A. N. Oppenheim. *Questionnaire Design and Attitude Measurement*. New York: Basic Books, 1966

2. C. A. Moser & G. Kalton. *Survey Methods in Social Investigation*. London: Heinemann, 1971

3. Catherine Marsh. "Problems with Surveys: Method or Epistemology?" *Sociology*, vol. 13, no. 2, May 1979

4. Claire Selltiz, Lawrence S. Wrightsman & Stuart W. Cook, *Research Methods in Social Relations*. New York: Holt, Rinehart & Winston, 1976

5. D. A. de Vaus. *Surveys in Social Research*. London: George Allen & Unwin, 1986

6. David Dooley. *Social Research Methods*. New Jersey: Prentice Hall, 1984

7. Earl Babbie. *Survey Research Methods*. 2nd ed. Belmont: Wadsworth Publishing Company, 1990

8. Earl Babbie. *The Practice of Social Research*. Belmont: Wadsworth Publishing Company, 1975

9. F. N. Kerlinger. *Foundations of Behavioral Research*. New York: Holt, Rinehart & Winston, 1986

10. Floyd J. Fowler, Jr. *Survey Research Methods*. 2nd ed. California: Sage, 1993

11. J. B. Manheim & R. C. Rich. *Empirical Political Analysis: Research Methods in Political Science*. London: Longman, 1991

12. L. H. Kidder & C. M. Judd. *Research Methods in Social Relations*. New York: Holt, Rinehart & Winston, 1986

13. Mark Abrahamson. *Social Research Methods*. Upper Saddle River: Prentice-Hall, 1983

14. Martin Bulmer. *Sociological Research Methods: An Introduction*. 2nd ed. London: Macmillan, 1984

15. Pamela L. Alreck & Robert B. Settle. *The Survey Research Handbook*. Homewood: R. D. Irwin, 1985

16. Peter H. Mann. *Methods of Social Investigation*. Oxford: Basil Blackwell, 1985

17. R . G. Sedlack & J. Stanley. *Social Research: Theory and methods*. Boston: Allyn and Bacon, 1992

18. R. F. Guy, C. E. Edgley, I. Arafat & D. E. Allen. *Social Research Methods*: *Puzzles and Solutions*. Boston: Allyn and Bacon, 1987

19. R. Singleton, B. C. Straits, M. M. Straits & R. J. McAllister. *Approaches to Social Research*. New York: Oxford University Press, 1988

20. W. L. Neuman. *Social Research Methods*: *Qualitative and Quantitative Approaches*. 2nd ed. Boston: Allyn and Bacon, 1994

21. ［德］阿特斯兰德．经验性社会研究方法．北京：中央文献出版社，1995

22. ［美］埃什尔曼．家庭导论．北京：中国社会科学出版社，1991

23. ［美］贝利．现代社会研究方法．上海：上海人民出版社，1986

24. ［美］林南．社会研究方法．北京：农村读物出版社，1987

25. ［美］齐斯克．政治学研究方法举隅．北京：中国社会科学出版社，1985

26. ［苏］苏联科学院社会学研究所．社会学手册．杭州：浙江人民出版社，1983

27. ［英］西德尼·韦布，比阿特丽斯·韦布．社会研究法．上海：商务印书馆，1937

28. ［美］英克尔斯，等．从传统人到现代人——六个发展中国家中的个人变化．北京：中国人民大学出版社，1992

29. ［日］佐藤彰，等．民意调查．北京：中国对外经济贸易出版社，1989

30. 陈皆明．投资与赡养：城市居民代际交换的因果分析．中国社会科学，1998（6）

31. 风笑天．当前问卷设计中常见错误浅析（上、中、下）．社会学与社会调查，1989（4）（6），1990（1）

32. 风笑天．独生子女：他们的家庭、教育和未来．北京：社会科学文献出版社，1992

33. 风笑天．方法论背景中的问卷调查法．社会学研究，1994（3）

34. 风笑天．现代社会调查方法．武汉：华中科技大学出版社，2001

35. 风笑天，等．城市居民家庭生活质量：指标及其结构．社会学研究，2000（4）

36. 风笑天，等．中国城市居民生活质量研究．武汉：华中理工大学出版社，1998

37. 冯立天，主编．中国人口生活质量研究．北京：北京经济学院出版社，1992

38. 高淑贵．家庭社会学．台北：黎明文化事业公司，1991

39. 简春安，等．社会工作研究法．台北：巨流图书出版公司，1999

40. 柯惠新，等，编．民意调查实务．北京：中国经济出版社，1996

41. 李路路，等．单位组织中的资源获得．中国社会科学，1999（6）

42. 李沛良．社会研究中的统计分析．武汉：湖北人民出版社，1987

43. 李银河．中国人的性爱与婚姻．郑州：河南人民出版社，1996

44. 林南，等．社会指标与生活质量结构模型探讨．中国社会科学，1989（4）

45. 林南，等．生活质量的结构和指标．社会学研究，1987（6）

46. 卢淑华，等．生活质量主客观指标作用机制．中国社会科学，1992（1）

47. 陶春芳，等．中国妇女社会地位概观．北京：中国妇女出版社，1993

48. 王辉，主编．天津市千户城市居民户卷调查．天津：天津社会科学院出版社，1995

49. 杨国枢，等．社会及行为科学研究法．台北：东华书局，1981

50. 袁方，主编．社会调查原理与方法．北京：高等教育出版社，1990

51. 袁方，主编．社会研究方法教程．北京：北京大学出版社，1997

图书在版编目（CIP）数据

社会调查中的问卷设计/风笑天著．—3版．—北京：中国人民大学出版社，2014.3
21世纪社会学系列教材
ISBN 978-7-300-18924-6

Ⅰ．①社…　Ⅱ．①风…　Ⅲ．①问卷调查—高等学校—教材　Ⅳ．①C915

中国版本图书馆CIP数据核字（2014）第042187号

21世纪社会学系列教材
**社会调查中的问卷设计（第三版）**
风笑天　著
Shehui Diaocha Zhong de Wenjuan Sheji

| | | | |
|---|---|---|---|
| **出版发行** | 中国人民大学出版社 | | |
| **社　　址** | 北京中关村大街31号 | **邮政编码** | 100080 |
| **电　　话** | 010－62511242（总编室） | | 010－62511770（质管部） |
| | 010－82501766（邮购部） | | 010－62514148（门市部） |
| | 010－62515195（发行公司） | | 010－62515275（盗版举报） |
| **网　　址** | http://www.crup.com.cn | | |
| **经　　销** | 新华书店 | | |
| **印　　刷** | 北京密兴印刷有限公司 | **版　　次** | 1990年2月第1版 |
| **开　　本** | 787 mm×1092 mm　1/16 | | 2014年4月第3版 |
| **印　　张** | 17 | **印　　次** | 2025年3月第8次印刷 |
| **字　　数** | 267 000 | **定　　价** | 39.00元 |

## 关联课程教材推荐

| 书号 | 书名 | 作者 | 定价 |
|---|---|---|---|
| 978-7-300-17863-9 | 《社会研究方法》(第四版) | 风笑天 | 45.00 元 |
| 978-7-300-12289-2 | 《社会调查教程》(第五版) | 水延凯等 | 49.80 元 |
| 978-7-300-10912-1 | 《社会调查研究方法》(第二版) | 郝大海 | 22.80 元 |
| 978-7-300-02898-9 | 《社会统计分析方法——SPSS 软件应用》 | 郭志刚 | 39.00 元 |
| 978-7-300-09639-1 | 《STATA 实用教程》 | 王天夫 李博柏 | 49.80 元 |
| 978-7-300-07564-9 | 《社会研究方法：定性和定量的取向》(第五版) | [美] 劳伦斯·纽曼 | 89.80 元 |

## 配套教学资源支持

尊敬的老师：

衷心感谢您选择使用人大版教材！

秉承“出教材学术精品，育人文社科英才”的出版理念，我社为教材打造配套教学资源，帮助老师拓展教学思路，革新教学方式。相关的配套教学资源，请到人文分社网站（www. crup. com. cn/rw）下载，或是随时与我们联系，我们将向您免费提供。联系人信息：

地址：北京海淀区中关村大街 31 号 211 室　龚洪训 收　邮编：100080

电子邮件：gonghx@crup. com. cn　电话：010-62515637　QQ：6130616/195761402

欢迎您随时反馈教材使用过程中的疑问、修订建议等，让我们与教材共成长。建议一经采纳，即有好书奉送。

如有相关教材的选题计划，也欢迎您与我们联系，我们将竭诚为您服务！

选题联系人：　电子邮件：　电话：

宋义平　songyp@crup. com. cn　010-62511866